Книги Валерия Афанасьева
в серии
ФАНТАСТИЧЕСКИЙ
БОЕВИК

АРТ. ПУТЬ ГЕНЕРАЛА

ОБЯЗАТЕЛЬНОЕ УСЛОВИЕ

Цикл
«СТАЛЬНАЯ ОПОРА»

СТАЛЬНАЯ ОПОРА

ХОД ЗОЛОТЫМ КОНЕМ

ИГРА ВСЛЕПУЮ

ФАНТАСТИЧЕСКИЙ
БОЕВИК

ВАЛЕРИЙ АФАНАСЬЕВ

ОБЯЗАТЕЛЬНОЕ УСЛОВИЕ

РОМАН

Москва, 2013
АРМАДА
&
«Издательство АЛЬФА-КНИГА»

УДК 82-312.9(02)
ББК 84(2Рос=Рус)6-445я5
А94

Серия основана в 1992 году
Выпуск 815

Художник
В. Федоров

Афанасьев В. Ю.

А94 Обязательное условие: Фантастический роман.— М.: «Издательство АЛЬФА-КНИГА», 2013.— 313 с.: ил. — (Фантастический боевик).

ISBN 978-5-9922-1352-2

Кто они? Почти такие же, как люди, если не присматриваться — не отличишь. Но другой уклад, другой менталитет, другие традиции. Дипломатическая миссия лурианцев свернула все контакты на Землс, а причиной тому большое непонимание. Лурианцы не смогли понять людей, люди не смогли понять причин, по которым братья по разуму разорвали контакт. Отставной оперативник Службы безопасности Земли Максим Прокин и следователь Комитета по внеземным контактам Шарль Свенсон берутся расследовать причины случившегося. Им приходится торопиться: корабль дальней космической разведки Земли был атакован неизвестной расой. Как встретят это известие люди и лурианцы? Будут биться каждый за себя или попробуют найти общий язык и объединиться?

УДК 82-312.9(02)
ББК 84(2Рос=Рус)6-445я5

ISBN 978-5-9922-1352-2

ПРОЛОГ

— Макс, ну почему мы?

— Странный вопрос, Джулия. Такая уж у нас работа. И почему, собственно, не мы?

Джулия вздохнула. Комбинезон на груди волнующе всколыхнулся.

— На эти выходные у меня были большие планы! — Джулия немного подумала и добавила: — Личного характера.

Макс кивнул. Он понимал это, как никто другой. У работников Службы безопасности Земли с планами личного характера постоянные проблемы. Ненормированный рабочий день — это еще полбеды, когда идет расследование, порой забываешь даже поесть. Работа захватывает настолько, что становится непонятно: то ли ты вцепился в нее, то ли она тебя тащит и никак не желает отпустить. А планы, понятное дело, есть у всех. Он вот, к примеру, был бы совсем не против совместить свои планы личного характера с такой, как Джулия. Но во время проведения спецопераций ни о каком флирте не может быть и речи. Работа.

— Тогда это задание — именно то, что тебе нужно. Море, солнце, остров... — Макс попытался подбодрить напарницу.

Джулия улыбнулась. Море и остров — это хорошо, только вряд ли всему этому удастся уделить должное внимание.

По легенде, Макс и Джулия должны были изображать

путешествующую семейную пару, которая интересуется предметами старины. Коллекция антиквариата была гордостью владельцев замка. Да и сам замок, куда они направлялись, впечатлял: ему было не менее чем полтора десятка веков. А если бы замка на острове не было? Что ж, тогда их легенда была бы совсем другой. Все зависит от обстоятельств.

СБ пришлось немало потрудиться, чтобы организовать эту экскурсию, на острове не приветствовались посещения, хотя полностью запретить их было бы слишком подозрительно. Разумеется, хозяева острова не подозревали, кто стоит за милой семейной парой, ведь такие экскурсии организуются через третьи руки, через культурные фонды и общества любителей старины. За осмотр достопримечательностей пришлось заплатить немалую сумму, разумеется, не самим Максу и Джулии.

Остров попал в поле зрения СБ около года назад как предполагаемая база контрабандистов, но прямых доказательств не было. Их сбором и предстояло заняться агентам.

Почему вместе с ним отправили именно эту девушку, Макс не знал, но догадывался. Джулия была классным техником-электронщиком. Среди женщин профессия эта довольно редка, а, по легенде, ему требовалась именно спутница. Точнее, это Джулии требовался спутник, поскольку основную работу предстояло сделать ей. Макс же должен был служить прикрытием, сопровождением и оказывать посильную помощь.

Раньше работать с этой девушкой Максу не доводилось. За операцию отвечал отдел Джулии, а Максим был привлеченным специалистом из другого регионального отдела СБ: руководство перестраховывалось, опасаясь провала операции из-за возможного опознания туриста как оперативника, а потому запросило помощи у соседей.

— Прошу. — Макс распахнул дверцу реактивного катера.

— Благодарю, — улыбнулась Джулия. Мимолетный порыв плохого настроения был забыт, она настроилась на работу, а это всегда прибавляло ей сосредоточенности. Джулия тряхнула золотистыми локонами и легко запрыгнула в катер.

Макс занял место пилота. Пора было вылетать: экскурсия начиналась через час. Машина плавно поднялась над стоянкой и поплыла в сторону моря, постепенно увеличивая скорость.

Катер внешне ничем не отличался от дорогой гражданской модели, но это лишь внешне. Форсированные двигатели, активная защита, магнитодинамическая пушка, занимающая половину багажного отделения, — в общем, это была машина СБ.

— Это жилые помещения. Туда вам нельзя. — Экскурсовод внимательно посмотрел на Макса, буравя его взглядом.

Экскурсия продолжалась уже третий час, и беспокойный посетитель, то и дело сующий нос туда, куда не следует, успел ему изрядно надоесть.

— Да-да, давайте продолжим осмотр замка, — улыбаясь, согласился Максим.

В его задачу входило привлечение к себе внимания многочисленной охраны. Точнее, требовалось отвлечь внимание от Джулии, разумеется не выходя за рамки разумного. Максим старался, изображая из себя любопытного недотепу. Судя по начинающему багроветь лицу экскурсовода — получалось у него хорошо.

— О, простите! — Оперативник чуть было не столкнулся с охранником и рассыпался в извинениях.

Охраны было много. Слишком много для частного музея. Недовольный экскурсовод вынужден был делать зигзаги, обходя помещения, в которые посторонним заходить не рекомендовалось.

— Нас ожидает коллекция средневекового оружия, —

вздохнув, сказал экскурсовод и поспешил в следующий зал.

Макс двинулся за ним, изображая верх заинтересованности. Его мнимая супруга чуть отстала.

— А где здесь дамская комната? — Джулия слегка виновато улыбнулась.

— Вас проводят.

— Они? — Джулия обвела взглядом охранников. — Как можно?

— Ничего. Коридор к дамской комнате не относится.

Молчаливый верзила прошел вперед, не забывая оборачиваться на беспокойную дамочку, кивнул на дверь с табличкой и удалился.

В комнату Джулия не пошла. Подождав, когда охранник скроется из вида, она тряхнула головой, поправляя прическу. От резкого движения ее заколка отлетела в угол. Для посторонних глаз — совершенно случайно.

Движение это Джулия отрабатывала несколько дней. Вряд ли здесь установлено наблюдение, но все должно выглядеть максимально достоверно. Подобрав заколку, она незаметно положила ее за батарею и взяла вместо нее точно такую же. Все прошло быстро — пара вздохов, несколько движений. Эти несколько секунд и были целью их многочасовой экскурсии. Комплекс сбора данных был прикреплен на место. Ему предстояло держать прическу Джулии так же, как и его собрату минутой ранее.

На всей территории острова работала система, обеспечивающая подавление помех, потому-то и понадобилась такая сложная комбинация. О том, как устанавливается система сбора данных, Макс не знал, он знал лишь, что в задачу Джулии входит замена накопителя.

На этом операция должна была завершиться, но что-то пошло не так: или охрана оказалась слишком бдительной, или на острове поменяли систему установленных датчиков.

Раздался писк накопителя лазерного пистолета, распахнулась дверь, и в зал, где выставлялось холодное оружие Средневековья, вбежала Джулия, держась за раненое плечо.

Макс сориентировался быстро. Схватив рыцарский шлем, он ударил им по голове экскурсовода в тот момент, когда тот начал вытаскивать спрятанный в потайной кобуре пистолет. Наверное, с далеких рыцарских времен люди стали более чувствительны к подобным ударам, потому что мужчина отправился в продолжительное забытье.

Макс подхватил пистолет экскурсовода и несколько раз выстрелил в сторону коридора, ненадолго охладив пыл охраны. Надо было срочно уносить ноги, поэтому агент, оглядевшись в поисках чего-нибудь тяжелого, схватил двуручный меч и обрушил его на запасную дверь. К счастью, дверь не относилась к той поре, когда наши далекие прадедушки ходили в бой с полутораметровыми отточенными клинками, и сдалась после третьего удара.

— К катеру! — крикнул Макс, пропуская Джулию вперед.

Он метнул в коридор не нужный больше меч и помчался следом. Охрана сосредоточилась около главного входа. Макс и Джулия почти успели добежать до катера, когда по ним открыли стрельбу. Девушка спотыкалась, совсем ослабев из-за раны. Макс подхватил ее под руку, втолкнул в машину и заскочил следом.

Агент включил динамическую защиту. Экран стационарного коммуникатора показывал, что связь отсутствует, — ведь сейчас они находились в зоне действия блокиратора сигнала, которую нужно было покинуть как можно быстрее: охранники могут подтащить тяжелое вооружение. Макс активировал магнитодинамическую пушку. Багажник отъехал в сторону, орудие на телескопической стойке поднялось над крышей и начало вращаться на механической турели — электронный наводчик искал энергонасыщенные объекты, в том числе и стационарные лазеры.

Максим задействовал джойстик ручного ведения

огня. Очередь поверх голов охранников заставила тех поспешно ретироваться. Это позволит выиграть немного времени — полминуты-минуту, не больше. Сейчас все зависит от подготовленности охраны и от того, как далеко у них находится тяжелое вооружение. В отсутствие такового Макс не верил, слишком уж хорошо все здесь подготовлено к обороне.

Двигатели взвыли, набирая обороты.

— Не вз... не вз... не взлетай! — смогла выговорить Джулия. — АСПВО.

Автоматическая система противовоздушной обороны. Стоит охране ее задействовать, и автоматы собьют все, что находится в воздухе в зоне ее действия.

Взлетать было нельзя, а счет шел на секунды. Макс врубил горизонтальную тягу. Раздался душераздирающий скрежет, и катер пополз по газону, оставляя на земле широкую борозду, проделываемую дюзами вертикального взлета. Такого использования реактивного средства передвижения конструктор явно не предусмотрел.

— Джулия, потерпи! Сейчас выйдем из зоны подавления сигнала и вызовем помощь.

— Потерплю я, потерплю. Осторожно, кусты!

Катер продрался сквозь кустарник. Макс на прощанье дал еще одну очередь из магнитодинамической пушки. Очень вовремя — на одной из башен показался фокусатор среднего лазера. Это уже серьезно. Против такого долго защита катера не продержится. К счастью, лазер разбило очередью. Еще несколько секунд форы обеспечено.

— Куда мы едем?! — закричала Джулия.

— Понятия не имею. Главное, чтобы подальше отсюда!

Макс гнал катер к ближайшему берегу. Поездка закончилась примерно через километр гигантским обрывом.

— А-а-а! — завопила Джулия, почувствовав невесомость, сопровождающую секунды свободного падения.

Падение было недолгим. Дюзы фыркнули, выбрасывая набившийся грунт. О нормальном полете не могло быть и речи — катер бросало из стороны в сторону, но Макс все-таки смог приземлиться, а не упасть. Обрыв закрыл блокиратор помех, и связь заработала. Можно было вызывать помощь.

Через восемь с половиной минут остров накрыли стратосферные десантные транспортники, высадив тяжелобронированную пехоту. Из организаторов базы на острове скрыться не успел никто.

Такая вот неспокойная выдалась у Макса командировка. В основном его служба была более размеренной, но и подобные вещи иногда случались.

ЧАСТЬ ПЕРВАЯ

Через три года

1

Максим Прокин пребывал в прекрасном расположении духа. Слегка фальшивя, но от души он негромко напевал незатейливую мелодию. Ну да, он не был оперным певцом. Вернее, певцом он не был вообще. Но это ли главное? Главное — энергетика. Когда поешь от души, она льется из каждого слова, отражается, возвращается обратно и невольно передается окружающим, если такие есть. Сейчас в саду, кроме Максима, никого не было, но отсутствие слушателей певца не смущало: пел он для себя. Наверное, именно поэтому работа его продвигалась успешно. Не потому, что напевал, а потому, что настроение было хорошее. Конечно, знания и умения тоже нужны, но и настрой имеет большое значение.

Максим обустраивал сад. Настоящий сад в японском стиле — с мини-деревьями и водопадом, выложенным камнями и галькой; с беседкой для размышлений, откуда можно любоваться закатом или смотреть на нагромождение камней, в расположении которых, на первый взгляд произвольном, есть красота и гармония.

Максим не был ландшафтным дизайнером, более того, он не был завзятым любителем всего японского, просто окунулся в работу с головой. Вернее, с ногами и руками. Любопытная вещь — многоплановость мышления. По некоторым оценкам, нет лучших условий для размышлений, чем те, что создает не слишком сложная физическая работа, не требующая большой концентрации. А поразмыслить было над чем. И вся эта затея в японском духе оказалась очень кстати — она совсем не мешала думать. Почему сад? Просто таков был порыв души, внутреннее стремление.

Наверное, сад этот не вполне соответствовал классическим канонам, но критиковать было некому. Большинство из того, что его окружало, Максим сделал для себя сам. Так, как ему хотелось. Результат ему нравился и доставлял настоящую радость, был отдыхом для души. А если кого-то не устраивает, пусть сделают лучше.

Когда тебя переполняют суета и непрерывный бег за недостижимым результатом, нужно остановиться и сделать паузу. Конечно, загородный дом с участком — дело хлопотное, но оно того стоит. Особенно если не стремишься избегать таких вот бытовых забот. Если с умом подходить к вопросу и делать многое своими руками, то все это не слишком накладно. Максим вполне мог себе это позволить — за двадцать лет работы в следственном спецподразделении Службы безопасности Земли, когда тратить деньги по большому счету было и некуда и некогда, у него на счете скопилась небольшая сумма. Не бог весть что, но все же достаточно, чтобы спокойно поселиться в провинции, сменив стремительный темп жизни в большом городе на более размеренный и неторопливый ход времени и тишину. И поразмыслить, ведь хорошая работа только помогает размышлениям.

Отпущенные на свободу мысли не желают разбегаться. Они здесь, но когда перестаешь их подгонять, выводы строятся совсем по-другому. Наступает момент, когда из не вполне ясных ощущений складываются доводы, выстраиваясь в логическую цепочку. Вытекая один из другого, они образуют идею. Это подобно рождению новой жизни, недаром считается, что мысль материальна. Максим приходил в тихий восторг от своих выводов. Почему раньше он не мог остановиться и подумать? Он даже стал записывать некоторые логические построения, те, что складывались в более-менее стройный ряд. Мысли, облеченные в слова, были как-то более весомы.

Жизнь на порядок замедлила свой ход. Плохо ли это? Хорошо ли? Наверное, все зависит от того, к чему стремиться. Есть время действовать и время размышлять. В таком неторопливом течении времени тоже имеется своя прелесть.

Его уход со службы и последовавшее за ним уединение в загородном доме для многих оказались полной неожиданностью. И это как раз тогда, когда карьера была в самом разгаре и впереди недвусмысленно маячила возможность стать начальником отдела. Должно быть, это вызвало немало пересудов. Как объяснить? Ощущения бывает трудно передать словами. Горечь, пустота, тупик на жизненном пути, который понятен лишь тебе, точнее, который чувствуешь лишь ты один. Это воспринимается лишь на уровне подсознания. А разве можно сформулировать то, что не до конца ясно самому? Чего уж тут говорить о других. Вряд ли кто-нибудь смог бы его понять.

Конечно, можно было бы написать: «Прошу уволить меня в связи с утратой четкости жизненных устремлений», но такого шеф бы точно не понял. Просто однажды работа, казавшаяся раньше важной и нужной, перестала быть для него интересной. Требовалось прилагать изрядные усилия, чтобы выполнять свои обязанности, а это уже совсем не то. Максим понимал это совершенно точно. Не будет нужного результата, если делать свою работу без полной самоотдачи. Быть может, где-то это и не столь важно, но не на его должности, когда важна любая мелочь и невнимательность может стоить очень дорого. Всему виной какая-то неясная тревога, ощущение, будто что-то упустил, недодумал и недопонял. Да, именно недопонял.

Время часто меняет нас, заставляя читать между строк. Вот и Максим изменился. Точнее, начал меняться, находясь в точке выбора пути, которого он и сам еще ясно не видел. Пора было сделать паузу и отдохнуть, осмыслить происходящее в спокойной обстановке. Тем более что выслуга лет позволила уйти в отставку достойно и с солидными привилегиями. Он и ушел, молодежи тоже нужен рост. А ему? Быть может, ему тоже нужен рост? Только совсем не в том направлении, в котором он двигался ранее.

Может, это старость? Нет, что-то рановато, он еще крепок и полон сил, в его-то сорок с небольшим. Тренированное тело требует физической нагрузки, и за плечами — гораздо меньше половины срока, отпущенного природой, если судить по среднестатистическому уровню, когда сто — сто двадцать лет жизни в порядке вещей. А может, на него так повлиял его последний, такой необычный друг? Чего точно не следовало делать, так это спешить с выводами или решениями.

Срочное уведомление от домашнего компьютера о поступившем сообщении застало Макса в тот момент, когда утреннее чаепитие в беседке подходило к концу.

— Комп, вывести сообщение на садовый экран, — распорядился он и поставил чашку на резной деревянный стол.

Лазерная панель экрана развернулась между двумя скульптурами в саду, маскирующими стойки монитора. Максим сознательно не пользовался трехмерной панелью, считая ее излишеством и позерством. Он предпочитал в этом вопросе исходить из давно известного принципа: довольствуйся достаточным.

На экране появилась заставка, изображающая восточного джинна. Ставить людей на заставку Макс не любил. Уж лучше мультгероев или животных. Как-никак комп — домашний слуга, и не дело ему представать в образе человека. Лучше уж пусть это будет какой-нибудь мультяшный кот или вот джинн, как сейчас.

— Позволите ли побеспокоить вас, мой повелитель? — спросил экранный маг, почтительно кланяясь.

— Рассказывай, какие новости.

— Радар зафиксировал приближение неопознанного объекта.

— Произвести идентификацию.

Кто бы это мог пожаловать? Дом Максима находился далеко от транзитных трасс. Он специально выбирал место потише, там, где его не будут лишний раз беспокоить.

— Слушаю и повинуюсь, — отозвался джинн и после секундной паузы добавил: — Объект идентифицирован как малый реактивный катер. В домашнем архиве катер такой модели ни за кем не значится.

«Похоже, солидные гости пожаловали, — подумал Максим. — Кто попроще воспользовался бы простым вертолетом на электротяге».

Электровертолет — машина простая и надежная, а для тех, кто проживает в провинции, — практически незаменимая. И подзарядить его аккумулятор можно где угодно — на станции дозаправки или просто дома от комбинированного генератора, и запчасти для него недороги. Одна проблема — электровертолет не слишком тороплив. Этот недостаток компенсируется массой достоинств. Особенно для тех, кто предпочитает торопливости надежность и практичность. Ну а для того, кто спешит, есть катер.

— Комп, включить лазерную подсветку посадочной площадки. Монитор свернуть, — распорядился Максим. Пора было идти встречать гостей.

Катер уверенно вынырнул из-за облаков и круто спикировал на посадку. Эх, молодежь, вечно им надо пофорсить. Кого удивить решили? Старого, опытного волка? На своем веку полетов и посадок Максим повидал разных: и с пике, и с перегрузками, и на воду с пробитыми моторами. Пойти посмотреть, что ли, кого там принесло?

Он оказался прав: гости заявились непростые. Борта катера украшала эмблема Комитета по внеземным контактам, а это очень и очень солидная организация.

«Конец спокойной жизни, — вздохнул Максим. — В комитете работают люди серьезные, просто так катер гонять не станут».

В любом случае человек он уже гражданский и на вопросы отвечать вроде как не обязан. С другой стороны, лишний раз ссориться с КВК не с руки.

Одна из боковых панелей катера отъехала в сторону, и незваный гость выбрался наружу.

— Максим Сергеевич Прокин, не так ли? — Голос незнакомца оказался неожиданно приятным, как и сама манера общения. — Разрешите представиться. Шарль Свенсон. Аналитический отдел КВК. Извините за непрошеное вторжение, но хотелось бы с вами поговорить.

— Ну что ж, если надо, давайте поговорим. Проходите в дом, там нам будет удобнее.

Гостеприимства еще никто не отменял.

2

Сотрудник КВК Шарль Свенсон вот уже два месяца занимался проблемой восстановления связей с лурианцами. Конечно, он мог бы сказать начальству, что это не его вопрос. Но тогда чей, спрашивается? Проблему-то решать необходимо. Для начала надо было внести некоторую ясность в происходящее. Прежде чем искать выход из тупика, неплохо бы понять причины, которые привели к появлению этого самого тупика на пути. Собственно, проблема состояла в том, что лурианцы по неизвестной причине оборвали всяческие контакты и отказались от общения с жителями Земной Федерации. Почему так неожиданно и без каких-либо объяснений лурианцы свернули свою миссию? Выяснить это и предстояло Шарлю Свенсону. Да уж, задачка не из легких.

Все официальные обращения правительства Земной Федерации к Луриану остались без ответа. Все неофициальные — тоже. Молчат как партизаны. Это было не просто странно, это настораживало. Ибо ничто так не тревожит, как неизвестность, особенно если учесть то, что поначалу отношения с Лурианом развивались весьма успешно.

Дошло до того, что несколько мелких общественных организаций заявили, что в подобной реакции лурианцев можно усмотреть агрессивные намерения по отношению к Земле. Чушь, конечно, никаких агрессивных намерений в действиях лурианцев не усматривалось. Что и говорить, слишком затянувшееся молчание всем действовало на нервы.

Общество давило на правительство. Правительство, и без того встревоженное таким состоянием дел, настоятельно рекомендовало КВК разобраться с проблемой. Директор КВК заниматься проблемой поручил молодому перспективному сотруднику Шарлю Свенсону. С одной стороны, он почтил Шарля высоким доверием, с другой — перенес ответственность за возможное невыполнение поставленной задачи со всей организации и с себя лично на один отдел, то есть на Шарля. По крайней мере, значительную часть ответственности. Он, как начальник вышестоящий, полностью от вопросов по этой теме не избавлен. Но часть, она тем и характерна, что, как правило, меньше целого. Нет, директор КВК вовсе не был перестраховщиком. Но, как известно, чем выше шапка, тем сильнее по ней могут стукнуть. Защитить своего подчиненного в этой ситуации было для него гораздо легче, чем защитить себя самого. Такой вот нехитрый расчет.

— Я надеюсь, Шарль, что вы сможете что-нибудь предложить. Сейчас нам, как никогда, важно заручиться поддержкой Луриана. В чем причина их отказа от сотрудничества? Выясните это, и вы сделаете большое дело, — таким вот небольшим напутствием, сопровождавшимся отеческим похлопыванием по плечу, поздравил шеф своего сотрудника с новым назначением. Впрочем, поздравления эти были искренними: все-таки дирсктор комитета был заинтересован в положительном решении вопроса, что бы про него ни думали.

Шарль Свенсон, француз по матери и скандинав по отцу, унаследовал от батюшки природное упрямство, а от матушки — оптимизм, жизнелюбие и веселый нрав.

Казалось бы, эти качества должны способствовать успешному продвижению любого начинания, однако вот уже два месяца проводимая Шарлем работа не приносила никакого результата. Все миротворческие миссии провалились. Собственно, и миротворческими-то их назвать было нельзя. Никакой агрессии лурианцы не проявляли, они просто игнорировали все попытки выстроить с ними диалог. Вся работа насмарку. Пора было менять подход к делу и для начала — собрать больше информации. И искать нужно было там, где до этого еще никто не искал.

— Должно быть, мой визит стал для вас неожиданностью?

Свенсон расположился в любезно предложенном хозяином кресле, осматривая окружающую его обстановку. Скромно, но со вкусом. Нет, пожалуй, не скромно, правильнее будет сказать: «без излишеств». Без кричащих наворотов, бросающихся в глаза и отпугивающих уют и спокойствие. Эти два слова как нельзя более подходили дому Максима. Здесь хотелось остаться. Навсегда или на время. Шарль вдруг решил, что если когда-нибудь захочет обзавестись собственным домом, то хотел бы видеть его именно таким.

— По правде сказать, не представляю, чем могу быть полезен вашей организации, — откликнулся хозяин, внимательно изучая гостя.

— Лурианцы, мистер Прокин.

— Лурианцы? Что вы имеете в виду, мистер Свенсон?

— Можно просто Шарль. Я здесь с неофициальным визитом. — Гость продемонстрировал всю широту своей скандинавской улыбки.

— Вот как? Весьма интересно. Ну что ж, неофициально так неофициально. Тогда и вы меня можете звать Максом. Я не сторонник ненужных формальностей.

Свенсон дружелюбно кивнул:

— Мы рассчитываем на вашу помощь, Макс.

— Вот уже два года, как я не при делах.

— Я знаю.

— И все-таки вы решили обратиться ко мне за помощью?

— Так складываются обстоятельства.

— Ну хорошо. — Максим развел руками. — В таком случае я вас внимательно слушаю.

— Лурианцы. Говорят, что вы были хорошо знакомы с некоторыми из них. Не могли бы вы о них рассказать?

— Мне казалось, что о них и так все известно, — удивился Макс.

— Это как посмотреть. Общедоступных сведений много, и я, разумеется, изучил их все, но вам ли не знать, что подобная информация чересчур абстрактна. Общее впечатление, общая картина, а все общее не дает простора для частного. Я хотел бы, чтобы вы поделились своими впечатлениями.

— Будет ли от этого прок?

— Кто знает. Мне может пригодиться любая мелочь. Обстоятельства складываются так, что сейчас нам очень важен союз с лурианцами.

— Именно сейчас? — удивился Макс.

— Не знаю, должен ли я вам рассказывать. — На лице Свенсона отразилось недолгое сомнение. — Эта информация пока засекречена...

— Тогда не говорите.

— Для вас, я думаю, можно сделать исключение. Я хочу, чтобы вы осознали всю сложность ситуации, в которой все мы оказались. Это касается данных дальней космической разведки.

От удивления брови Максима поползли вверх.

— А вы уверены, Шарль, что можете ознакомить меня с секретными данными дальней космической разведки?

Свенсон покачал головой, как бы взвешивая все «за» и «против».

— Думаю, да. К тому же этот секрет — из тех, которые долго не живут. Мы заинтересованы в том, чтобы информация пока не разглашалась, только слишком уж много факторов здесь задействовано. Влияние всех предусмотреть вряд ли удастся. Рано или поздно все эти сведения выплывут наружу.

— В таком случае я вас внимательно слушаю.

Шарль вздохнул. Видимо, новость была не из тех, что могут порадовать.

— Дело в том, что на границе доступного нам космоса недавно обнаружены следы пребывания ранее неизвестной расы. Судя по всему, негуманоидного типа. К тому же настроенной довольно агрессивно.

— Вы уверены? — изумился Макс.

— Эксперты пришли к такому заключению почти единогласно. Можно сказать, что это сенсация, только из разряда весьма и весьма тревожных.

Это точно. Обнаружение следов присутствия в галактике новой неизвестной расы само по себе тревожная весть. А уж если она еще и агрессивна... Тем более это негуманы.

— Еще одной теорией стало меньше, — буркнул Макс вполголоса.

— Это вы о чем? — оживился Свенсон.

— Да так. Мысли вслух. Один мой знакомый высказал предположение, что гуманоидная форма индивидуума наиболее приспособлена для развития разума.

— Интересная теория. Ваш знакомый случайно не лурианец?

— Случайно лурианец, но не стоит его в этом обвинять. На тот момент его идея показалась мне обоснованной. — Максим был слегка раздражен.

— Я вижу, что невольно обидел вас. Если это так, то прошу меня извинить. Поверьте, я ничего не имею против лурианцев. Скорее, наоборот. Быть может, вы расскажете мне суть этой теории?

— Пустое. Это не имеет никакого отношения к нашему разговору.

— И все же.

— Что ж, если хотите, расскажу, только это не приблизит вас к пониманию лурианцев. Вы же хотели послушать о них?

— Все равно, расскажите. Я хочу знать все, что с ними связано. Пусть случайно, пусть несерьезно. Вдруг именно это поможет нам понять их?

— Извольте. — Макс прикрыл глаза, вспоминая, как все начиналось.

3

Первое знакомство Максима с жителем Луриана состоялось довольно неожиданно. Произошло это где-то месяца через два после того, как первые инопланетные гости появились на Земле. Событие это произвело настоящий фурор. В Сети, на экранах, во всех массовых изданиях больше месяца лурианцы были темой номер один. Еще бы. Мало того что состоялся контакт с иной цивилизацией, стоящей на довольно высокой ступени технического развития (по крайней мере, не ниже, чем у жителей Земли), так еще и сами лурианцы внешне были схожи с людьми. Конечно, имелись некоторые различия в разрезе глаз, форме ушей и надбровных дуг, но все же на людей инопланетяне были похожи гораздо больше, чем можно было ожидать. Две руки, две ноги и голова, причем голова имела почти привычную для человеческого глаза форму и находилась она именно там, где ей и положено находиться. При желании лурианцев можно было принять за одну из экзотических рас, населяющих Землю.

Сходство это вызвало немало толкований и породило бесчисленное количество всевозможных версий. Одно время даже предполагали, что мы состоим в родстве, но генетические исследования это опровергли, совершенно не приблизив к решению загадки. Появление братьев по разуму было новостью из разряда тех, что случаются раз в несколько тысячелетий, будоражат умы и приносят массу волнений. Но ничто не бывает вечным. Постепенно шумиха начала стихать. Лурианцы же нет-нет да и стали появляться на улицах земных городов.

Сколь ни велики были глобальные события, происходящие на Земле, они ни в коей мере не отменяли дел простых и повседневных. Как раз в это самое время Максим Прокин собирался отбывать в очередной отпуск. Все служебные проблемы пора было отставить в сторону и подумать наконец, как провести время, предназначенное для отдыха. Вопрос этот, надо заметить, суеты не терпит, его нельзя пускать на самотек. Проведение отпуска — это не такое дело, к которому можно подойти формально. Тем более отпуск начинался уже завтра. А если учитывать, что работа на сегодня закончена, можно сказать, он уже начался. Нет необходимости спешить с утра на службу, а значит, вообще нет необходимости спешить. Что-то в этом определенно есть, не зря люди придумали отпуск. Привыкая к предстоящему отдыху, Максим решил не торопиться и пошел домой пешком.

Такая простая вещь — пешая прогулка, только не слишком часто можно себе это позволить. А здесь — свободный вечер. Неплохо было бы заодно где-нибудь перекусить, чтобы дома не возиться с ужином.

Приглянувшееся Максиму кафе было оформлено во входящем в последнее время в моду стиле ретро. За стойкой стоял бармен в жилетке и расписной рубахе, в высоких кожаных сапогах, начищенных до зеркального блеска, с часами на цепочке. Позерство, конечно, но впечатляет. И клиентов привлекает опять же.

Посетителей, впрочем, было немного. Для обеда уже слишком поздно, для ужина, напротив, рано. За дальним столиком двое студентов, увлеченно о чем-то болтающие, да худощавый мужчина средних лет, в одиночестве сидящий у окна, — вот и все. Мужчина с интересом рассматривал огромного котяру, вольготно развалившегося на барной стойке. Представитель кошачьей породы действительно был шикарным. Если бы у котов было дворянство, этот индивидуум конечно же был бы дворянином, причем весьма знатным. Такие слова, как «кыш» или «брысь», по отношению к нему были просто неуместны, разве что: «Извольте подвинуться».

— Шикарный котяра, не правда ли? — спросил Максим, присаживаясь за столик к худощавому.

— Вы любите животных? — отозвался посетитель с легким необычным акцентом. При этом мужчина повернулся, внимательно посмотрел на Макса и снял темные очки.

Сказать, что Максим был удивлен, значит, ничего не сказать. Перед ним сидел лурианец. Такие глаза просто не могли принадлежать человеку. Да и остальные отличительные черты присутствовали — форма ушей, необычное для человека строение челюсти. Не отталкивающие, лишь кажущиеся несколько странными.

Но Максима не так-то просто было выбить из колеи. Человек он бывалый, к тому же офицер и многое повидал. Как-то раз ему довелось нос к носу столкнуться с находящимся в розыске убийцей. Разыскиваемый был на взводе и не расставался с оружием. Максим же просто зашел в магазин. Его штатный Т-20 лежал на работе в сейфе, ни один серьезный человек не станет таскать при себе оружие без необходимости. Оружие не прощает небрежности и не является панацеей. Похоже, убийца этого не знал.

Максиму потребовалась вся его сдержанность, чтобы не показать удивления. Убийцу он оглушил обыкновенной консервной банкой. Когда тот пришел в себя, то был связан своим собственным ремнем и находился под прицелом своего же лазерного укороченного «Шторма», который Максим извлек у него из-за пазухи.

Вот это был повод удивиться. Здесь же случай пусть и очень необычный, но скорее интересный и даже познавательный. Поэтому Максим постарался продолжить разговор как ни в чем не бывало:

— Глядя на некоторых представителей фауны, так и

хочется предположить, что главное их предназначение — приносить в мир красоту.

— А для чего, по вашему мнению, существует человек? Или другой разумный, — отозвался лурианец.

Интересный вопрос. На него, пожалуй, есть сотни ответов, но так до конца и не ясно, правдив ли хоть один из них. Если же рассматривать его в контексте завязавшейся беседы...

— Видимо, для того, чтобы смог увидеть и оценить красоту. — Ответ не хуже других.

— Да вы, оказывается, философ! — Лурианец улыбнулся.

— Это не основное мое занятие. Так, вдруг что-то навеет иногда. Ну вот, смотрите, разве не удивительно, что жители Земли и Луриана имеют удивительное внешнее сходство? Чем не повод для размышлений?

— Вопрос любопытный... — Лурианец задумчиво почесал кончик носа. — Если хотите, могу поделиться своими соображениями по этому поводу. Никакой научной подоплеки под ними нет, это вообще не моя специфика. Навеяло, знаете ли, как вы изволили выразиться.

— С удовольствием послушаю, — согласился Макс. — Вот только я с утра не ел.

Ради интересной беседы можно было бы и потерпеть, но это точно бы не пошло на пользу непринужденности разговора.

— О, прошу меня простить, — отозвался новый знакомый.

Заказав легкий салат, Макс поинтересовался:

— Итак, что же все-таки насчет сходства? Извините, что отвлекся.

— Размышляя на досуге о внешнем сходстве людей и лурианцев, я пришел к довольно странной мысли... — Лурианец сделал небольшую паузу. — Не потому ли мы так похожи, что гуманоидная форма довольно удобна для развития разума?

— Хм. Любопытный вывод, хотя и небесспорный.

— Ну, по крайней мере, он подкреплен определенными аргументами.

— Поделитесь.

— Поделюсь. Вот, смотрите, какой красавец.

Инопланетянин с интересом взглянул на кота, развалившегося на стойке бара.

— Да, красив!

— Вот только лапы его плохо приспособлены к тому, чтобы пользоваться орудиями труда. А без них трудно развивать общество, — продолжал лурианец.

Среди них, видимо, тоже попадаются любители побеседовать на философские темы.

— Пожалуй, в этом есть резон. Если не рассматривать другие варианты развития цивилизации, кроме того, что мы имеем.

— Есть и другие факторы, — развивал свою мысль новый знакомый Максима, временно отложив ответ на его возражение.

— Любопытно послушать.

— Давайте для примера представим развитие разума, допустим, у хищников. Согласитесь, после определенного предела такая цивилизация обречена на самоуничтожение. Не правда ли?

Лурианец поднял выжидающий взгляд.

— Пожалуй, соглашусь, — немного подумав, ответил Максим. — Излишняя агрессивность хищников почти наверняка приведет или к прекращению развития общества на довольно низкой ступени развития, или к самоуничтожению вида. Что говорить о хищниках, если сравнительно меньшая агрессивность приматов не раз в истории подвергала нас опасности от нас же самих.

— О, вы склонны к абстрактному анализу, весьма интересно. Но продолжим нашу мысль. Рассмотрим возможность цивилизации травоядных. Думаю, это была бы красивая цивилизация и довольно оригинальная. Вот только в своем развитии она продвигалась бы очень медленно. Слишком мало побудительных мотивов для развития, слишком мало факторов, толкающих вперед такую малообъяснимую штуку, как прогресс. Обитателей моря также признаем малоперспективными. Всему виной — их среда обитания. Если, конечно, не рассматривать нетехнологический путь развития, который я себе не очень-то представляю. По крайней мере, на начальном этапе развития общества. Само наличие воды делает на порядок более сложными для обитателей моря такие вещи, как, скажем, письменность или металлургия. А жаль. Это могло бы быть весьма интересно. Но представить себе подводную письменность я могу с большим трудом. Она же как источник накопления знаний является одним из важнейших условий для развития цивилизации.

— А как же альтернативные пути? Вы их полностью отвергаете?

— Конечно нет. Полностью исключать такую возможность не стоит. Нельзя же утверждать, что какой-то вещи нет в природе, только потому, что мы ее не видели. Не правда ли?

— Абсолютно согласен. Всего какую-то тысячу лет назад житель Европейского континента, где мы с вами сейчас находимся, никогда бы не поверил, что на Земле существует животное, которое носит своих детенышей в сумке на животе.

— Что, такое животное действительно есть?! — Лурианец удивленно встрепенулся.

— Вот видите, и вы тоже... Вы еще не были в Австралии?

— Честно говоря, нет.

— Очень рекомендую посетить этот континент. Это будет весьма познавательно в свете нашего разговора.

Лурианец задумался, чуть виновато улыбнулся и спросил:

— Не будет ли слишком назойливым попросить вас рассказать, как это лучше устроить? Я еще плохо ориентируюсь на Земле.

— Но говорите вы весьма уверенно. Да и словарный запас довольно развит.

— Это всего лишь технологии. Двухнедельный гипнокурс плюс лог-переводчик. — Лурианец отвел в сторону волосы и продемонстрировал закрепленное за ухом миниатюрное электронное устройство.

— Занятная вещица. Должно быть, и связь с общедоступными базами данных у вас имеется.

— Не без того. Но в этих базах столько данных, что их практически нельзя усвоить полностью и за тысячу лет. Надо знать, что и где искать, чтобы не утонуть в океане ненужной информации.

— Тоже верно. Что ж, помочь гостю — долг вежливости. Сейчас мы вам подыщем хорошую туристическую фирму с гидом.

Максим Прокин достал свой служебный коммуникатор и отправил запрос. Вспомнил при этом, как он был приятно удивлен, впервые увидев разницу между простым коммуникатором и специальным служебным. Работать в общедоступной Сети было на порядок легче. Вся запрашиваемая информация поступала в систематизированном виде, с подтверждением степени достоверности и оценкой поступающих сведений системным компьютером управления.

— Так, что у нас по Австралии? Держите данные.

Лог лурианца считал всю информацию с экрана. Гость успел бросить на него лишь мимолетный взгляд и не замедлил вернуться к беседе:

— Кстати, разрешите представиться: Мошл Дар, специалист по вопросам безопасности. Седьмой уровень допустимой деструкции.

Что за уровень такой? Ранг? Звание? Интересоваться было неудобно. Максим решил узнать это позже, если удастся продолжить знакомство. А пока неплохо бы и самому представиться.

— Максим Прокин. Некоторым образом ваш коллега.

— О, весьма интересно. Вы здесь по службе?

— Совсем нет. И вообще я с сегодняшнего дня в отпуске.

— Это следует отметить. Я знаю, у вас принято отмечать разные события.

— А на Луриане что, не принято? — поинтересовался Максим.

— Не то чтобы не принято. У нас это обстоит несколько иначе. У вас, я слышал, в таком случае принято пить алкогольные напитки.

— Вы уверены, что вам это не повредит? — с сомнением поинтересовался Максим.

— Пока не отмечено ни одного случая отравления местными продуктами. К тому же у меня есть мини-доктор. — Довольный лурианец взглянул на свой браслет. Индикатор светился ярким зеленым цветом.

Что ж, если Мошл так хочет познакомить свой организм с земным алкоголем, можно и составить ему компанию. Как-никак Макс уже в отпуске. В рабочее время алкоголь Максим отрицал категорически. Его работа требовала отличной физической формы и ясности мысли. Честно говоря, не увлекался Макс выпивкой и в свободное от работы время. Но здесь такой случай...

— Официант, два раза по сто пятьдесят водки и какой-нибудь легкой закуски.

Удивлять так удивлять. В конце концов, лурианец сам напросился. Мальчик уже большой, к тому же — коллега. Если что, пусть на себя пеняет.

Официант появился моментально. Визор он тоже смотрел и лурианца узнал без труда. Не зря тот первоначально был в очках, не желая привлекать к себе лишнего внимания. Поставив на стол требуемый заказ, официант сообщил:

— Платить не надо. Это от заведения.

— Ого, Мошл, с вами приятно на пару обедать! Нас угощают!

— Это тоже так принято на Земле? В честь ухода в отпуск?

— Скорее, это в честь вашего визита. Это событие для кафе гораздо более редкое. — За отпуск! — кратко сказал Макс и, сделав приглашающий жест, залпом опрокинул свой стакан.

Лурианец, морщась, последовал его примеру. Да, Максим явно погорячился в стремлении удивить гостя Земли. Эх, широта души, порой ты играешь с нами скверные шутки.

Водка быстро давала о себе знать. Сначала разлилась жгучим огнем по желудку, потом добралась и до других частей организма. Пол кафе вдруг сделался похожим на палубу лайнера, попавшего в шторм, а лурианец стал казаться лучшим другом, с которым обязательно надо спеть пару застольных песен. С инопланетным гостем дела обстояли еще категоричнее.

Они все же спели. Каждый на своем языке. И это совсем не помешало им петь одновременно, хором. После чего лурианец провалился в крепкий сон, и разбудить его не представилось возможным.

Такого поворота событий Максим не ожидал. Удивил инопланетного гостя, называется. И что теперь с ним делать? Везти его к ним на корабль? Кто знает, как на это посмотрит его руководство. Хотя он и сказал, что сейчас не на службе, мало ли какие у них порядки. Вполне могут наложить взыскание. Мошл, кажется, говорил, что у них с алкоголем строго. Позвонить на службу и вызвать помощь? А потом объяснять начальству, почему он, Максим Прокин, привел гостя Земли в нерабочее состояние?

Макс посмотрел на медицинский браслет лурианца. Индикатор горел цветом, напоминающим о новом сорте недавно выведенных слив, что показывали на прошлой неделе по каналу «Природа», — что-то среднее между желтым и фиолетовым. Пациент был скорее жив, чем мертв, хотя кто их, этих инопланетян, разберет. Надо было с кем-то посоветоваться. Желательно с тем, кто хорошо знаком с медициной и хотя бы немного с лурианцами.

Лаура. Имя это само всплыло в голове Макса. Вот кто им нужен.

Лаура была другом Максима. Да, пожалуй, все-таки другом, поскольку слово «подруга» звучит несколько двусмысленно, когда речь идет о женщине и мужчине. Возможна ли дружба между мужчиной и женщиной, если рассматривать этот вопрос в принципе? Пожалуй, если они не рассматривают друг друга в качестве интимных партнеров. Лаура была женщиной симпатичной, но совершенно не во вкусе Макса, разве что как интересный собеседник и неординарный человек. Да, они не ходили вместе в бар или на футбол. Но случилось так, что Макс несколько раз здорово выручал Лауру. И ей удавалось пару раз помочь ему в серьезных проблемах. И оба они знали, что в случае чего всегда могут обратиться друг к другу с просьбой. И не только обратиться, но и получить всевозможное содействие. Если это не дружба, то что?

Макс позвонил Лауре на личный коммуникатор:

— Лаурочка, радость моя, мне нужно срочно тебя увидеть.

— В чем дело, Максимка? Неужели после стольких лет знакомства в тебе вдруг проснулись чувства?

— Чувства у меня всегда были и остаются. Сейчас меня просто переполняет чувство большой признательности и глубокого уважения к твоим профессиональным способностям.

— Неужели ты заболел? Надо срочно поставить банки? Или горчичники?

— Хуже, намного хуже. Я в недоумении, и твое присутствие мне просто необходимо.

— Недоумение мне лечить еще не приходилось, — рассмеялась Лаура.

— Есть повод попрактиковаться.

— Вообще-то я на дежурстве. Ты далеко? Ага, вижу пеленг. Ладно, сейчас переведу комп в режим автоответчика и прибуду со спасательной миссией.

Лаура была медиком. Более того, она была медиком в

их службе и имела допуск к некоторым секретам, в том числе и к имеющимся в распоряжении землян сведениям о здоровье лурианцев. И пусть эти сведения были невелики, больше из знакомых Максима не знал никто.

Лаура действительно прибыла быстро. Окинув взглядом кафе и оценив ситуацию, она удивленно присвистнула:

— Это кто с тобой? Лурианец? И что ты с ним сделал? — Вопросы посыпались один за другим. — Ты не забыл, что он гость Земли?

— Вот я его и угостил. Спит теперь, — попытался объяснить Макс.

— Ага, и себя, смотрю, угостил тоже.

— Так неудобно было угощать его одного в честь моего отпуска.

— И что с ним теперь делать? — Лаура нахмурила брови.

— Я вот как раз у тебя хотел спросить. Как вообще его самочувствие?

Лаура проверила пульс неожиданного пациента, провела над его головой и сердцем портативным сканером и огласила свой вердикт:

— Жить будет. Но для большей уверенности лучше бы за ним понаблюдать. У нас пока нет статистики по потреблению алкоголя лурианцами. А давай его отвезем ко мне. Поспит там, отдохнет под пристальным медицинским наблюдением...

— Узнаю твой подход. Получить такого необычного пациента — мечта любого медика.

— Между прочим, это ты меня позвал! — Лаура показательно обиделась. Несерьезно, для вида.

— Признаю, признаю. А удобно к тебе? Мы больным не помешаем?

— Ха, когда это вы болели?! Некому мешать — в стационаре, как в пустыне. Разве что после сложной спецоперации бывают раненые. Но сейчас все тихо, так что не волнуйся. Надеюсь, ты составишь мне компанию? Не хотелось бы мне объяснять твоему новому знакомому, когда он очнется, где он находится и как он там оказался.

— Ты, как всегда, права.

Максим подхватил лурианца и с помощью бармена понес его в машину Лауры.

4

Вот эту самую историю и рассказал Максим Шарлю Свенсону. Точнее, первую ее часть. Ту, что касалась разговора о теории эволюции. Но, собственно, в этом и заключалась просьба, а о прочем разговора не было.

— Ну как, Шарль, стали вам лурианцы более понятны? — поинтересовался Макс.

— Признаться, не очень. Сведения весьма отстраненные и не касаются лурианцев напрямую.

— Я вас предупреждал. Я могу рассказать о лурианцах много. Но что из этого приблизит вас к их пониманию?

— Непростой вопрос. Быть может, вы, Макс, сами выберете, о чем рассказать? Я вернусь завтра. А это чтобы вы поняли всю серьезность вопроса...

Свенсон поставил на край стола одноразовый спецпроектор и включил его на воспроизведение с замедлением в пять минут. Как раз чтобы успеть попрощаться и покинуть владения Макса.

Хитрая штука. Максиму она была знакома. Такие применяли, когда хотели ознакомить кого-нибудь с информацией и в то же время избежать ее перезаписи. Воспроизведение должно было начаться через пять минут после включения, а после его окончания запись стиралась безвозвратно. С виду обыкновенная голография, но с небольшим секретом. Переснять изображение на другую камеру было невозможно. Для этих целей был использован странный парадокс, известный со времен изобретения оптического объектива, — спектр, воспринимаемый объективом, шире, чем тот, что можно увидеть невооруженным глазом. Именно этому явлению мы обязаны тем, что на снимках можно иногда разглядеть вещи необычные, неуловимые человеческим зрением. Вроде бы помешать это никак не может? Не тут-то было. Человечество слишком изощренно в том, как использовать во вред то, что идет на пользу. В данном случае вреда большого не было. Просто попытка заснять голографическое изображение с помощью посторонней камеры оказывалась безуспешной. Сигнал забивался картинкой, транслируемой в невидимом для глаза диапазоне, и при просмотре записи были видны одни помехи. Конечно, не слишком сложное ухищрение, при наличии соответствующих фильтров и аппаратуры проблема решалась, вот только знать об этом требовалось заранее. Максим переписывать информацию с проектора не собирался и потому, удобно устроившись в кресле, приготовился смотреть оставленное Шарлем кино.

Это было изображение оставленного лагеря. Без сомнения, когда-то укрепленного и готового к обороне. Укрепленного настолько, насколько может быть временный лагерь, построенный на скорую руку. Или не руку совсем, судя по дальнейшим кадрам. Неизвестно что там у них есть вместо рук, у этих таинственных существ, чей брошенный лагерь удалось заснять оператору.

Камера от общего плана перешла к деталям. Выделяемые объекты увеличивались и показывались более рельефно. В центре большой грудой металла высилось странное сооружение неясной формы с неровными искореженными краями с одной стороны. Вокруг него — несколько собранных на скорую руку ангаров и беспорядок, свойственный спешно покинутому лагерю, — бытовой мусор и мелкие обломки.

С этим все понятно, как и с вынесенными в стороны не менее чем на километр опорными пунктами. Небольшие купола — верхние части пунктов обороны, под которыми сканер показывает вырубленные в скале пустоты. Купола даже не стали демонтировать, а просто оставили все, как есть.

Расположение пунктов обороны знающему человеку говорит о многом. Здесь чувствовался опыт. Стратегия. Рассредоточение наличных сил было и остается основой обороны при наличии у противника достаточно мощного оружия. Да, лагерь явно немирный. Но пока ничего не говорит о том, что он не может принадлежать тем же землянам или, скажем, лурианцам. В космосе можно встретить немало скитальцев, в том числе и своей собственной расы. Сбились с пути, потерпели катастрофу. А что касается опорных пунктов обороны, то мало ли какие у них были причины для опасений. Ладно, смотрим дальше.

Самое необычное как раз дальше и было — тот большой металлический объект, что находился в центре. Следующие кадры снимались уже с поверхности. Камера объехала вокруг сооружения. Что это было? Пожалуй, все-таки секция корабля. Не наша. В смысле, не с Земли. Ничего похожего у земных кораблей Максим не встречал. Он, конечно, не специалист, но изображение смотрели специалисты и, судя по словам Свенсона, тоже признали объект незнакомым. В том числе и не лурианским. Секция имела большие повреждения обшивки. Рваные края с одной стороны явно свидетельствовали о взрыве. С другой стороны обшивка была срезана аккуратно и ровно. Видимо, требовался материал для ремонта остального корабля, и его решили позаимствовать с и так уже поврежденной секции. Далее крупным планом показали узкие длинные шлюзы, расположенные в ряд. Для приема грузов или посадки пассажиров совершенно неудобно. А для чего удобно? Только одна вещь приходит в голову — это шахты для пуска ракет. Если провести симметрию, то на противоположной стороне секции как раз и расположена пробоина. Взрыв ракеты в шахте? Или по ним стреляли? Шарль прав в одном — мирными этих ребят не назовешь.

Изображение дернулось, быстро перескакивая с одного на другое. Понятно, внутрь сначала пустили робота. Он быстренько пробежался по помещениям с одной лишь целью — обнаружить и устранить возможные опасности, коих, судя по отчету, обнаружено не было. Всей съемки, разумеется, Максиму не показали, лишь некоторые характерные отрывки. Отрывки, впрочем, весьма показательные для того, кто умеет думать и сопоставлять. Вот вход в помещение — открывать дверь руками было бы очень неудобно. Вот каюта, вот вертикальная шахта для перемещения экипажа. Все чуждое, непривычное. Неудобное, не приспособленное для рук и ног.

Да, Шарль прав. Здесь обитали существа негуманоидного типа. И, судя по всему, явно не миролюбивые. Сколько пройдет времени, прежде чем они встретятся с людьми? Какой будет эта встреча? Ожидать можно чего угодно, в том числе и агрессивных действий с их стороны. А здесь непонятные размолвки с лурианцами. С теми, кто пусть и далек, но более понятен. Нет, конечно, тоже непонятен, но кого можно попытаться понять. По крайней мере, нужно попытаться. Слишком велики ставки. Слишком многое меняется в свете последних событий, причем и для людей, и для лурианцев. Рассказать, поделиться информацией? Как это сделать, если они упорно отказываются от контактов? Это не та информация, которую транслируют в открытый эфир. Такие вещи обсуждают в закрытой непринужденной беседе. Придется помочь Шарлю. Слишком серьезен вопрос. И касается он всех, будь они на службе или на отдыхе. Вот только чем он сможет помочь? Непросто понять других. Да что там, порой непросто понять себя.

Макс задумался, вспомнив о том, о чем не рассказал Шарлю Свенсону. О Мошле, себе и Лауре.

5

В медцентре было светло, тихо и как-то непривычно стерильно. Непривычно для тех, кто редко здесь появляется. Есть чистота и есть абсолютная чистота, когда даже случайно залетевшая бактерия в ужасе шарахается, вдруг поняв, что она здесь одна и жить ей осталось совсем недолго. Здесь чистота была именно абсолютной.

Лаура заставила Макса на несколько секунд притормозить в приемной. Там же остановилось роботизированное кресло, на котором они устроили безмятежно спящего Мошла. Легкая дезактивация — обязательная процедура, если хочешь попасть в служебные помещения медцентра. Немногочисленные бациллы разбежались под воздействием ультрафиолета, и двери открылись, пропуская Лауру и ее нежданных пациентов внутрь.

— Что дальше? — задумчиво поинтересовался Макс.

— Так, сиди и не мешай. Я сама все сделаю, — распорядилась Лаура. — На мой взгляд, ничего страшного не произошло, но на всякий случай определим нашего гостя в палату. Пусть отдохнет в комфортных условиях под присмотром медицинской аппаратуры.

Медицинские роботы — это вам не тяжелый асфальтоукладчик. Их движения осторожные, бережные, выверенные до миллиметра, дабы случайно не повредить вверенных им пациентов. Для того их и проектировали. Кресло-робот, повинуясь командам Лауры, подъехало к кровати, и манипуляторы осторожно перенесли на нее Мошла. Поверхность кровати на пару секунд пришла в движение — микромоторы подстроили ее форму под индивидуальные особенности пациента.

— Посмотрим, что у нас.

Лаура подвинула большой многоцелевой стационарный сканер ближе и начала свою работу. Просвечивая, проглядывая и прослушивая пациента со всех сторон, сканер передавал информацию о состоянии его организма врачу. Макс удобно устроился на диванчике, стоящем в дальнем от входа углу, и старался не мешать.

— Понятно, — приговаривала медик, считывая данные с монитора, — очень даже неплохо. Здесь все в порядке. Здесь могло бы быть и лучше, но со временем пройдет. О-го-го, ничего себе!

— Что, на самом деле о-го-го? — не удержался Макс.

— Пошляк! Я совсем о другом! Уровень нейронных связей необычайно высок! — Лаура покраснела.

— Так и я о том же. А ты о чем подумала?

Медицинская кислородная подушка полетела в Макса, заставив его автоматически уклониться в сторону. Вреда от нее не могло быть никакого, но инстинкты есть инстинкты.

— Ну, Лаурочка, не гневайся. Я же спросил просто из любопытства.

— Жениться тебе надо, Макс. Просто из любопытства. Да, и с выпивкой ты бы завязывал.

— Ты же знаешь, я практически не пью. При моей работе это противопоказано. Но здесь такой случай...

— Ага, как же. Компания брата по разуму... Как здесь было не угостить его, ну и себя, конечно, тоже. А противопоказано злоупотребление алкоголем при любой работе, это я тебе как медик говорю.

— При моей — особенно, — не соглашался Макс.

— А при моей, можно подумать, уже и не важно?! Людей спасать — это дело так себе?!

— Это дело очень ответственное и нужное. И вообще ты очень положительная.

— Ладно, не подлизывайся. Пойдем лучше кофе попьем. Перед тем как пациент проснется, аппаратура подаст нам сигнал.

Кофе у Лауры был отменный. Она варила его по старинке, не доверяя это ответственное дело кофейным машинам. В этом было что-то от шаманства, интуиция плюс любовь к искусству. Приготовление кофе Лаура считала именно искусством и никак иначе. Макс с ней не спорил, главное, что результат был просто отличным.

— Может, тоже хочешь отдохнуть? — спросила Лаура.

— Нет уж, давай лучше побеседуем, когда еще удастся заскочить в гости. Расскажи, как у тебя дела.

Лаура пересказала Максу последние новости. Посетовала на проблемы с кадрами и не такое хорошее, как ей хотелось бы, финансирование. Это у них-то нехорошее?! Где уж тогда хорошее?! Медикам всегда предоставляли почти все, что им требовалось. Но, как говорится, нет предела в стремлении к лучшему. А поскольку предела нет, то и это самое стремление может быть бесконечным. Максим же предпочитал довольствоваться тем, что есть.

Сигнал, оповещающий о том, что пациент проснулся, прозвучал неожиданно. Лаура и Макс наперегонки побежали в палату и застали там озирающегося по сторонам Мошла.

— Это где мы сейчас находимся? — удивленно спросил лурианец, увидев вбежавшего Макса.

— В гостях. После того как мы отметили мой отпуск, мы пошли в гости к моему другу Лауре. Вот она, разрешите представить.

— О, леди, извините, что я сижу! — Лурианец сидя изобразил полупоклон. — Я правильно сказал? — спросил он у Макса.

— Правильно-правильно, — ответила Лаура. — Поскольку здесь вы вроде как пациент, сидеть вам не возбраняется.

— Я заболел? Чем я заболел?

— Употреблением алкоголя в неумеренных дозах. Для вашего организма это оказалось слишком сильным испытанием.

— Я не знал, что он ядовит. Я читал, что у вас есть такой обычай — отмечать различные события. Это серьезная болезнь?

— Через денек-другой пройдет. Но все же повторять

эксперимент не рекомендую во избежание тяжелых последствий.

— О, спасибо вам, моя спасительница!

Лаура покраснела:

— Да ладно уж. Пойдемте кофе пить. Надеюсь, от него вы не уснете.

— Компании с такой милой дамой всегда рад.

«А он, оказывается, тот еще ловелас», — сделал вывод Макс. Пропустив лурианца вперед, он шепнул Лауре на ухо:

— Мне кажется, он к тебе неравнодушен. К тому же о-го-го. Советую обратить внимание.

— Ну вот еще. Нужен он мне, инопланетянин-алкоголик, — но посмотрела Лаура на Мошла с большим интересом.

Они пили кофе и весело болтали. Гость рассказал несколько забавных историй. Вполне компанейский человек оказался. Точнее, лурианец, но это не помешало им отлично беседовать. Утром Мошл улетел в Австралию, взяв с новых знакомых обещание, что, когда он вернется обратно через три дня, они покажут ему все местные достопримечательности.

Воспоминания эти были необычайно яркими, как будто все случилось лишь вчера. Вот так необычно начался тогда у Макса отпуск.

6

Через три дня Мошл вернулся, но только Лауры уже не было. Нет-нет, конечно, она была, вот только совсем не здесь. День назад она улетела в Аргентину ликвидировать последствия землетрясения. Тогда туда многих медиков направили. Макс связался с ней по коммуникатору и узнал, что у нее все нормально, но работы много и потому она просит пока ее не беспокоить, позже свяжется сама. Макс позвонил на службу и спросил, не стоит ли ему вернуться из отпуска. Такая работа, постоянно что-то происходит, так что даже трагедия становится чем-то обыденным. Печально, но факт. Работа не терпит сильных эмоций. И дело здесь не в равнодушии, а в умении держать свои чувства в руках. А иначе получится такой же результат, как у хирурга, который во время операции начнет переживать о страданиях больного вместо того, чтобы думать о том, как лучше сделать свою работу. Нет, здесь нужна холодная голова. Немного цинично, но делу, несомненно, на пользу. Вот делать свою сложную и нужную работу недостаточно хорошо — такое действительно никуда не годится.

Без Максима справлялись. Дежурный сообщил, что, если будет такая необходимость, вызовет его в первую очередь, и пожелал хорошего отдыха.

Скажите честно и беспристрастно, когда вы были последний раз в каком-нибудь музее своего родного города? Затрудняетесь припомнить? Вполне естественное состояние. Мчась в дальние страны, куда-нибудь на другую сторону планеты, мы торопимся посмотреть достопримечательности, посетить выставки и музеи. А те, что находятся буквально через дорогу? Разумеется, они остаются на потом, ведь туда всегда можно успеть. Через месяц, в следующем году или в следующем десятилетии. В общем, после. Как-нибудь при случае. Если получится.

Максим в этом плане не отличался от большинства людей. В музеях своего родного города он бывал так же редко, как и большинство среднестатистических жителей. Это даже как-то роднит, придает чувство сопричастности с окружающими. К тому же это такой факт, который никогда не поздно исправить. Для своего развития и просто для удовольствия. Ведь ходят же люди в музеи? Так почему не начать с тех, которые расположены поблизости? Тем более что он обещал показать Мошлу местные достопримечательности. Вернее, обещали они вместе с Лаурой, но по причине отсутствия последней добровольным гидом пришлось выступать Максу. Нельзя сказать, что он был этим расстроен, собеседником лурианец был замечательным, программа была интересной. К тому же Мошл был гостем на Земле, и, как гостеприимный хозяин, Макс просто обязан был проявить вежливость. Так вопрос о том, чем занять отпуск, решился сам собой. Что ж, в музеи так в музеи.

— А что, мадам Лаура не смогла прийти? — поинтересовался лурианец после того, как они обменялись приветствиями.

— К сожалению. У нее срочная работа, так что нам придется некоторое время обходиться без ее приятного общества. А вот у меня отпуск, и я вполне могу составить вам компанию. Заодно повышу свой культурный уровень. А то, знаете ли, постоянно на это не хватает времени.

— О, это будет здорово! Я рад вашей компании.

«Что именно будет здорово? — подумал Макс. — То, что мой культурный уровень повысится, или то, что я составлю Мошлу компанию?»

— Как вам Австралия, старина?

— Замечательно! Представляете, это правда! Эти удивительные животные действительно носят детенышей в сумке. Никогда бы не поверил! И при этом они умудряются так быстро прыгать... Спасибо, что порекомендовали мне посетить эту потрясающую местность.

Мошл с полчаса делился своими впечатлениями от поездки. Большей частью они были «совершенно потрясающими» и «удивительными». Рассказывал о парке, о кенгуру и лемурах, о туземцах, гадая, настоящие они или нет. В общем, его буквально распирало от впечатлений.

Макс же размышлял о том, куда им пойти в первую очередь. «А, ладно, начнем с изобразительного искусства, а там сориентируемся», — решил он.

Все-таки хорошо, что так получилось. Сам бы Макс в музей не пошел и много бы при этом потерял. Творчество притягательно для тех, кто умеет смотреть и думать. Гениальные вещи, а Макс мог бы их и не увидеть. А вот так, за компанию... Они обошли все близлежащие музеи и перешли на выставки-галереи, выставки собак и кошек. Последние заинтересовали Мошла больше всего, он вообще оказался ценителем животного мира. Одно время он даже серьезно подумывал, а не взять ли ему на воспитание собаку или кота. Но от этой мысли отказался. Обеспечить привычные условия существования для домашнего любимца совсем непросто, если часто бываешь в переездах, перелетах и неделями пропадаешь на работе. Это Макс понимал, его работа была примерно такой же.

Недели полторы они мотались по всевозможным интересным местам, и оба остались довольны тем, что не зря провели время. А потом дела потребовали возвращения Мошла на корабль. Он долго прощался, просил передавать привет Лауре и обещал при случае пригласить в гости. Заманчиво, конечно. А кому не было бы интересно побывать на инопланетном корабле?

На оставшуюся неделю отпуска Макс махнул на островные пляжи — позагорать, поплавать и отдохнуть немного, ничего не делая, после отдыха познавательного. И отпуск получился такой, какого у Макса никогда не бывало.

И что? Рассказать все это Шарлю Свенсону? Приблизит ли это его к пониманию лурианцев? Вряд ли. Быть может, рассказать Шарлю, как он встретился с Мошлом во второй раз, уже по делам службы? И быт лурианцев заодно посмотрел, так уж совпало.

7

Отпуск закончился (все в этом мире когда-то заканчивается), и Макс вернулся на службу. Перед этим лишь успел забежать к Лауре, она как раз вернулась из своей служебной командировки. Как не навестить подругу, пока есть возможность? Потом времени будет гораздо меньше. К тому же он рассчитывал порасспросить ее о поездке — это тоже повод, чтобы зайти.

Да, галантности Максу недостает. Это он понял сразу, едва переступил порог гостиной Лауры. Пришел к девушке с пустыми руками. С другой стороны, почему бы на правах старого друга и не забежать просто на чай?

Лаура утопала в цветах. Причем цветы были доставлены вместе с горшками. Не менее десяти больших горшков с цветами загородили теперь всю гостиную. А еще ей был преподнесен лурианский медальон с надписью: «Лучшему доктору от благодарного пациента». Ах, Мошл, дамский угодник! Ладно, надо будет придумать что-нибудь неординарное и в следующий раз обязательно подарить гостеприимной хозяйке.

— О, ты обзавелась поклонниками? Привет, Лаурчик, как съездила?

— Отвечаю по порядку. Было очень много работы, это основное, что мне запомнилось в поездке. Пострадавших сотни. Спасли многих, но, к сожалению, не всех. Печально.

Отвечать Лаура начала, скорее, в обратном порядке. Но она женщина, для нее это вполне допустимо. Где у них начало, а где конец, они порой сами не знают. Это не плохо и не хорошо, просто так уж они устроены — по-особенному.

— Что поделать, такая у нас работа. Случается иногда кого-то терять.

Да, в этом они с Лаурой схожи. Максу тоже приходилось терять друзей и коллег по работе, а это еще тяжелее, чем пациентов. Так он думал. Хотя кто знает, на месте врача, потерявшего пациента, он не был ни разу. Правда, однажды он не уберег человека, которого должен был защищать. Санкций не было, признали, что он сделал все возможное. Вот только чувствовал он себя все равно прескверно. Быть может, это что-то схожее с тем, что испытывают врачи? Но ведь люди, даже самые талантливые и гениальные, — это не боги, они могут лишь то, что в их силах.

— Ты потеряла? — спросил он, имея в виду пациентов.

— Нет, мои все выжили, — сказала Лаура с невольной гордостью. Радость от хорошо проделанной работы — чувство вполне понятное. Уместно ли оно, когда у кого-то рядом получилось не все или им меньше повезло? Наверное, все же уместно. Как отвечать за всех? За себя бы ответить. За то, что сделал или не смог сделать.

В общем, у Лауры дела обстояли нормально, не считая вполне понятной усталости.

— Здорово. И благодарные поклонники, я смотрю, тебя не забывают. От Мошла? — Макс кивнул на цветы.

— С чего ты взял, что цветы от него? — Лаура немного покраснела.

— А кто же еще додумается подарить даме цветы в горшках?!

— Ага, некоторые вообще не додумываются. Ни в горшках, ни без горшков.

— И не говори. Между прочим, гостей принято чаем поить.

— Когда это я тебя чаем не поила?! Садись, сейчас поставлю чайник.

Лаура подробнее рассказала про командировку, Макс про отпуск. Долго разговаривать было некогда. Пожелав друг другу удачи, они отправились каждый по своим делам.

Дела, дела, куда же без них. Служба встретила проблемами и срочным совещанием у шефа. Весь благодушный послеотпускной настрой улетучился в одно мгновенье.

Шеф был мрачен и сосредоточен. Он молча постукивал по столу концом лазерной указки, что говорило о его крайней озабоченности и плохом настроении. Как утверждает народная мудрость, если шеф озадачен, не миновать грозы. Естественно, грозы словесной.

— До каких пор это будет продолжаться, я вас спрашиваю? Сколько будут твориться все эти безобразия?

Шеф обвел всех присутствующих грозным взглядом. Вот это первый день после отпуска, называется. На вопрос никто не ответил. То ли потому, что вопрос был риторическим, то ли никто не знал, о каких именно безобразиях идет речь. Мало у них безобразий, что ли? И какие именно допекли шефа в данный момент — предположить сложно. Да и не надо предполагать — он сам об этом поведает. На то оно и совещание.

— Это что же такое творится? — продолжал шеф. — Мало нам своих проблем? Нам только международных осложнений не хватает? Точнее, межпланетных.

«Это что-то новое, — подумал Макс, — должно быть, я что-то пропустил».

— А в чем, собственно, дело? — спросил наконец кто-то с дальнего края стола.

До чего нетерпеливые люди! Можно подумать, шеф сам не поведает о том, что творится. Поведает, непременно поведает. Для того он всех и собрал.

— Что случилось, вы спрашиваете?! Средь бела дня какие-то экстремисты напали на мирный бар! Устроили стрельбу, настоящее побоище! Так мало того, им еще понадобилось напасть именно на тот бар, в котором сидели лурианцы! И вы еще говорите: что случилось? Как это назвать, я вас спрашиваю?

Шеф был рассержен не на шутку. Его можно было понять. За такой инцидент, компрометирующий СБ в глазах инопланетных гостей, с него спросят сполна. И не посмотрят на то, что служба здесь ни при чем.

«Но ведь не можем же мы поставить по сотруднику у каждого бара, — размышлял Макс. — И охранять всех инопланетных гостей тоже не можем. Они же первые нас и не поймут. Вот только все эти объективные причины никак не уменьшат претензий к нашей службе вообще и к шефу в частности. По шапке первым получать ему. Как непросто все-таки быть шефом!»

— Лурианцы пострадали? — спросил все тот же любопытный с дальнего края стола.

— Нет, не пострадали. Но не благодаря нашим слаженным действиям, а лишь благодаря счастливой случайности. — Шеф перевел дух.

На самом деле все могло бы быть намного хуже. Но и то, что случилось, было чрезвычайным происшествием.

— Расследовать дело придется со всей тщательностью, — продолжил шеф. — У кого-нибудь есть знакомые среди лурианцев? Формальные, неформальные — все равно. По ходу расследования придется с ними встречаться.

Никакого леса рук и хора голосов. Тишина. Все связи на уровне официальных приемов, то есть, можно сказать, никакие. Понятно, что дело поручат кому-нибудь в любом случае, но если кто-то в теме...

Макс подумал и печально вздохнул. Вообще-то он не собирался афишировать свое знакомство, но, видимо, придется — работа есть работа. Да и секретного в этом ничего нет, не хотелось лишних вопросов и шепота за спиной, вот и все.

— У меня есть один знакомый среди лурианцев, — сказал он негромко.

— Ты же вроде был в отпуске? Когда только успел? — удивился шеф.

— Так в отпуске как раз и познакомились. Ничего особенного, пообедали в кафе, отвел гостя в музей и на выставку. Надо же мне было как-то время проводить.

Ну вот. Теперь от рассказов точно не отвертишься. Поднявшийся гул был тому ярким подтверждением. Замучают любопытством.

— Расспросы потом, — вынес свой вердикт шеф. — Все, кроме Максима, свободны.

Народ начал с шумом подниматься с мест. А Макс, естественно, остался.

— Зайди в оперативный отдел, у них вся информация по этому происшествию, — продолжил шеф, когда все разошлись. — Это дело вести тебе, раз уж так получилось, что ты уже общался с лурианцами. Без них все равно не обойдешься.

— Общался — это слишком сильно сказано. Причем всего с одним лурианцем.

— Остальные вообще ни с одним не имели дела. Скучные официальные мероприятия не в счет, — махнул рукой шеф. — Все, принимайся за работу.

К работе Максу не привыкать. Не было бы этого дела, нашлось бы какое-нибудь другое. Происшествие чрезвычайное, но других они и не расследуют. Лишь присутствие в баре лурианцев придает делу некоторую необычность. «Ничего, как-нибудь разберемся», — немного самонадеянно подумал Макс, выходя из кабинета шефа.

Оперативный отдел занимался первоначальным сбором информации и предварительным ее систематизированием. Все новости сначала поступали к ним, а уже потом или в архив, или в работу. В данном случае — к Максу. В отделе было шумно и тесно, в общем, как обычно. Кивнув центральному диспетчеру, Макс поинтересовался:

— События по происшествию в баре «Тиаи» у кого значатся?

— Это тот, где лурианцев чуть не подстрелили? В двадцать первой секции. Ну и название у заведения — «Тиаи», — скептически улыбнулся дежурный.

Макс ответил кивком и поспешил к указанной секции. Обсуждать особенности названий некоторых баров он был сейчас совсем не расположен.

Оператором в секции двадцать один работала Вероника.

— Ты за информацией? — спросила она, поприветствовав Макса.

С Вероникой они были шапочно знакомы. За столько лет работы знакомых у Макса накопилось немало. В том числе и среди тех, кто собирает информацию. Обращаться к ним приходилось часто.

— За ней, — отозвался Максим. — Был бы рад сказать, что просто зашел поболтать, но дела не ждут. Что у тебя есть по бару «Тиаи»?

— Так, по «Тиаи». — Пальцы Вероники забегали по экрану терминала. — Пока совсем немного, оперативно вы спохватились. Это там, где лурианцы отдыхали?

— Да. Что там произошло? Случайно не на них нападали?

— Судя по всему, нет. И чего их понесло в такую глушь? А палили там во что придется. На записи сам посмотришь. Камеры наблюдения хорошо все зафиксировали с нескольких ракурсов.

— Что еще есть, кроме записей?

— Полный комплект — опрос очевидцев, отчет медиков.

— Пострадавших много?

— Четверо убитых, десять раненых. Стрелявших живыми взять не удалось. В общем, получи все, что есть. Давай планшет, я скину тебе данные.

Вероника закачала данные в планшет Макса и вернула компьютер владельцу.

— Готово. Забегай, если что.

— Кто очевидцев опрашивал? — спросил Макс.

— Игнашев и Лорин. Номера их планшетов есть в отчете. — Вероника улыбнулась.

— Хорошо работаешь, Вероника.

— На том стоим.

Макс улыбнулся в ответ:

— Ладно, еще увидимся.

— Пока. Заходи, если что.

Вероника повернулась к терминалу, фиксируя вновь поступающую информацию. Максим отправился к себе, чтобы просмотреть полученный материал в спокойной обстановке. То есть в относительно спокойной. Покой нам только снится, но все же в его кабинете было гораздо спокойнее по сравнению с тем шумом, который царил в оперативном отделе.

8

Удобно расположившись в кресле, Максим приготовился изучать собранный материал.

Начать расследование он решил с просмотра записей, чтобы составить общее впечатление о месте действия и произошедших событиях. Удобно, наглядно, все как на ладони. Почти все. Камеры наблюдения зафиксировали подробно те события, которые попали в их поле зрения.

Дешево и сердито. Установка камер наблюдения — мера добровольная, что не отменяет ее действенности. Почти все владельцы общественных заведений прибегают к этому средству. Причем многие из них, кроме самого наблюдения, еще и транслируют сигнал аналитическому компьютеру службы безопасности. Очень удобная система. И потому довольно популярная. Компьютер управления ежесекундно оценивает миллионы ситуаций и выбирает те, которые могут попадать под определение ЧП.

Аналитический компьютер подал сигнал дежурному оператору через две секунды после открытия стрельбы. Через пять секунд оператор оценил обстановку, сориентировался по месту действия и подал сигнал тревоги дежурной группе захвата. Компьютер компьютером, а принимать решение об ответных действиях может только человек. Как ни странно, ложные сигналы тревоги компьютер подавал с завидной регулярностью, порою считая опасными те действия, которые таковыми не являются. Алгоритмы, описывающие агрессивные действия, слишком сложны, чтобы быть определяемыми для машины на все сто процентов. Так, запуск фейерверка компьютер вполне мог перепутать с запуском ракетного снаряда. Скажите мне, в чем разница в алгоритме действий? Вот то-то. Можно, конечно, завысить порог чувствительности, но тогда не каждая опасная ситуация будет отслеживаться. Вот и сообщает комп оператору обо всем подозрительном. Порой и ошибается в оценке событий, но только не в этом случае.

Сигнал тревоги пошел, группа быстрого реагирования вступила в дело. Реактивный катер группы захвата сел на форсаже прямо посреди мостовой, напротив кафе, распугивая редких нерасторопных посетителей, всего лишь через пару минут после получения сигнала тревоги. Не до церемоний, время дороже — какая там посадочная площадка, приземлились прямо на проезжую часть. Движение на месте посадки катера было перекрыто сразу же вслед за вылетом тревожной группы. Система эта давно отработана и автоматизирована. Оператору лишь требуется определить блокируемый район, дальше автоматика сработает сама — перенаправит транспортные и людские потоки. Разумеется, с подобными вещами не шутят, но ситуация была из разряда чрезвычайно редких и, несомненно, опасных. Массовая стрельба в городе, пусть и на окраине. Такого давно не наблюдалось. А здесь, как на грех, еще и лурианцы. И чего им вздумалось пообедать именно в этом кафе?

Все, что происходило в диспетчерской СБ и ближайшем окружении злополучного бара, камеры наружного наблюдения зафиксировать не могли, но хронометраж событий был к отчету приложен. Так что диапазон, во время которого и произошли все события, просматривался без труда. Развивалось все очень быстро.

Первая камера наблюдения фиксировала пространство в направлении входа. С нее Максим и начал просмотр. Разумеется, с того момента, когда стрелки вошли в здание.

Стрелявших было двое. Молодые парни, внешне более похожие на жителей латиноамериканского континента. В длинных плащах, с застывшими, будто приклеенными улыбками на лицах. Что удивляло, выражение их лица практически не менялось на всем протяжении записи. Будто маску надели. Первый из вошедших обвел зал непонимающим взглядом, после чего откинул полу плаща и достал импульсный лазерный автомат — оружие, достойное того, чтобы сказать о нем несколько слов.

Автомат был самой распространенной системы — тульского завода, с рубиновым фокусатором, короткоимпульсный лазерный. Удобная вещица.

Изобретенный тульским конструктором Семеном Трофимовым импульсный лазерный отсекатель дал жизнь целому семейству автоматического лазерного ручного оружия. Лазер, конечно, очень энергоемкий, но имеет одно неоспоримое преимущество перед кинетическим оружием — позволяет обходиться без зарядов из металла или пластика. В общем, без расхода материала. Правда, он расходует энергию, но это разные вещи. Энергия, в отличие от материала, восстанавливается. По крайней мере, возобновить ее проще, чем потраченный на заряды для стрелкового кинетического оружия материал. Свинец и пластик не бесконечны, а зарядить аккумуляторы для лазера — иное дело.

Аккумуляторы придумали емкие, очень емкие. Но даже их хватало ненадолго — при непрерывной работе ручного лазера более-менее подходящей мощности заряда аккумуляторов хватало менее чем на секунду. Сплошное недоразумение и никакой практической пользы. Иное дело — система, работающая с импульсным отсекателем. Она позволяет выпускать лазерный луч длительностью в сотые доли секунды. Таких импульсов при полной зарядке батареи можно выпустить более сотни. А батарея при необходимости может быть заменена. Десятки заводов производят лазерные автоматы, используя отсекатель Трофимова или его аналоги, но сам прототип считается лучшим.

Замечательное оружие. Вот только не в те руки попал автомат. Первый террорист (за неимением других данных о его намерениях назовем его так) выстрелил в воздух, точнее, в потолок. И попал в блестящий многочисленными гранями хрустальный шар. Случайность, непредсказуемый фактор, внесший изменения во все дальнейшие действия. Луч, преломленный гранями, отразился многочисленными бликами, на несколько секунд лишив возможности ориентироваться всех, кто находился в помещении.

В баре началось столпотворение, иначе произошедшее не назовешь. Кто-то вскочил с места и бросился к выходу, кто-то попытался укрыться за столами, со стороны барной стойки прилетел графин, угодил стрелку в плечо и сбил первого террориста с ног. Тогда второй начал стрелять во что придется, поливая все пространство бара широким веером импульсов. Камеру снесло на пятнадцатой секунде.

Максим налил себе кофе, не торопясь выпил и перешел к следующей записи.

С этого ракурса столик, за которым сидели лурианцы, был виден хорошо, как и все их действия. Их реакция — вот что поразило Максима больше всего. Как только началась стрельба, лурианцы резко бросились в стороны. Один в нишу, образованную уступом стены, больше туда никто не поместился, ниша была невелика. Двое других — туда, где стояли торговые автоматы. Миновав несколько из них, они заскочили за автомат с газировкой. И что, лурианцы остались живы?! Максим недоверчиво почесал в затылке.

Импульсы лазерного автомата дошли до угла, за которым укрылся первый инопланетянин. Лучи, отраженные висевшим на стене зеркалом, ушли в сторону. Вот оно в чем дело — зеркало. Повезло. Не окажись его — и лазер прошил бы пластик с легкостью. С этим, допустим, понятно, а двое остальных? Шеф сказал на совещании, что из лурианцев в баре не пострадал никто. Лазерные импульсы пробежали по торговым автоматам, пробивая их насквозь и не щадя людей, которые пытались за ними укрыться. От пластиковой обшивки повалил дым. Ко второму стрелку присоединился первый. Оба террориста расстреливали торговые автоматы с изрядной целеустремленностью. Они что, автоматоненавистники? Или целились в лурианцев, пытаясь обставить все, как обычный налет?

Что-то не складывалось. Лурианцы за торговыми автоматами просто не могли уцелеть. И в то же время уцелели. Шеф сказал об этом абсолютно уверенно, без доли сомнения, да и в списках пострадавших они не значились.

Максим отмотал запись назад и посмотрел еще раз на то, как очереди пробегают по ряду торговых автоматов. Как инопланетяне остались невредимы? Это из разряда необъяснимого. Пока необъяснимого.

Витрина брызнула осколками стекла. Ультразвуковая пушка разрушила ее, группа быстрого реагирования готовилась к штурму. Больше с этой камеры ничего увидеть было невозможно, лишь дым и разбитые автоматы. Макс перешел на просмотр изображения с камеры номер три.

На записи третьей камеры штурм был виден хорошо. Налетчики обернулись к разбитой витрине, слегка оглушенные ультразвуком, и открыли огонь по группе быстрого реагирования. Странно, ультразвук обычно действует сильнее. Электрошокер плащи террористов не пробил, и штурмовая группа открыла огонь на поражение. С этим у них быстро. Эх, поторопились! У Максима к тем стрелкам было несколько вопросов. Теперь придется восстанавливать картину по частям — устанавливать личности нападавших, выяснять мотивы.

Запись, воспроизводимая на мониторе, бесстрастно отматывала секунды событий, происходивших в баре «Тиаи». Бойцы группы быстрого реагирования начали выводить людей из помещения. Среди спасенных Максим увидел всех трех лурианцев. Живых и невредимых, Поразительно. Затем прибыли медики и начали эвакуировать раненых.

Макс подумал и набрал имеющийся в отчете номер оперативника, проводившего первоначальный осмотр места происшествия.

— Майор Прокин говорит. Вы ничего необычного не заметили у нападавших?

— Это вы об их реакции на ультразвук?

— В том числе и об этом. А что, есть что-то интересное по этому поводу?

— Они в наушниках были, и музыка включена на полную громкость. Грохот такой, что за ним ничего не слышно.

— Понятно. А насчет их странных улыбок что можешь сказать?

— Чего не знаю, того не знаю. С этим вопросом лучше к медикам. Может, они что разъяснят.

— Личности установили?

— В базах данных не значатся. Установлено лишь, что в день нападения они прибыли из Перу.

Вот это уже интересно. Это в какой же надо жить глуши, чтобы не числиться в базах данных? Или кто-то хорошо постарался, удаляя их из баз. Прибыли как раз в день нападения? Это что же получается, они приехали, чтобы открыть перестрелку в никому не известном баре? И потом, откуда у них автоматы?

Да, не все так просто в этом деле.

— Ладно, до связи. Если что, я еще побеспокою.

Максим нажал отбой и задумался.

Тайна спасения инопланетян не давала ему покоя. Он просмотрел запись еще раз. Вот лурианцы бегут мимо торговых автоматов. Почему, если они хотели за ними укрыться? Пробегают мимо одного, второго, третьего, ныряют за четвертый, где и пережидают обстрел. Почему они бежали, ведь до ближайшего торгового автомата было ближе? Как так получилось, что все они уцелели в царившем там бедламе?

9

Следующий день принес новые заботы. Точнее, заботы были все те же, а вот загружать Максима ими стали по новой. Шеф интересовался результатами расследования, а расследование приносило очередные вопросы. Из ответов был пока только один, и он ничего не объяснял. Медики отметили, что влияния на стрелков медицинских препаратов не обнаружено. Конечно, это мало что объясняет, и уж тем более не объясняет странные улыбки нападавших.

Здесь разобраться бы не торопясь, обстоятельно, а начальство торопит. Начальству нужен результат, отчет и доклад. Шефа можно понять, вот только работу это не делает более простой и легкой. Скорее, наоборот.

Максим решил отправиться на место происшествия и осмотреть все лично. Быть может, тогда что-нибудь прояснится.

Новую витрину уже успели поставить, а вот вход был все еще опечатан оперативным отделом. Стандартно, так и должно было быть. Макс поднес к печати свой идентификатор, код считался, и блокировка двери снялась. Максим шагнул внутрь. Разумеется, внутри никого не было, кто будет сидеть внутри опечатанного помещения? А вот беспорядок там царил изрядный — перевернутые столы, стулья, разбитая мебель. В стенах — многочисленные отверстия, оставленные импульсами лазерных автоматов. Некоторые выстрелы прошили стены насквозь. Больше всего досталось торговым автоматам. Стоящие в ряд шкафы, предлагающие купить разнообразные бытовые мелочи, были исполосованы выстрелами вдоль и поперек. Сквозь дыры в них можно было рассмотреть оплавленные отметины на стене. Почти за всеми, кроме четвертого и последнего. Удивленный Максим заглянул за торговые автоматы — выходных отверстий не было. Именно эти два шкафа импульсы не пробили насквозь. Поразительно. Повезло лурианцам. Повезло? Они оказались за нужным автоматом?

Макс сделал шаг назад. Вот так раз. Лазер не пробил автоматы, разливающие газированную воду. Это что же, лурианцы знали заранее, где им можно укрыться? Или все же всему причиной везение? Да, чем дальше, тем больше вопросов.

Если с чудесным спасением лурианцев стало чуть больше ясности, то поведение нападавших по-прежнему оставалось непонятным. Эта их хаотичная стрельба очередями и не сходящие с лиц улыбки. Досталось же дело — одни вопросы, а поначалу казалось, что все просто. Нет, самому с этим не разобраться, нужен совет специалиста. Макс набрал номер Лауры.

— Лаурчик, ты как, найдешь несколько минут для старого друга?

— Для старого друга — всегда. И даже не несколько минут, а побольше. Ты далеко, Максимка? Я сейчас дома, забегай.

— Это будет удобно? Ты не занята?

— Удобно-удобно. У меня сегодня выходной, и по этому поводу все дела отменены.

Лаура жила в трех кварталах от работы и очень гордилась тем, что может ходить на службу пешком. Терзаемый легкими угрызениями совести из-за того, что в выходной опять будет говорить с ней о работе, Максим направился к ее дому. По дороге он заскочил в цветочный магазин и купил небольшой кактус — неудобно было снова появляться с пустыми руками.

На дверной звонок Лаура отозвалась сразу.

— Проходите, — буркнул ее домашний комп, и Макс переступил порог.

— Это тебе. — Гость протянул Лауре кактус. — Говорят, ты любишь цветы в горшках.

И этим же кактусом он чуть не получил по голове. Пойми этих женщин!

— Заходи уже, недоразумение, — улыбнулась Лаура увернувшемуся Максу. — Кстати, ты ел? Я здесь небольшую готовку затеяла. Садись, накормлю.

Готовить Лаура любила и умела.

— Лаурчик, ты прирожденный кулинар. Женихи должны выстраиваться в очередь с предложением руки и сердца.

— Последний сбежал пару месяцев назад, — вздохнула Лаура.

— А букеты от Мошла?

— Перестань, Макс, это несерьезно. — Печальный вздох и отведенные в сторону глаза позволили Максу усомниться в искренности ответа. — Все это лишь дань вежливости и ничего более. А жаль.

Максим понял, что затронул слишком серьезную тему, и поспешил перевести разговор:

— Ты знаешь, я по делу. — Он чувствовал себя несколько виноватым.

— Рассказывай. Что тебя привело? — Лаура удобно расположилась в кресле и приготовилась слушать.

— Работа, как всегда работа.

— Ну вот. Когда ты забегал без повода, можно по пальцам пересчитать. Ладно, рассказывай.

— Да здесь, понимаешь ли, появились два интересных стрелка. Расстреляли бар. Несколько человек убито, много раненых.

— Случай прискорбный, давно у нас такого не было. Чем я-то могу помочь? — отозвалась Лаура.

— Вот, посмотри. — Макс выбрал фрагмент записи и показал крупным планом лица стрелков. — Меня интересует выражение их лиц. Какое-то оно отстраненное. И еще улыбки. Мертвые, будто застывшие.

— А что медики говорят? — поинтересовалась Лаура.

— Ничего необычного. Впрочем, посмотри сама. — Макс открыл файл с заключением медиков и подвинул планшет к девушке.

Лаура внимательно просмотрела данные отчетов, сверяясь с цифрами и диаграммами. Дело для нее привычное, где-то даже будничное. Там, где для Максима был темный лес, для нее складывалась вполне ясная картина.

— Да, есть некоторые странности, но в целом — в пределах нормы. Использования каких-либо препаратов не выявлено.

— И что тогда с ними не так? Согласись, есть в них что-то необычное.

— Соглашусь, конечно. Стрелять из автоматов по кому придется — само по себе странное занятие. А уж с таким выражением лица — и подавно.

— Вот-вот. И что ты на это скажешь?

— А что ты хочешь услышать? Может быть несколько причин такого поведения. И это не обязательно воздействие химических препаратов. Начнем с обычного гипноза. Случай, конечно, редкий, но вполне вероятный.

— Ага, ты имеешь в виду, что стрелки были под гипнозом?

— Да ничего я не имею в виду. Это всего лишь один из вариантов, есть и другие методы воздействия на человека. Тот же самогипноз — сильнейшая штука, и никакие специалисты не нужны. Йоги с помощью самовнушения на сильнейшем морозе сушат собственным телом мокрые простыни.

— Так они йоги, что ли?

— Тьфу на тебя! Какие там йоги, это я так, для примера! Есть и другие способы воздействия на сознание. Тот же звук, например. Звук очень по-разному влияет на людей. В частности, сочетание звуков, именуемое музыкой.

— Вот это уже ближе к цели. По отчетам оперативников, стрелки были в наушниках, и музыка грохотала вовсю.

— Это интересно. Послушать бы, что это за звуки. Музыка может вызывать чувства самые разнообразные. От возвышенных до отстраненных. А если она попадает в резонанс с биоритмами организма, то ее влияние на мозг вообще потрясающее. Но, скорее всего, здесь комбинированное воздействие. Быть может, это что-то вроде воздействия запрещенных видеоигр с эффектом присутствия, а музыка лишь являлась спусковым крючком.

Максим задумчиво почесал затылок. Что за странное

дело! Ответы лишь прибавляют новые вопросы. Ладно, допустим, странные улыбки стрелков могут быть объяснимы. Но тогда получается, что они не одиночки. Такие увлечения, как правило, свойственны группам лиц. Надо искать сообщников. Какой-нибудь клуб увлеченных людей, объединенных общими интересами. Интересы разные бывают. Причастность к группе подтверждал и тот факт, что у прилетевших незадолго до налета стрелков появилось оружие.

Макс вернулся в управление скорее по привычке, чем по необходимости. Думать он мог, находясь где угодно, а сейчас требовалось именно это. Запросы в Перу отправлены, но на это мало надежды. Даже если их филиал что-то и нароет, это будет не скоро. Нет, работать надо самому. Попробовать подойти к делу с другой стороны.

Итак, зачем лурианцы пошли в бар и почему именно в этот бар? Связана ли стрельба с их появлением там или это совпадение? Надо это как-то проверить.

Максим связался с Вероникой из оперативного отдела и попросил переслать ему записи с камер наблюдения бара «Тиаи» за время, предшествующее появлению стрелков.

— За какой период нужны записи? — уточнила Вероника.

— За час до появления стрелков, а там посмотрим.

— Ты на работе? Тогда я скину данные на твой служебный терминал.

Секретность информации, зафиксированной камерами наблюдения, невелика, но если Макс все равно на работе, почему не воспользоваться закрытым служебным каналом?

Запись дала нечто новое. Интересно, безусловно интересно. За столиком вместе с лурианцами сидел землянин. Да, именно землянин. Он дождался их прихода, о чем-то недолго поговорил и вышел из бара. Буквально за пять минут до того, как началась стрельба.

10

Арестовали их через день. Всю группу из одиннадцати человек. Теперь уже из одиннадцати. На что надеялся тот, кто встречался с лурианцами в баре? На то, что с камер наблюдения не передаются данные на центральный компьютер, учитывая, что бар на окраине? На то, что на его присутствие в баре никто не обратит внимания? Пожалуй, в этом был резон. Поначалу Макс и не обратил. На записи, зафиксировавшей сам момент стрельбы, этого человека не было. Установить личность, проверить переписку и контакты — дело нескольких часов. К следующему утру вся группа вырисовалась как на ладони.

Все-таки дело было в лурианцах. Макс от досады крякнул. Идейные борцы! Вбили себе в голову, что спасают Землю. Каких только не бывает мнений! Чем им лурианцы-то не угодили? Никаких агрессивных действий братья по разуму не предпринимали, уж Максим-то об этом хорошо осведомлен. Гораздо лучше стрелков. Лояльны и доброжелательны. Так нет, недовольные найдутся в любом случае! Объединило их именно это — неприятие гостей из иных миров. Как можно ненавидеть того, с кем даже незнаком и не имеешь о нем ни малейшего представления?

Непосредственно в подготовке расстрела принимали участие пятеро. Остальные ограничились лишь разговорами и сочувствием. И что с ними, спрашивается, теперь делать? Ладно, это уже не Макса проблема. Главное, что он нашел злодеев. Оставалось самое сложное во всем этом деле. Сложное лично для Макса — объясняться с лурианцами.

Это было необходимо. Во-первых, надо было уточнить, что связывало сидящих в баре лурианцев и разговаривавшего с ними человека. Кроме того, необходимо было дать им какие-то разъяснения. Не обязательно именно посетителям бара, а всей лурианской делегации вообще. Макс сморщился, как будто съел лимон. Объяснять, что охотились на лурианцев по причине того, что они не являются жителями Земли? Это было сложнее всего. Что бы такое придумать, чтобы не было так неловко за своих соотечественников? Ведь большинство землян доброжелательны и вполне лояльны. Да что здесь придумаешь? Рассказывать все равно придется. И почему именно Макс должен за всех краснеть?

Нет, надо что-то придумать, чтобы смягчить горечь этой прискорбной вести. Ладно, есть еще немного времени. Денек еще можно потянуть до оглашения вердикта, а вот поговорить с попавшими в переделку лурианцами, пожалуй, пора.

Макс достал личный коммуникатор и набрал номер Мошла.

— Прошу прощения, старина, но я по делу. Недавно трое лурианцев попали в переделку в баре «Тиаи», я хотел бы с ними поговорить. Подскажи, к кому мне с этим вопросом обратиться. И извини, что обращаюсь лично по служебной необходимости.

— Привет, Макс. Ты как, сам подъедешь или хочешь видеть их у себя?

— Конечно, подъеду. Ты только скажи, к кому мне обратиться и куда подъехать.

— Я сам тебя встречу. Ты когда прибудешь?

— Через полчаса будет нормально?

— Хорошо. Через полчаса у входа на территорию миссии.

Миссия лурианцев располагалась за городом, на территории, примыкающей к региональному космодрому. Космопорт — объект повышенной ответственности, и никаким лишним посторонним личностям появляться там не положено. Только по делу. Бездельников сюда не допустят. Для этого на космодроме бдит собственная служба охраны. Ненавязчиво, но неустанно. А здесь лурианцы неподалеку. Вроде как их и не охраняют, но в то же время от общества любопытствующих землян они избавлены. Удобно. Там же, на космодроме, стояли их транспортники, три небольших корабля. Лурианцы предпочитали не сажать на планету основной корабль, оставляя его на орбите. Или, как сейчас, на орбитальном космическом причале. Для того же, чтобы прибыть на планету, они использовали небольшие транспортные корабли. Что-то типа челноков. Стратегия не хуже других, правда, с одним небольшим минусом. Для того чтобы нести три челнока плюс достаточный экипаж, корабль должен быть очень большим. Плюс это или минус? Как посмотреть. Конечно, большой корабль — мощная штука и возможности имеет немалые. Вот только там, где построен один большой корабль, можно было бы построить три средних. Вопрос выбора. Мощь и надежность или маневренность. Ответ неоднозначен.

Реактивный катер доставил Максима к входу на территорию лурианского посольства вовремя. Мошл уже встречал его, ожидая около ворот. Площадь, отведенная лурианцам, была немаленькой, на вырост. На ней строительные роботы быстро соорудили несколько зданий, жилых и вспомогательных, по вкусу заказчиков и предложили обустроить им все остальное по их собственному усмотрению. Гостеприимно и ненавязчиво. Те и обустроили. Именно по своему усмотрению, и усмотрение это не переставало удивлять.

Первое, что поражало посетителей, — это желание лурианцев избегать острых углов. Знакомые пластиковые дорожки, много зелени. Вот только таких привычных глазу перекрестков нет, зато наблюдается множество колец, дуг и овалов. То же самое и во внутренних помещениях. Для того, кто раньше не был в такой комнате, — впечатление потрясающее. Ощущаешь себя будто в подводной лодке или на борту неведомой летающей тарелки. Кстати, и транспортники у них были такие же — формой напоминающие приплюснутый мяч. Эта нелюбовь лурианцев к острым углам была всепоглощающей. Такова особенность менталитета. Как говорится, кому что нравится.

— Проходи, это комната для гостей. — С Мошлом они были на «ты» после совместного мероприятия, начавшегося с эксперимента по употреблению спирта в честь отпуска Макса и закончившегося тем, что Макс тащил лурианца на себе в машину Лауры.

— Сейчас я позову наших, ты пока осваивайся, — продолжил Мошл.

Очень любезно с его стороны. Начинать разговор в совсем незнакомой обстановке не очень комфортно. Максим огляделся. Помещение было довольно большим, естественно, с закругленными углами и овальными окнами. Удобные мягкие диваны, бар-холодильник, несколько пальм там, где должен был бы располагаться угол, если бы он не был закруглен. Действительно, комната отдыха, а не официальный кабинет для приемов. Так даже лучше. Чем меньше официального будет в этом деле, тем проще для всех.

Через несколько минут начали собираться участники злополучного происшествия в баре «Тиаи». Пришедший первым Мошл представлял их по одному. Начал, конечно, с дамы. Еще бы, с его-то деликатностью.

— Имиди Рок, второй уровень допустимой деструкции.

Ага, это, стало быть, та, что заскочила за зеркало. Сообразительная. Опять этот уровень допустимой деструкции. Это что у них, что-то вроде звания? У Мошла седьмой уровень — однако, он имеет немалый вес среди своих. Имиди кивнула и присела на один из свободных диванов.

— Ардио Ращ, третий уровень допустимой деструкции, — представил Мошл следующего. Одного из тех, кто так удачно заскочил за автомат с газировкой. Ага, у этого звание немного повыше. А что еще один?

— Юцуо Ехил, третий уровень допустимой деструкции, — представил Мошл последнего очевидца перестрелки, — остальные тоже хотели бы с тобой познакомиться. Но понимаю, сначала дела.

— Вопрос у меня, собственно, один. — Максим включил небольшую голограмму с изображением мужчины из бара. — Этот человек разговаривал с вами за несколько минут до происшествия. Я хочу, чтобы вы рассказали мне все, что о нем знаете.

Лурианцы переглянулись. Отвечать за всех стал Юцуо.

— Да, мы говорили с этим землянином. Я познакомился с ним накануне около выхода с нашей территории. Он сказал, что у него есть нечто интересное для нас, и просил меня прийти в бар «Тиаи», желательно вместе с друзьями.

Судя по всему, не врет, случайное знакомство. Скорее всего, этот тип поджидал недалеко от выхода с базы лурианцев удобного случая, чтобы познакомиться и назначить встречу. Уже легче. Если бы он имел какие-нибудь общие дела с инопланетянами, было бы скверно.

— Что было в баре? — продолжил Максим.

— Он поздоровался, сказал, что рад нас видеть, и попросил немного подождать. Его товарищи должны были принести какие-то важные документы. Еще он сказал, что ему нужно ненадолго отлучиться, и вышел из бара. Больше мы его не видели.

Все ясно: ничего конкретного, сплошные обещания. Лурианцев просто хотели задержать в баре до прибытия стрелков. В этом деле можно ставить точку.

После официальной части началась неформальная. Остальные сотрудники миссии тоже хотели познакомиться с Максимом. Мошл представил всех пришедших и предложил вести себя непринужденно. Угостил Максима охлажденным таки — напитком из лурианских растений. Вкус был необычным, что-то среднее между кофе и квасом. Лурианцы спешили поделиться своими впечатлениями о Земле. Было шумно и весело. Огорчало Макса лишь одно — ему предстояло как-то объяснить причину стрельбы в баре. Так и не найдя в себе решимости начать этот разговор, он решил отложить его на завтра. Надо было что-то придумать, чтобы новость эта выглядела не столь резко.

Долго сидеть было некогда. Середина дня, у всех дела. Попрощавшись, Максим попросил Мошла его проводить.

— Я вот что, старина, не понимаю. — Они присели на скамью у входа. Макс хотел кое-что уточнить у самого Мошла. — Как вышло, что ваши ребята заскочили именно за этот торговый автомат? Случайность? Удача? Или они знали, что его не пробьет лазер?

— Удача? Пожалуй, — согласился лурианец. — Впрочем, судьба почти всегда дает нам шансы, просто мы порой этого не замечаем. Удача охотнее приходит к тому, кто опирается на логику и знания. У ребят как-никак третий уровень допустимой деструкции. Не знать, как устроен автомат для газированной воды, для них просто недопустимо. Ладно Имиди, она все-таки женщина, и потом, это не ее профиль. Да и не использовать зеркало было бы глупо.

— А что насчет автомата?

— Автомат для газировки охлаждает воду. Для уменьшения теплопотерь емкость для воды делается зеркальной. Плюс сама вода охлаждает стенки бака. Все это, вместе взятое, — хорошая преграда для лазерного оружия малой мощности. Неужели ты всего этого не знал, друг мой?

Макс задумался. Знал ли он об этом? Если рассуждать здраво, конечно, знал. А вот сумел бы применить эти знания на практике, тем более когда на решение остаются считаные секунды? Свои сомнения он озвучивать не стал.

— Конечно, знал, старина. Просто удивился тому, как быстро твои ребята сориентировались.

— А как там с этим делом, по поводу которого ты приходил? Уже что-нибудь ясно?

— Да, есть кое-какая информация. Быть может, я поделюсь ею с вами завтра.

Завтра, завтра... До этого самого завтра еще надо придумать, как преподнести информацию. Желательно так, чтобы не вызвать обиды и непонимания. Вот ведь незадача.

11

На следующий день Максим явился на службу с готовым планом действий. План был самым дурацким, но ничего лучшего он придумать не мог. Это было хоть что-то. Шеф с нетерпением ожидал доклада о завершении непростого дела, и дело, можно сказать, было завершено. Почти завершено. Максим отправил на терминал шефа отчет и теперь ждал, пока начальство ознакомится с выводами.

— Так, неплохо, совсем неплохо, — приговаривал шеф. — А вот это досадно, хотя могло бы быть и хуже.

«Досадно» относилось к самим материалам дела, а не к расследованию. Уже радует.

— А что лурианцы? Вы уже довели до их сведения причину стрельбы в баре?

— Нет. Я хотел это сделать сегодня.

— Да, неприятно, весьма неприятно. Может быть, им ничего не говорить об истинной причине стрельбы? С другой стороны, если они узнают о ней из другого источника, будет только хуже. Придется все же рассказать.

— Шеф, может быть, вы? С вашей дипломатичностью и чувством такта... — сделал пробный заход Макс.

— Нет уж, господин майор, вы начали это дело, вам и доводить его до конца.

Этого и следовало ожидать, но попытаться все же стоило.

— А я помогу, чем могу, — продолжил шеф. — Что вам надо для завершения дела?

— Кот.

— Какой кот?! — У шефа от удивления брови поползли к макушке.

— Молодой и красивый. А еще лучше — котенок.

— Поясните! — сказал шеф, закипая.

Этот план появился у Макса, когда он вспомнил, как сожалел Мошл, что не может завести собаку или кота. А что, если кота подарить? А лучше котенка, пусть привыкает к новому месту жительства. Не одному Мошлу, а всему экипажу их корабля или миссии. Все вместе они как-нибудь с одним котом справятся. И гравировку памятную на медальоне или на ошейнике. Вот этот план он и поспешил изложить шефу, пока тот окончательно не вышел из себя.

План понравился. Просто и со вкусом. А вот насчет надписи разразились маленькие дебаты. Шефа самого с собой.

— А что же будет написано на ошейнике? — осведомился он.

— Например, можно написать: «В дар от Службы безопасности». А еще лучше: «В дар от жителей Земли».

— Да, да, отличная надпись: «В дар от Службы безопасности Земли», — загорелся шеф. — С другой стороны, это как-то нескромно, — оппонировал он сам себе. — А что же остальные земляне? А если написать просто: «От жителей Земли», то наша служба, получается, вроде как и ни при чем. Макс, почему вы не предложили один вариант надписи? — сказал шеф, окончательно запутавшись. — Ладно, сейчас я решу эту проблему.

Шеф послал вызов на терминал технического отдела.

— В общем, так, — начал он свой монолог, не давая себя запутать и сбить с толку встречными вопросами. — Поручаю вам срочно изготовить медальон с поздравительной надписью для лурианцев. С одной стороны — на нашем языке, а с другой — то же самое по-луриански. Майор Прокин через час зайдет его забрать. И никаких вопросов. Ну вот, все улажено, — обратился шеф к Максу. — А кота сам найди. В крайнем случае дай задание оперативному отделу, пусть поработают.

Решить проблему, перепоручив ее техническому отделу, это, конечно, здорово. На то он и шеф, чтобы найти, на кого свалить решение того или иного вопроса. Все в порядке, если бы не одна мелочь. К кому начальник технического отдела обратился за разъяснениями? Наверное, догадались? Конечно, к Максу. Все вернулось к тому, с чего и началось.

Вызов с терминала технического отдела поступил, едва Макс успел выйти за дверь.

— Что там с этой гравировкой? Макс, ты не мог бы к нам заглянуть? — с ходу взялись за дело технари.

— Конечно. Приказ шефа — заглянуть к вам через час и забрать изделие.

— Макс, будь другом, загляни сейчас.

Ссориться с технарями не резон. Да и вообще они нормальные ребята. Пришлось Максу по пути заглянуть в технический отдел и поведать о сомнениях шефа в выборе текста надписи. После этого, предоставив парням выбор окончательного варианта, Макс оставил их, пообещав вернуться через час.

Придя к себе, Максим вызвал на связь Веронику из оперативного отдела:

— Привет, солнце. Есть задание для оперативников. От самого шефа. Срочно нужен котенок. Желательно пушистый.

— Шутишь?

— Никаких шуток, можешь позвонить шефу, он подтвердит.

— Бука ты, Макс.

Кому хочется лишний раз утруждать шефа вопросами? Он один, а вопросов много.

— Ладно, можешь позвонить в технический отдел и спросить, чем они там сейчас занимаются, — пришел на выручку Максим.

— А ты договорился с технарями, чтобы нас разыграть.

— Да ни в коем случае! — несерьезно возмутился Макс.

— Макс, ты можешь подождать минутку?

Ага, побежала к техникам, посмотреть, чем они заняты. Или отправила кого-то.

Конечно, отправила. Саша Игнашин заглянул в технический отдел и быстро вернулся обратно.

— Ну, что там у них? — нетерпеливо спросила Вероника.

— Просили зайти позже. Шумят, спорят, решают, что гравировать на медальоне, предназначенном для кота.

Вероника вызвала терминал Макса.

— А вот и я. Максюша, а зачем тебе кот? Ну расскажи, пожалуйста, — пропела она сладким голосом. Вот что значит женское любопытство.

— Ладно, только тебе. Он будет подарком для лурианцев. Так что ищите кота хорошего. Ну как, теперь отправишь ребят на поиски?

— Вот еще, чего их без толку гонять. Я сама тебе кота найду. Мало у меня подруг?

Что правда, то правда, подруг у Вероники было великое множество. И среди всего этого множества отыскать любительниц кошек не составляло труда.

Потратив полчаса на звонки, Вероника успела поговорить с полутора десятком подруг и подруг подруг. Все-таки когда надо, она может быть очень краткой. Не верите? Так и есть на самом деле. Наверное, работа повлияла, а может, особенности характера. Не суть важно, главное, что через полчаса у Макса было несколько вариантов подарочных котов. Оставалось только выбрать.

К обеду подарок был готов. Пушистый красавец сидел в кошачьей переноске. Вероника принесла его прямо в ней. Сама повязала коту на шею ленточку с памятным медальоном, не позволив это сделать никому другому. После чего девушка тяжело вздохнула — ее не брали вручать подарок.

— Макс, а может, я тебе все же помогу? Клетку донести, и вообще, — спросила она в третий раз.

В принципе мысль неплохая, да и в поиске подарка она принимала самое активное участие.

— Ладно, — махнул рукой Максим. — Если шеф даст добро, можешь поехать вместе со мной.

— Я сейчас! — Вероника умчалась к шефу. Порыв ветра, который от нее исходил, отодвинул в сторону тех немногих, кто ожидал возможности поговорить с шефом в приемной.

— Все в порядке, я еду с тобой! — выпалила она через минуту.

— Согласился?

— Еще бы! Он сказал: «Это символично». В общем, одобрил.

— Ладно, тогда кота повезешь ты.

Макс позвонил в миссию лурианцев и договорился о послеобеденном визите.

Служебный катер доставил их до места без лишних проволочек. Удобная машина. У ворот встречала Имиди. Она улыбнулась Максу на правах знакомой и вежливо поприветствовала Веронику.

— Пойдемте. У Мошла дела, но он будет через минуту. Вы к нему? — Имиди вопросительно посмотрела на Макса.

— К нему, но чуть попозже. Сначала у нас дело ко всем вам. Небольшое, но желательно собрать тех, кто не слишком занят.

— Сейчас я всех оповещу.

Имиди проводила их в уже знакомую Максу комнату для гостей и попросила немного подождать. Через минуту начали собираться лурианцы. Те, кто входил в комнату, вежливо здоровались и с удивлением смотрели на Веронику, которая держала накрытую до поры переноску с котом, — сюрприз. Пришли почти все, Мошл в числе последних, видимо, действительно был занят.

Проникнувшись торжественностью момента, Макс вышел на середину.

— От имени нашего управления и всех жителей Земли разрешите преподнести вам небольшой подарок. Вероника, неси наш подарок на средину.

Девушка поставила переноску на столик и сняла с нее

покрывало. Как и следовало ожидать, в клетке был кот. С медальоном. Надпись гласила: «От жителей Земли», после продолжительных дискуссий решили, что так будет лучше.

Столпившись вокруг стола, лурианцы рассматривали маленькое пушистое чудо. Чудо мяукнуло и удивленно оглядело собравшихся вокруг него существ.

Подарок пришелся по вкусу. Те немногие, кто не знал названия этого удивительного создания, быстренько сверились с базами данных.

Макс же, воспользовавшись удобной минутой, отозвал в сторону Мошла, недовольного тем, что его отрывают от будущего всеобщего любимца, и поведал ему о том, что не все жители Земли доброжелательны. Встречаются и такие, которые в неприятии своем начинают палить из автоматов. К счастью, Мошл огорчился не очень сильно. Может, понимал, что случай в баре «Тиаи» исключение? А может, спешил посмотреть на подарок? Кто знает.

Перед уходом Макса и Вероники к ним подошла Имиди.

— Я знаю, это кот, — сказала она, имея в виду подарок.

— Да, вы правы, это молодой кот. Вас что-то беспокоит в связи с этим?

— Я хотела бы у вас попросить инструкцию по эксплуатации.

Инструкция по эксплуатации кота — это нечто! Макс постарался сдержать улыбку.

— Наверное, все же по уходу?

Имиди, сверившись с электронным словарем, на секунду закрыла рукой глаза. Как оказалось, жест этот обозначает у лурианцев смущение. Что-то вроде: «Где были мои глаза?»

— Не беспокойтесь. Как только мы вернемся к себе, Вероника вышлет вам подробную инструкцию на адрес миссии, — заверил Макс.

— Про котов написана уйма литературы. Зачем еще отдельная инструкция? — удивленно спросила Вероника, когда они шли к катеру.

— В том-то и дело, что уйма. Что знает про кота даже ребенок?

— Что?

— Скажи первое, что придет тебе в голову. Что ты знаешь про котов?

— Кот ловит мышей, — не задумываясь, выпалила Вероника.

— Вот-вот. Ты хочешь, чтобы лурианцы завтра обратились к нам с вопросом, как завести мышей?

Вероника хихикнула. Заводить мышей только для того, чтобы порадовать кота...

— Так что, будь добра, отправь нашим друзьям инструкцию, — продолжил Макс.

Максим задумался, вспоминая эти события. Прошло три года, а кажется, словно вчера все было. Да, пожалуй, стоит рассказать эту историю Шарлю Свенсону. Наверняка он о ней слышал, дело с расстрелом бара «Тиаи» было громкое. А вот подробности ему вряд ли известны. Именно детали могут его заинтересовать, ведь из них складывается мозаика понимания.

Шарль появился, как и обещал, на следующий день. Да, видимо, дела у него и в самом деле не слишком хороши. Что ж, пусть попытается понять. Эх, кто бы еще объяснил все это самому Максиму... Он сам в последнее время тратил немало времени на то, чтобы сложить из кусочков головоломки полную картину. Понять и разобраться. Понять лурианцев, понять себя, в конце концов. Это тоже бывает непросто.

Больше всего в этой истории Шарля поразило то, как инопланетяне использовали для обороны подручные средства. Что ж, это было понятно.

— А что вы сами думаете про все это, Макс? Про то, как быстро лурианцы смогли сориентироваться. Я бы вряд ли догадался использовать в качестве укрытия автомат с газировкой.

— Должен честно признаться, я тоже в последнюю очередь подумал бы об этом. Нет, сейчас-то, возможно, и догадался бы, если бы попал в подобную ситуацию, а вот раньше...

— Хорошие получились бы союзники. Кстати, Макс, а почему они такие быстрые?

— Да нет, здесь другое. Дело не в скорости. Я позже отдавал пленку с записью происшествия в баре «Тиаи» специалистам из нашего технического отдела. Двигались лурианцы ничуть не быстрее тренированных людей. Просто они думают немного иначе. Может быть, это особенности обучения, не могу пока понять. А что, про негуманов пока больше ничего не слышно?

— Не слышно. Космический разведчик прислал сообщение с краткой записью, на этом все. Думаю, детали будут известны, когда корабль прибудет на Землю. Какими бы ни были подробности, ситуация явно не из простых. Союз с Лурианом может быть для нас очень важен.

— Согласен, этот союз может стать очень актуальным.

— Кстати, Макс, а что это за странные звания у них или должности — уровень допустимой деструкции?

Макс задумчиво вздохнул. Вопрос не из легких. Непростым был и ответ на него, если не подходить к этому формально.

— Вас какой ответ устроит, Шарль, краткий или такой, который позволит понять суть предмета?

— Желательно такой, который поможет понять суть.

— С этим сложнее. Я, пока был на даче, начал записывать кое-какие мысли. Для себя. Так и быть, поделюсь с вами, а позже продолжим разговор.

Макс принес папку с записями и протянул Свенсону:

— Вот, почитаете дома.

12

Шарль открыл папку, расположился в кресле и принялся читать. Название было странным: «Размышления о конструкции и деструкции». Любопытно.

«Давным-давно, когда первый человек только начал делать робкие шаги на пути познания окружающего мира, случилось событие, которое определило направление развития человечества на многие тысячелетия вперед. Движимый жаждой познания и созидания, древний человек сконструировал первое жилище — скромную хижину, состоявшую из нескольких поставленных вертикально жердей и накинутой на них шкуры. Или сложил стену из камня, или вылепил из глины. Это не суть важно. Главное не внешний вид и использованный материал. Главное — созидательная мысль, воплощенная в жизнь. Возможно, первым, что изготовил древний неизвестный конструктор, было что-то другое: каменный топор, удочка или глиняная чашка. Таким образом появилась тяга человека к созданию чего-то нового. Иначе говоря — конструирование».

Интересно. Это что-то из древней истории. Возможно, такими и были первые шаги человечества. Вот только при чем здесь лурианцы? Пока совсем непонятно. Шарль налил себе кофе и стал читать дальше, уже не торопясь.

«Но вслед за первым человеком появился второй, так же, как и первый, движимый жаждой перемен. Только прилагать усилия для создания чего-то нового он не захотел. Он разрушил хижину, сломал каменный топор и разбил глиняную чашку. Так появилась деструкция. И с тех пор две эти силы определяют все развитие человечества. Жажда свершений, выливающаяся в два потока: созидание и разрушение. Балансируя между этими двумя силами, мы мало-помалу двигаемся вперед. По крайней мере, на пути технического развития. И каждый понемногу вносит свой вклад в то или иное направление, в конструкцию или в деструкцию. И поскольку, несмотря на изрядное проявление в нашей жизни деструкции, вперед мы двигаться продолжаем, к счастью, следует признать, что конструктивного в наших общих поступках пока все-таки больше. Это если не переходить на частности. Будь иначе, человечество неуклонно скатилось бы обратно к временам каменных топоров и глиняных хижин, а может, и еще дальше.

Но мы двигаемся, делая десять шагов вперед и пять назад. Иногда, осознанно или нет, прибавляем в мире деструкцию. И, разбивая лампочку в подъезде или бросая мусор мимо урны, не следует тешить себя мыслью, что это мелочь, не имеющая значения. Это шаг назад, в эпоху каменного века, иначе говоря — деструкция. Пусть крошечный шаг, едва различимый, но шаг со знаком минус. Из этих микроскопических минусов и плюсов и складывается развитие человеческого общества. Пока, к счастью, вперед, но кто знает».

В записях Максим рассуждал о конструкции и деструкции и их влиянии на нашу жизнь. Что ж, раз речь зашла о допустимом уровне деструкции, неплохо понять для начала, что это за штука и с чем ее едят.

«Стремление к переменам. Само по себе оно вроде бы и неплохо, вот только весь вопрос в том, с чего эти перемены начинать. Любые перемены, основанные на деструкции, неминуемо отодвигают нас назад на пути развития. Какими бы благими ни провозглашались намерения, созидание никогда не начинается с разрушения. Прежде чем сносить старый дом, неплохо бы сначала построить новый. И если он на самом деле окажется хорош, старый просто оставить в покое, не тратя напрасных сил на его разрушение. Время само по себе неплохой разрушитель и уносит в прошлое то, чем перестают пользоваться. Процесс этот называется «эволюция» — плавная замена одного на другое. Проверено тысячелетиями и одобрено.

Но сейчас не об этом, а о конструкции и деструкции.

Что же нас движет вперед? Как же великие завоевания? Как быть с Александром Македонским, который создал империю, по временам его очень немаленькую? Это тоже деструкция? Изначально — да. Частично компенсированная потом влиянием римской культуры на завоеванные народы, но все же деструкция. Нет бы Александру все затраченные усилия употребить на строительство или развитие торговли. Пользы вышло бы больше. Да что там Александр. Это было слишком давно. Возьмем что-нибудь из более поздней истории.

Вот, к примеру, век двадцатый. Вспомним великих завоевателей того времени, прежде всего, конечно, инициатора войны, известной нам как Вторая мировая. С объемами завоеванных им территорий мало кто сравнится. И что в результате? Половина континента в руинах. Количество деструкции таково, что компенсировать его пришлось не одно десятилетие. А все почему? Амбиции.

Неумеренные амбиции, иначе их можно назвать — жажда великих свершений. Амбиции присущи, наверное, большинству людей. Амбиции — движущая сила многочисленных поступков. Сами по себе они не так уж и плохи, если уметь их усмирить. Неумеренные амбиции — вот причина большинства бед человечества. Это жажда великих свершений, вот только свершения бывают разными. Есть свершения конструктивные. Они требуют много труда и хоть малую толику таланта. А если не получается? Если не хватает таланта, если нет желания много и упорно трудиться? Нет желания запастись терпением и чему-то научиться, а амбиции — вот они. Никто не спорит, проявить себя с деструктивной стороны гораздо легче.

Жил некогда в Вене молодой художник Адольф Шикльгрубер. Говорят, картины у него получались неплохие. Вот только великим художником стать он не смог. В результате стал великим диктатором Адольфом Гитлером. А все почему? Жажда великих свершений. А мог бы продолжить рисовать. Пусть стал бы не таким великим, но гораздо более конструктивным. Необходимо порой быть терпеливым в желании проявить себя, если конструктивные свершения не получаются сразу. Не бросаться в деструкцию. Назад в каменный век не хочет никто. Так зачем толкать туда человечество?

Так что же, признать деструкцию вне закона и полностью от нее отказаться? Увы, не выйдет. Как быть, например, с необходимой самообороной, ведь в конечном счете — это тоже деструкция? Такая вот непростая дилемма. Полностью отказаться от разрушения, к сожалению, не получится, зато можно попытаться свести его к минимуму. Ведь увеличивать хаос во Вселенной не самое приятное в жизни. Выбор за нами».

Шарль расхаживал по комнате, размышляя о только что прочитанном. Разогрел мимоходом ужин, проверил почту, оставив ответы на менее срочные сообщения на потом. Мысленно он все время возвращался к размышлениям Макса. Что-то в этом, безусловно, есть. Что-то, заставляющее задуматься. Нет, не о лурианцах, скорее, о нас. Точнее, о себе. Задать вопрос, который хоть раз в жизни задает себе любой человек. Кто я и зачем я здесь? Зачем я пришел в этот мир и что оставлю после себя? Шарль примерил только что прочитанное к себе и не нашел ответа. Он вспоминал, чего было больше в его жизни, созидания или разрушения. И каковы, интересно, его амбиции — велики или все же в меру? Вся наша жизнь — ответ на этот непростой вопрос. Да, прежде, чем понять другого, нужно для начала понять самого себя. Как все непросто. Завтра разговор с Максом. Быть может, после этого хоть что-нибудь прояснится. Для чего-то ведь Максим дал ему прочесть эти заметки. Какое отношение имеют они к лурианцам? Завтра. Так и не разобравшись окончательно в своих мыслях, Шарль отправился спать.

Завтра наступило незаметно. Сон умеет чудесно ускорять ход времени. Разобравшись с текущими делами,

Свенсон, как и собирался, направился к Максиму. Что-то во всем этом было. Подход Максима к вопросу парадоксален, но нечто подобное Шарлю и было необходимо. Только так, возможно, удастся найти путь решения их проблемы.

— Ну как, Шарль, вы решили, к кому себя отнести: к конструкторам или деструкторам?

Этим непростым вопросом Макс озадачил Свенсона прямо с порога. Выглядел хозяин дома отдохнувшим и подтянутым. Вот что значит спокойная жизнь на природе, чистый воздух и труд в свое удовольствие.

— Как вам сказать? Хотелось бы ответить, что к конструкторам. Но если быть честным с самим собой, то все неоднозначно. Вот вы ответили себе на этот вопрос? При вашей бывшей работе порой не избежать разрушений. Пусть невольно, на благо, спасая людей или борясь с преступниками.

— Да, вы правы. Несколько раз мне невольно приходилось быть разрушителем. — Максим кивнул. — Можно сказать себе, что виноваты другие, что у меня не было другого выхода. Так оно, наверное, и есть. Только оправдание ли это? И где та грань и в чем разница между деструкцией необходимой и ненужной? Как ее не перейти? Неприятно осознавать, что, пусть и действуя во благо, увеличил количество хаоса во Вселенной. Есть ли этому оправдание?

— И каков ответ? Вы, Макс, его нашли?

— Ищу.

— Так, может, теперь прибавить порядка?

— Прибавляю, как могу. — Максим обвел рукой окружающий их дом и сад.

— А что все-таки лурианцы? Их звания как-то связаны с конструкцией и деструкцией?

— Вы знаете, Шарль, пожалуй, так оно и есть. Порой деструкция, увы, необходима. Хотя бы в плане самообороны или защиты других. А уровень? Что ж, уровень тоже может быть разным. Согласитесь.

Интересно, весьма интересно. Это что же, их звание отражает допустимую степень разрушения материальных объектов? А кто ее определяет? Засели, например, их враги в крепости (враги у лурианцев, судя по всему, имеются, если они допускают деструкцию и даже уровень ей присваивают). Так вот, крепость — большой материальный объект, и, чтобы ее разрушить, надо соответственно иметь большой допустимый уровень деструкции?

Абсурдность этой ситуации укладываться в голове категорически не хотела. Вызывают лурианцы специалиста по безопасности, а он говорит: «Извините, я могу взорвать только маленькую крепость, а это большая. Позовите того, у которого больше уровень допустимой деструкции».

— Макс, сложно взорвать крепость? — спросил он с улыбкой. — Вы лучше разбираетесь в таких вопросах по роду своей деятельности.

— Косвенно. С крепостями — это к военным. Но скажу, что все здесь не так просто. Какую крепость? Как взорвать? Может быть много разных «но» и «если». Если простое укрепление, сложенное из камня, то в принципе для специалиста это несложно. А если сложное оборонительное сооружение? А если внутри, кроме врагов, находятся люди, которые не должны пострадать? Если энергоустановка крепости не выдержит близкого взрыва и рванет? Нет простого ответа.

Выходит, не каждому можно поручить не только строить, но и ломать.

— Макс, я, кажется, понял: допустимый уровень деструкции — это не звание и не должность, это уровень квалификации. Я читал, когда-то было такое понятие, как присваиваемый разряд. Работнику с высоким разрядом поручали выполнять более сложные работы, а с меньшим разрядом — более простые.

— Вы, конечно, правы, Шарль. Это тот ответ, который лежит на поверхности.

— Неправильный?

— Правильный, но поверхностный. Помните, я вас спрашивал, какой ответ вы хотите получить? Да, вы правы, это уровень квалификации, но ответьте, почему лурианцы знали, как устроен автомат для производства газированной воды?

— Чтобы знать, как лучше в случае необходимости его сломать?

— Я тоже так сначала подумал. Но все сложнее. Ответ находится скорее в области не совсем технической. Или, если хотите, не только технической. Помните, о чем я вас спросил, когда вы сегодня пришли? Кто вы, Шарль, конструктор или деструктор?

— Это, пожалуй, вопрос к собственной совести.

— А вы считаете, что вопрос к совести нельзя увязать с квалификацией людей, которым приходится прибегать к самообороне или защищать других? То есть с уровнем допустимой деструкции.

13

— Разрушения и совесть? Интересное сочетание.

— Интересное. Вот скажите, Шарль, кто быстрее и легче разрушит что-либо? Конструктор или разрушитель, то есть деструктор? Я, признаться, в последнее время прихожу к выводу, что деструкторов ни в коем случае нельзя допускать к разрушению. Там, где конструктор обойдется лишь необходимым минимумом, деструктор оставит лишь руины. Вот вам и связка — разрушение и совесть. Спросите, отчего так? Все дело в устремлениях. Один стремится сровнять все с землей, другой — сохранить как можно больше.

Звук колокольного звона заполнил гостиную, где Шарль и Максим беседовали сегодня. В сад они не пошли: с утра накрапывал небольшой дождь.

— Извините, Шарль, срочный вызов. Подождите минуту.

Макс зашел в кабинет, где у него располагался стационарный терминал связи. Дверь закрывать за собой он не стал, все его секреты остались в прошлом. Да и потом, если кто-нибудь из бывших сослуживцев вдруг надумает пообщаться по такому поводу, который не для всех, то явно не будет звонить по общедоступному открытому каналу. Громкую связь Максим включать не стал, и поэтому его собеседник был Шарлю Свенсону не слышен. А вот ответы самого Макса были слышны замечательно.

— Да. Не волнуйтесь, Люси.

Ага, стало быть, звонит женщина и, судя по словам Макса, чем-то очень встревоженная.

— Так. Вы уверены, что они живы? Какая, вы говорите, плита? Большая и очень тяжелая? Успокойтесь, ничего не предпринимайте, я сейчас буду.

Максим быстрым шагом вернулся в гостиную, похоже, он очень спешил.

— Звонила соседка, их дача немного восточнее. Шарль, у вас есть время? У них там ЧП. Муж и сын откопали какое-то старое подземелье, спустились туда, а плита на входе обрушилась. На вертолете туда лететь минут двадцать, а на вашем катере мы доберемся за пять.

— Конечно, найдется! Вылетаем немедленно! Только укажите точные координаты.

Свенсон поспешил к катеру.

— Быть может, разрешите тряхнуть стариной? — Макс кивнул на водительское кресло. — Поверьте, в нашем управлении неплохо учили водить катер.

— Давайте. — Шарль запрыгнул на пассажирское место.

Максим тронул рычаги вертикального и горизонтального движения почти одновременно. Катер быстро пошел вперед, плавно набирая высоту на манер самолета. Да, такому пилотированию Шарля не учили, все-таки катер — это аппарат вертикального взлета. Однако! На взлете Макс сэкономил секунд пять, правда, маневр этот требовал очень высокой квалификации. Пусть сейчас лишних пять секунд и не были решающими, иногда они значат очень много.

От волны воздуха качнулись макушки ближайших деревьев, Максим чуть довернул влево, чтобы поставить катер на курс, и дал двигателям тягу в половину номинала. Для такой мощной машины это очень много. Ускорение плотно придавило их с Шарлем к сиденьям. Макс плавно поднялся на триста метров и перешел в горизонтальный полет. Для нормальной работы радара достаточно, да и ни к чему подниматься в эшелон, не предназначенный для местных рейсов. Выше пятисот метров диспетчер уже запрашивает курс, и, если он не введен в автопилот, приходится объясняться. А сейчас это совершенно не ко времени.

— Макс, а почему соседка позвонила вам, а не вызвала сразу спасателей? — прокричал Шарль сквозь вой турбин.

— Спасатели прибудут минут через двадцать пять, это в лучшем случае. Что поделать — особенности жизни в провинции. А Люси беспокоится о том, хватит ли ее мужу и сыну до той поры воздуха. Впрочем, спасатели уже летят, но мы будем раньше.

Дом соседей Макса показался через несколько минут. Люси взволнованно ходила около посадочной площадки, а увидев катер, принялась махать рукой.

Посадка, в отличие от взлета, была менее впечатляющей — ровной и аккуратной. Должно быть, оттого, что Люси стояла поблизости.

Женщина бросилась к катеру, но была остановлена резким жестом Максима.

— Успокойтесь, Люси! Рассказывайте все четко и по порядку. — Голос Максима звучал твердо, быть может, даже немного холодно.

Такая интонация действует на человека, находящегося в панике, как холодный душ. Немного жестоко, но это жестокость хирурга, призванного спасти пациента. А Люси, судя по всему, была в состоянии, близком к панике, из-за страха за своих родных. Паника в таком случае совсем не лучший советчик, растерянность может дорого стоить. Шарль невольно подивился профессионализму Макса. Чувствуется, годы работы не прошли для него даром.

— Они копали погреб, — начала рассказ Люси.

— Они — это ваш муж и сын?

— Да. И нашли вход в подземелье.

— Идемте. Остальное расскажете по пути.

Женщина рванулась вперед. Макс и Шарль поспешили за ней следом.

— Вход закрывала старая железная дверь. Очень толстая. А над ней нависала большая плита. Жорж и Рома открыли эту дверь. Это было непросто, она вся заржавела.

— Что было дальше?

— А дальше — вот. — Люси указала на что-то и расплакалась.

Они успели обогнуть дом и приблизиться к песчаному холму, где и производились раскопки.

Да, картина говорила сама за себя. Массивная железобетонная плита, раньше как козырек нависающая над входом, обрушилась и полностью перекрыла проход. Голосов не было слышно, но иногда изнутри доносился какой-то стук. По крайней мере, те, кто в подземелье, живы.

— Что там было, за дверью? — спросил Макс.

— Небольшой коридор, а затем еще одна такая же дверь. Жорж и Рома хотели ее открыть. Они взяли молот и начали стучать. А в это время...

Все понятно. Старая плита со временем почти сползла с удерживающего ее основания. От небольшого сотрясения она обрушилась и крепко заклинила дверь. Самое плохое, что помещение за дверью небольшое и воздуха в нем не слишком много. Каждая минута на счету.

— Что скажете, Шарль?

— У меня в катере есть лазерный автомат. Я сейчас.

— Шарль! Шарль, не тратьте зря время!

Где там! Свенсон уже скрылся за домом и через полминуты появился со стандартным лазерным короткоимпульсным автоматом.

Макс покачал головой:

— Там люди, Шарль, не забывайте. И потом, такую плиту не разрушить импульсным лазером. Если только лазером постоянного действия и большей мощности. Но и это не выход.

— Можно стрелять сверху. Не в сторону двери.

— Ну, попробуйте.

Свенсон вскарабкался на холм и сверху подошел к плите, топорщившейся согнутой арматурой. Красиво, нечего сказать. Очередь из лазерного автомата прошлась по плите очень эффектно. Но эффектно — это совсем не то же самое, что эффективно. Результат нулевой.

— Вот видите, Шарль. Плита слишком толстая, ее таким импульсом не пробьешь. А если и пробьешь, пользы от этого будет... Это все равно, как протыкать ткань иголкой.

— И что делать?

— Думать.

— Думать, в то время когда там, быть может, задыхаются люди?!

— Думать, Шарль, думать. Быстро, но не суетливо. Иногда даже в такой ситуации бывает полезно потратить минуту на то, чтобы спокойно все взвесить. Как ни цинично это звучит, пользы в результате больше.

— Оттащить плиту не получится, — начал рассуждать Макс, — она слишком тяжелая, в нашем распоряжении просто нет такой техники. Поднять? Вертолету не хватит подъемной силы, за катер зацепить ее не удастся. В принципе можно было бы попробовать, если бы было достаточно времени, чтобы соорудить прицепное устройство, но времени нет. То же самое — с домкратами, для их использования нужно время. Остается плиту разрушить.

— У вас есть с собой гранатомет? — саркастически улыбнулся Свенсон.

— Нет, гранатомета у меня с собой нет. А если бы и

был, это не тот случай, чтобы его использовать. У меня есть с собой кое-что получше — голова. В общем, так: вот стоит автоматическая землеройка. Шарль, будьте добры, выкопайте ниже плиты ямку, куда будут падать ее осколки. А я пойду посмотрю, что можно использовать из подручных материалов. Люси, откройте ваши мастерские. Пойдемте.

Макс и Люси ушли. Свенсон вздохнул и запустил землеройку. Не стоять же, в самом деле. Может, у Макса и получится разрушить плиту? Взглянув на часы, Шарль удивился. С момента их прилета прошло всего две с половиной минуты.

Макс появился быстро, он тянул от мастерских толстый электрический кабель. Рядом бежала Люси. Она несла большие катушки, только что демонтированные с какого-то агрегата.

— Вы представляете, Шарль, что я здесь нашел, — частотный преобразователь! Когда откопаем мужскую часть семейства, надо будет поинтересоваться, зачем он им понадобился.

Макс забрал от Люси катушки и водрузил их на торчащие сверху из плиты прутья арматуры.

— Сейчас изготовим электромагниты, — объяснял он, прикручивая притащенные провода к надетым на арматуру катушкам. — Ага, а теперь подадим на них ток высокой частоты. Шарль, выключайте землеройку. Будете следить за тем, как ведет себя плита, а я побежал менять частоту тока.

На включение тока плита отозвалась мелкой вибрацией.

— Ну как? — крикнул Макс из мастерских.

— Гудит и трясется!

— А так? — Макс изменил частоту подаваемого тока.

Плита загудела сильнее.

— А сейчас? — снова спросил Макс, в очередной раз что-то изменив.

— То, что надо! — отозвался Шарль.

Как работала эта штука, он понятия не имел, но работала она эффективно. Бетон осыпался в приготовленную для этого яму, оставляя на месте лишь остов из прутьев. Дребезжащие катушки разрушили огромную плиту менее чем за минуту.

Толкаемая изнутри дверь чуть отъехала в сторону, пропустив внутрь такой долгожданный воздух. Как выяснилось чуть позже, очень вовремя.

Макс и Шарль облегченно вздохнули и присели прямо на землю, а Люси пролезла сквозь прутья арматуры и плакала теперь перед дверью. Но это были уже слезы радости.

Передохнув, они общими усилиями отогнули арматуру и откинули от двери куски бетона. Дверь открылась, освободив незадачливых спелеологов.

Спасатели прибыли минут через десять после завершения спасательной операции и очень удивились тому, что их работа уже сделана. Старший группы спасателей недоверчиво осмотрел осколки плиты. В то, что ее можно было разрушить в считаные минуты без специальной техники, он поверил с большим трудом и попросил рассказать ему все подробно. Недоверчиво качая головой, он осмотрел катушки, преобразователь частоты и, удивленно крякнув, отправился к входу в подземелье. Само по себе оно было весьма интересным, и раз уж они оказались здесь, не обследовать его просто не могли. Сталь и бетон уже давно не являлись основными элементами для строительства, уступив первенство пластику и керамике как материалам гораздо более долговечным. Старое подземелье, очень старое. Много лет оно было укрыто песчаным холмом. Была ли причиной интереса спасателей тяга к приключениям и неизвестным кладам или просто ответственный подход к своей работе? Так или иначе, помещение было решено осмотреть. И разумеется, заглянуть за вторую дверь, которую так и не успели открыть незадачливые копатели погреба. Заручились на всякий случай и согласием хозяев. Конечно, подземелье не могло им принадлежать, слишком уж оно старое, но все же находилось на их участке.

Любопытства ради Макс с Шарлем тоже спустились в коридор, понаблюдать за ходом работ.

— А вот этого я бы делать не стал, — проговорил Макс, увидев, как спасатели устанавливают стационарный лазер, чтобы срезать плотно приржавевшую дверь. — Кто-то хорошо постарался упрятать это помещение, — продолжил Макс. — Какой сюрприз может ждать внутри, сложно даже предположить.

— Да-да, — поддержал Макса и Шарль Свенсон. — Дверь вполне может быть заминирована.

— Или за ней может находиться ядовитый газ, — предположил Макс. — Поверьте, мне с такими вещами приходилось сталкиваться на своей прошлой работе.

— И что же делать? — поинтересовался бригадир спасателей.

— Сверлить дверь, конечно, только не лазером, а простым сверлом. А еще лучше — стену рядом с дверью. Только самим сверлить нельзя. Лучше использовать для этой цели специального робота, который герметично крепится к поверхности и не позволяет воздуху проникнуть из обследуемого помещения наружу.

— Точно! — Бригадир спасателей с досады стукнул рукой по стене. — Как я сам об этом не подумал?

— Издержки работы. Вам по роду своей деятельности приходится ликвидировать последствия уже случившейся катастрофы. На это вы невольно и настраиваетесь. Мне же по долгу недавней службы приходилось в непонятных случаях усматривать возможность злого умысла. Впрочем, все это в прошлом, о чем, признаться, не жалею.

— А может, к нам? У нас в службе спасения нужны такие находчивые люди.

— Очень даже может быть. Но не сейчас. Нам надо разобраться с одним непростым делом.

— Запишите номер моего коммуникатора. Если надумаете, звоните.

Спасатель достал свой коммуникатор и выбрал функцию «передать номер». Максим активировал на своем коммуникаторе функцию «записать номер» и, поблагодарив, обещал подумать над полученным предложением. А почему бы и нет? Предложение было ему по душе.

Спасатели выставили маяки и улетели, пообещав вернуться часа через три с роботом. Быть может, за стальной дверью старого подземелья действительно таится опасность? Как не посмотреть? Честно говоря, работа была не совсем их, скорее, саперов из спецслужб. Только кто захочет отдавать другой службе такую интересную находку? Тем более два специалиста по безопасности пообещали дождаться их на месте. Пусть один из них в отставке, а другой — из комитета, внешне условия соблюдены. Это ли не достаточный повод совместить желание с действительностью?

— Пойдемте пить чай, — довольная и слегка смущенная своей недавней паникой хозяйка позвала Макса и Шарля в дом.

— Конечно, Люси. — Макс согласился сразу. Отказ поставил бы хозяйку дома в неудобное положение.

— Вы идите, а я присоединюсь к вам через несколько минут, — отозвался Свенсон. — Мне надо связаться с управлением. Срочное дело.

Дело было не совсем срочным. Точнее, дела не было вообще, если не считать таковым любопытство.

Шарль отправил запрос и получил на него быстрый ответ. Информация не была секретной. Его интересовал список литературы, запрашиваемой из общедоступной Сети с домашнего терминала Макса.

Шарль удивленно присвистнул. Список за последние два года был впечатляющим. И размах интересов тоже поражал. Философия, история — из этого немного. Химия, металлургия, производство пластиков, электротехника, строительство — это основное.

Если Макс все это прочел и усвоил хотя бы кое-что, многое становится понятно. Но больше непонятно. В первую очередь — зачем ему все это надо?

Шарль отправился в дом. Люси уже махала ему рукой из окна, подавая знаки. Чай был готов, ждали только его. Подкрепиться, и правда, не помешает. Через пару часов вернутся спасатели и начнутся раскопки подземелья, тогда уже будет не до того. Пропустить такой интересный случай Шарлю не хотелось, не каждый день встречаются находки, покрытые пылью веков. А что насчет его расследования? Так с Максом можно обсудить его перспективы и здесь, пока есть время.

14

За столом посидели замечательно. Люси была весела и гостеприимна, Жорж и Рома жали руки и высказывали признательность за спасение. Все это сопровождалось плотным обедом. И это называется «попить чаю»...

Макса всегда немного поражала способность хороших хозяек собрать угощение на стол за считаные минуты. Причем неважно, велики ли припасы или их вовсе нет. Хорошая хозяйка может приготовить обед практически из ничего. Наверное, это своего рода талант. Не сродни таланту гениев, творящих великие произведения, но тоже способность полезная и в немалой степени удивительная.

Отведав угощение, Макс и Шарль отправились на улицу, чтобы не смущать своим присутствием гостеприимное семейство и дать им порадоваться тому, что они снова вместе. Расположились они в тени того самого холма, в недрах которого предстояло вести раскопки, решив подождать здесь возвращения спасателей. Красота.

Накрапывающий с утра дождь прошел, от земли поднимался легкий пар.

— Разрешите один нескромный вопрос? — спросил Свенсон у Макса.

— Валяйте, дружище. Надеюсь, он будет не слишком нескромный. Потому как чем более вопрос нескромный, тем более скромный на него ответ.

— Не слишком. Мне вот интересно. Может, когда-нибудь, лет через двадцать, я тоже оставлю службу и поселюсь в провинции, в тиши и уединении. Чем вы заняты, Макс, когда не обустраиваете сад и не записываете посетившие вас мысли?

— Да много ли остается времени? Практически заниматься чем-то другим больше и некогда.

— Ну да, кроме изучения физики, математики, химии.

— А, вот вы о чем? Мой интерес скорее прикладной, чем теоретический.

Макс не удивился. Свои изыскания он не скрывал, хотя и старался их не афишировать.

— Ну да. Вроде того, как разрушить железобетонную плиту?

— Это скорее обратная сторона моих увлечений. Зная, как устроен предмет, можно многое с ним сделать. Один из вариантов, не лучший, на мой взгляд, — разрушить. Другие способы мне нравятся больше, но, увы, такой тоже бывает иногда необходим.

— И давно вы стали таким разборчивым, Макс?

— Рано или поздно начинаешь задавать себе вопрос, что ты сделал для человечества. Да-да, как это ни патетически звучит. Каждый из нас что-то делает для человечества, хотим мы этого или нет. Много или мало — неважно. Бывают дела значительные и не очень, а также незначительные совсем. Но именно из них складывается история, как бы малы они ни были. Океан наполняется каплями. Только деяния эти имеют разный вектор.

— Это ответ? — Шарль кивнул на осколки, бывшие некогда бетонной плитой.

Максим взглянул с непониманием.

— Это ответ на вопрос, кто лучше справится с разрушением? — уточнил Свенсон.

— Возможно. Лурианцы поняли его несколько раньше. Разрушение — слишком ответственное дело, чтобы поручать его разрушителям.

— То есть вы хотите сказать...

— Да. Их звание — степень допустимой деструкции — напрямую связано с тем, каких высот они добились как конструкторы. Не разрушай больше, чем можешь построить. Такой они выбрали для себя девиз.

— Но это сложно! — Шарль удивленно присвистнул.

— Это оправданно. Причем у них получается совмещать и этическую, и техническую составляющую в одном. Согласитесь — красиво. Во-первых, это повышение квалификации, во-вторых, они с чистой совестью могут не считать себя деструкторами.

— Совсем с чистой не получится.

— Согласен. И все же разница велика.

— А тот, кто не соблюдает этого условия? — уточнил Шарль.

Ответ был примерно такой, какой он и ожидал услышать. Не зря к этому разговору Макс подходил издалека. Пусть затеял его Шарль, направление беседы в основном зависело от Макса.

— Тот, кто осознанно и намеренно не соблюдает это обязательное условие, для них деструктор. То есть тот, кто тянет общество обратно в каменный век.

— И не бывает исключений?

— Бывают, но это совсем другая история. Мошл огорчался как-то, что одному из его друзей пришлось превысить уровень лично для него допустимой деструкции.

— Значит, такое все-таки случается? — Шарль, кажется, был слегка разочарован.

— Это было недели за две до того, как лурианцы свернули свою миссию... — Максим задумался. — Мошла отозвали на Луриан по каким-то срочным делам, и он пригласил нас с Лаурой в кафе, чтобы попрощаться. Мы сидели в кафе на набережной за столиком под легким навесом. Мошл был печален и задумчив. Он долго говорил о том, как рад был посетить Землю. И еще больше рад был найти здесь таких замечательных друзей. Это он про нас.

— А на Луриане у вас остались друзья? — спросила его Лаура.

— Конечно. И я рад буду их увидеть. Навестить старых друзей — это первое, что я сделаю, как только смогу. В первую очередь, конечно, Долра. Он ушел, — здесь Мошл помедлил, подыскивая нужное слово. — Наиболее близким по значению будет слово «монастырь». Я не нашел слова, точно отражающего суть, — продолжил лурианец. — Ему пришлось принимать непростое решение и при этом превысить уровень допустимой для него деструкции. Экстремисты захватили заложников, такое, к сожалению, у нас тоже иногда бывает. Действовать надо было быстро, а никого с более высоким уровнем поблизости не нашлось. Непростой выбор. Не хотел бы я оказаться на его месте. При штурме здания погиб один лурианец. Быть может, случайность, быть может, Долру не хватило квалификации, чтобы все правильно рассчитать.

Мошл печально вздохнул. Да, непростой выбор пришлось сделать его другу. Насколько я понял, он пошел на сознательное нарушение инструкции и принятых правил, потому что у него не было другого выхода. И не спасать заложников нельзя, и предпринимать такую сложную операцию он не имеет права. Как говорится, куда ни кинь — всюду клин.

— И что теперь? — спросила Лаура.

— Добровольное покаяние. Он оставил дела и уединился в отдаленном месте. Что-то вроде монастыря, насколько я смог понять из словаря.

— Навсегда?! — ужаснулась Лаура. — Перспектива и правда невеселая.

— По крайней мере, до тех пор, пока он не сможет повысить свой уровень конструктора до нужного. А дальше на его усмотрение. Это, скорее, вопрос совести.

— А как же погибший заложник?

— Если в ходе расследования будет установлено, что была возможность этого избежать, то кроме добровольного покаяния может быть еще и принудительное наказание.

С этим-то, положим, более-менее понятно, а вот покаяние? Надо же придумать такую сложную систему. Или все-таки надо? Весь вопрос в том, к чему стремиться. Если хотите, это вопрос совести.

Спасатели приехали чуть позже, чем обещали. С поисками специального робота возникла небольшая заминка. Можно было обратиться в службу безопасности и вполне официально передать им это дело, те быстро выслали бы своих специалистов. Можно было бы, если бы не одно небольшое «но». Совершить открытие, каким бы оно ни было, спасатели хотели самостоятельно. Пришлось идти путем чуть более длинным и составлять запрос так, чтобы представить дело совсем незначительным. Вроде как одна служба просит другую о небольшой услуге. Не суть важно, главное, что робота привезли. Причем вместе со специалистом-оператором. Так что ничто не мешало теперь заглянуть за таинственную дверь. Тянуть с этим не стали.

Оператор выбрал место на стене рядом с дверью и дал команду роботу герметично закрепиться. Герметичное уплотнение за счет своей пластичности практически прилипало к поверхности, становясь почти одним целым с ней, не позволяя проникать воздуху из-под колпака, в котором работает робот.

По команде оператора робот начал сверлить стену. Понемногу, не торопясь, сканируя при этом плотность материала. В таких делах спешка ни к чему. Стена сдалась быстро: то ли бетон со временем утратил былую прочность, то ли инструмент у робота был отменный. Через несколько минут тихое шипение известило о том, что стена просверлена, и начался забор воздуха для анализа.

— Все в порядке, — наконец подал голос оператор, — воздух застоявшийся, но вполне пригодный для дыхания.

Сообщение вызвало вздох облегчения у всех собравшихся.

— Можно входить?

— Одну минуту. Сейчас мы посмотрим, что там внутри. Воздух воздухом, но могут быть и другие сюрпризы.

Робот запустил в помещение, находящееся за стеной, видеокамеру с фонарем, и удивленный оператор присвистнул:

— Ничего себе! Вы посмотрите, что навешано на эту дверь! Если это не взрывчатка, то я ничего не понимаю в своем деле. А это вряд ли.

Дверь была вся оплетена проводами, а по краям висели два массивных бруска, к которым все провода и сходились.

— Повезло, что ее не смогли открыть. Рвануло бы так, что на тридцать метров в округе ничего бы не уцелело.

— И что теперь делать? Мы не сможем туда попасть?

— Система несложная. Я сумею ее обезвредить. Но на всякий случай попрошу всех отойти метров на сто.

Случай явно не тот, чтобы спорить. Макс, Шарль, спасатели — все удалились на положенное расстояние, прихватив по пути Люси с ее мужчинами и предоставив с заминированной дверью разбираться специалисту, который, как ни странно, минут через двадцать присоединился к ним.

Встретившись со взглядами всех собравшихся, он ответил сам, не дожидаясь вопросов:

— Я пробил в комнату, находящуюся за дверью, штрек побольше, чтобы хватило места для манипулятора. А следить за работой по разминированию можно и отсюда. Можете смотреть издалека, но только не мешайте.

Понятно, мешать в таком ответственном деле не следует. Как не следует и лезть с неуместными советами. Оператор расположился метрах в пяти от всех остальных и приступил к работе. Полностью автоматических роботов для разминирования не делали. Точнее, пытались одно время делать, но быстро от этой идеи отказались. В таком тонком деле сложно обойтись без того, что называется чутьем. Что это такое — сложно сформулировать. Нечто, что складывается из опыта и интуиции, тех составляющих, которые не присущи ни одному до сей поры изготовленному роботу. Не получается заменить интуицию никакой программой. Это давало человеку некоторые поводы для гордости. Или, если хотите, для осознания своей значимости, а это совсем немаловажно. Роботы на таких работах использовались полуавтоматические, умеющие выполнять по заданной программе лишь отдельные операции. Общий же ход работ и их последовательность задавалась оператором. Это сейчас и происходило. Робот выполнял первую часть задания — определял тип взрывчатого вещества. Результаты заставили оператора недовольно нахмуриться. Само устройство было не слишком сложным, а вот с определением названия взрывчатого вещества возникла заминка.

Молекулярный анализатор робота приблизился вплотную к подозрительным брускам и перехватил несколько молекул, практически не касаясь их. Замечательная штука эти молекулярные анализаторы. Принцип их действия основан на диффузии. Любое вещество теряет свои молекулы, какое-то больше, какое-то меньше. Молекулы эти носятся в воздухе, именно поэтому мы можем ощущать запахи. Некоторые вещества теряют совсем немного молекул, и нам кажется, что они не пахнут. Но анализатору много и не надо, его чувствительным сенсорам достаточно перехватить несколько тех, что оторвались от вещества и пустились в странствие в близлежащее воздушное пространство. Чтобы избежать помех, желательно поднести датчик анализатора как можно ближе к исследуемому объекту. Не только исследуемому веществу свойственна диффузия. Но это уже дело технологии.

— Это что-то совсем древнее, — проворчал оператор. — Придется свериться с каталогом. Ага, есть такое. Не используется по крайней мере лет двести. Будет что рассказать ребятам, можно сказать — раритет. Снимать опасно, — продолжил рассуждать оператор. — У меня есть с собой комплект реагентов, но случай необычный, я думаю, лучше посоветоваться.

Оператор быстро набросал форму запроса, приложив к ней химическую формулу обнаруженной взрывчатки, и отправил все это в лабораторию своей службы.

— Ну вот, теперь подождем ответ химиков, — объявил он, — в нестандартных случаях лучше перестраховаться.

Реакция последовала быстро, и была она не совсем такой, как все ожидали. Экран коммуникатора оператора засветился. Химики решили пообщаться лично, не удовлетворившись простым ответом на отправленный запрос.

— Привет, Кристофер. Ну и раритет ты откопал! Где такие водятся?

— И ты тоже будь здоров. А раритет этот спасатели подкинули. Их подопечные откопали. Ладно, давай по делу.

— По делу так по делу. У твоего робота какие реагенты с собой есть?

— Стандартные. Полный набор.

— Ничего из стандартных реактивов не подойдет, больно уж штука древняя, с такими сейчас и не работают. А полный набор — это хорошо. Установи соединение, я твоему роботу скину программу приготовления реактива.

— Подключаю. Пока.

Да, непростое это, оказывается, дело. На то они и специалисты.

Через пять минут робот отрапортовал, что реагент готов.

— Начинаем.

Манипулятор робота приблизился к взрывчатке и начал распылять на нее полученный состав. Под его действием бруски взрывчатки поплыли и, превращаясь в жидкость, начали стекать на пол комнаты.

— Все, можно открывать, — разрешил Кристофер, когда процесс распыления был завершен и манипулятор робота открыл внутреннюю задвижку. — Только заходите осторожно. Кто знает, что там дальше находится.

15

Дверь открылась со скрипом. Уходящий в неизвестность коридор казался темным и пугающим.

— Сейчас мы это дело исправим, — сказал один из спасателей и выпустил небольшого робота, который, объехав все помещения, расставил на равном расстоянии осветительные фонари.

Для спасателей эта процедура стандартная, в разных условиях им работать приходится. В том числе и тогда, когда требуется дополнительное освещение. Свет был не слишком ярким, но разглядеть то, что находилось внутри, было вполне реально. Можно заходить.

Комнаты тянулись в глубь холма, сменяя одна другую. Немаленькие кто-то катакомбы выкопал. Чего ради, интересно, старался далекий неизвестный копатель?

Помещения были мрачными. Когда-то действующее освещение сейчас не работало, воздух был застоявшимся и несвежим. Призрак запустения, казалось, витал в этих коридорах. Впереди шли спасатели, следом — Макс и Шарль. Люси, Жорж и Рома не пошли, решив остаться дома. Впечатлений им и так хватило. Кристофер тоже не стал лезть в подземелье, сказал, что подождет у входа, и просил позвать его, если найдут что подозрительное. Его робот перед этим объехал всю территорию и признаков взрывчатых веществ не обнаружил.

Некоторые помещения заполняли стеллажи, как пустые, так и занятые грузом. Ящики с продуктами, должно быть, давно испорченными. Сухой климат сохранил упаковку во вполне приличном состоянии, чего явно нельзя сказать о содержимом. Ящики с противогазами, штабеля с оружием — совсем древние экземпляры. Все покрыто пылью и местами ржавчиной. К чему готовились те, кто собрал здесь все это?

Далее шли водяные и воздушные фильтры. Мощные и давно уже не работающие. Генераторная с двумя агрегатами, когда-то вырабатывающими ток, и запасом топлива. Судя по всему, вполне рабочая на тот момент, когда это помещение было покинуто.

Кто, зачем, когда соорудил все это? На вопрос: «Когда?», наверное, можно будет ответить, подробнее изучив припасы и оборудование. Судя по всему, не менее двухсот лет тому назад. С остальным несколько сложнее.

Самый большой сюрприз, правда, из разряда неприятных, преподнесла последняя комната. В самых различных позах в ней располагались одиннадцать скелетов.

Кем были эти люди? Что здесь делали? От кого или от чего прятались? Наконец, отчего погибли? Судя по всему, на момент их смерти у них было достаточно воды и еды, было электричество и воздух. А они ушли из жизни, заминировав при этом входную дверь. Кого они так боялись? Загадка.

Тягостная атмосфера.

— Не удивлюсь, если их убил страх. Судя по всему, они были чем-то очень сильно напуганы.

— Вы знаете, Шарль, ваше предположение может оказаться не таким уж и неверным, — согласился Максим.

— К тому же сама атмосфера этого места действует угнетающе.

— Ага, призраки неупокоенных витают под потолком.

— Зря иронизируете. Этот вопрос более чем серьезный и до конца до сих пор не изученный.

— Здесь я вынужден с вами согласиться. А атмосфера действительно тягостная.

Спасатели быстро все осмотрели и поспешили на выход. Им нечего было здесь делать. Те, кому они могли бы помочь, умерли много лет назад. А то, что здесь есть, может быть интересно разве что историкам.

— По крайней мере, насчет смерти одного из них, — Шарль кивнул на скелеты, — можно сказать с определенностью. Посмотрите на того, что в дальнем углу.

Рука сидевшего в дальнем кресле скелета сжимала старый, заржавленный пистолет. Другая рука свалилась с кресла, уронив на пол осколок кирпича, которым на стене он вывел несколько слов: «От судьбы не спрячешься».

Макс ярко представил себе эту картину. Последний из оставшихся в живых обводит задумчивым взглядом своих мертвых товарищей, затем пишет на стене эту фразу, садится в кресло и спускает курок. Финал.

— Очень символично, Шарль, вы не находите? «От судьбы не спрячешься». Они спрятались в этом подземелье, запаслись водой и продуктами, оружием и топливом для генераторов. Они закрыли и заминировали дверь. Но самого главного врага они так и не смогли победить — свой страх.

— Вы так считаете, Макс?

— Здесь трудно сказать определенно, можно лишь предполагать. Судя по всему, они чего-то очень боялись. Была эта опасность реальной или надуманной, не берусь утверждать. Но ваше предположение кажется мне все более логичным — их убил собственный страх.

— Пойдемте отсюда, Макс. Пусть с этими бедолагами разбираются ученые. Мы здесь помочь уже никому ничем не можем.

Задерживаться в гостях Макс и Шарль не стали. Попрощались с Люси и ее мужчинами и отправились к дому Макса. Спасатели остались ненадолго, чтобы объясниться с хозяевами участка (вот уж невеселый для них будет сюрприз) и дождаться тех, кто в дальнейшем будет заниматься изучением этой находки. Эти проблемы уж точно не имеют отношения к Шарлю и Максу.

— Спасибо, что согласились помочь, Шарль.

Погода улучшилась, тучи разошлись, и собеседники расположились в саду у маленького водопада. Созерцание бегущей воды всегда действовало на Макса умиротворяюще, позволяя привести мысли в порядок.

— О чем разговор, Максим! Или вы считаете, что я мог не прийти на помощь пострадавшим в катастрофе?

— Вовсе нет. Я как раз убежден в обратном.

— Я вот все думаю о тех несчастных. — Свенсон кивнул головой. — Что заставило их закопаться в землю?

— Страх — интересная вещь, Шарль. Он может быть как полезным, так и вредным. Чего боялись именно те, кого мы обнаружили? Не знаю, может, историки что-то найдут.

— Полезным? Как же он может быть полезным?

— Так происходит со многими вещами. Все дело в количестве. Начнем с того, что чувство самосохранения — это тоже страх. Но, согласитесь, страх, совершенно необходимый. Страх наказания является сдерживающим фактором от противоправных поступков для тех, у кого нет сдерживающих факторов морального плана. Страх возможных ответных действий сдерживает большую часть агрессивных устремлений там, где другие доводы не действуют. Это как последний аргумент разума. Но страх же часто является поводом для агрессии, когда вытесняет собой все другие чувства. Умеренные опасения полезны, неумеренные — губительны. Такой вот парадокс.

— Да, Макс, пожалуй, вы правы.

— Знаете что, Шарль, а пойдемте пообедаем. Я угощу вас фирменными разогретыми полуфабрикатами: — Макс улыбнулся. — Приходится иногда довольствоваться и таким. Не всегда есть время соорудить что-то более сложное. Съедим по размороженному готовому обеду и покончим с этой грустной темой. Ваше расследование — вещь более важная. Не пора ли нам к нему вернуться?

Свенсон наблюдал за тем, как гостеприимный хозяин достал из холодильника парочку готовых замороженных обедов и поместил их в кухонный агрегат, а затем набрал на его панели: «Чай, две чашки». Мысли Шарля вернулись к тому, ради чего он, собственно, и прилетал к Максу уже не первый раз. За эти дни он смог понять, пожалуй, гораздо больше, чем за два месяца предыдущей работы. Не хватало самой малости. Того, что объединит все кусочки головоломки в единую картину и позволит сделать вывод.

— Вы мне очень помогли, Макс. Многое стало понятнее. Только вот каковы причины? Почему лурианцы свернули свою миссию?

— Не знаю, Шарль, не знаю!

— И у вас нет никаких предположений?

— Предположений? Есть кое-что. Мне кажется, здесь имело место большое недоразумение. А молчат они потому, что просто не понимают, как реагировать. Они в растерянности, я полагаю.

— Что за недоразумение? Почему вы не сказали о своих подозрениях раньше?

— Ну, во-первых, потому, что это всего лишь предположения. К тому же неясные, на уровне интуиции. И потом, раньше вы просто не восприняли бы их всерьез. Отмахнулись бы, как от версии несостоятельной.

— А сейчас?

— А сейчас я поделюсь с вами своими размышлениями, а вы уж сами решайте, насколько они могут оказаться близкими к действительности.

— Что ж, я готов. Обещаю выслушать вас внимательно.

Макс пару секунд помолчал, собираясь с мыслями и решая, с чего лучше начать.

— Видите ли, представления о себе как о личности играют в обществе лурианцев большую роль. Помните, я вам пересказывал рассказ Мошла о его друге, которого зовут Долр?

— Это тот, который добровольно отправился в монастырь за превышение допустимого уровня деструкции?

— Ну да. Насколько я понял, это не совсем монастырь, но что-то очень схожее, но речь сейчас не о формулировке. Так вот, это не что-то исключительное. Сам-то случай довольно редкий, а вот оценка своих действий для лурианцев очень важна и обязательна. Точнее, самооценка. На этом построено их общество. Вопросы «кто я и что здесь делаю» для них не абстракция. Вопросы эти для них вполне конкретны. И в том, что касается конструкции и деструкции, тоже. Да, им приходится бороться с противоправными действиями отдельных сограждан. Не бывает так, чтобы все были одинаковы даже в таком ориентированном на традиции обществе, как у них. Так что без спецслужб и армии обходиться пока не получается. Время от времени им приходится предпринимать определенные меры. И следовательно, невольно способствовать деструкции. Это при их-то самооценке! Вот они и решили этот вопрос по-своему. Вынужден прибегать к разрушениям — компенсируй их конструктивными действиями. От этого и уровень допустимой деструкции зависит. От того, каков данный лурианец как конструктор. Об этом мы уже говорили. А вот тот, кто не соблюдает обязательного условия, для них — разрушитель.

А теперь представьте, Шарль, что они узнают о том, что такого понятия, как уровень допустимой деструкции, нет у землян. Нет того, что в их глазах является определяющим фактором, который позволяет обществу существовать и двигаться вперед. Того, что ограничивает деструкцию. Какая у них реакция? Недоумение. Это что же, одни разрушители вокруг? А как же тогда уровень развития общества? Как в таком случае относиться к окружающим?

— Они посчитали, что у нас нет сдерживающих факторов, препятствующих разрушениям? Но ведь это не так!

— Конечно. Они сами понимают, что здесь что-то не так. По крайней мере, они сомневаются, поэтому и молчат. Просто не знают, как к нам относиться.

— Знаете, Макс, пожалуй, это может оказаться правдой. Это единственная причина, многое объясняющая. А скажите, ваши последние изыскания в области металлургии и строительства никак не связаны с лурианцами?

Гость смотрел вопросительно, а хозяин не торопился с ответом.

— Вы знаете, Шарль, возможно, в этом действительно что-то есть, — наконец произнес он. — Может, нам пора сделать границы, позволяющие дать себе оценку, более четкими?

Свенсон задумчиво покачал головой:

— Может быть, Макс, может быть. Об этом стоит подумать, только вопрос этот не из тех, которые решаются быстро. А вот с лурианцами хотелось бы найти общий язык как можно скорее.

— Вы уверены, Шарль, что это не может подождать? Мне кажется, небольшая пауза была бы нам только на пользу. Позволила собраться с мыслями и выработать план действий.

— Может ли этот вопрос подождать? Не знаю, Макс. Подождем прибытия на землю космического разведчика. Тогда будет ясно, насколько реальна угроза от неизвестной негуманоидной расы. Есть ли у нас время, чтобы ждать?

ЧАСТЬ ВТОРАЯ

1

«До», «ре», «ми», «фа». Какое счастье! Это просто праздник какой-то! Ну надо же, уже на вторую октаву пошел!

— Что, Трофимыч, слушаешь, как генератор поет? — Капитан едва заметно улыбнулся.

— Главное, Кэп, не как он поет, а что. — Механик ласково, как живое существо, погладил пульт управления генератором гравитационных волн. К технике он относился бережно, можно сказать, с любовью. И она ему отвечала тем же — старалась не подводить и работать исправно.

— И что же он поет?

— Песню жизни. Вот это музыка! Такое я готов слушать часами. Лучшая мелодия, которую можно себе представить.

— Это верно. Только правильнее будет сказать: песню пяти жизней. Жизни наши сейчас взаимосвязаны как никогда. Ты вот что: когда дойдет до «соль», сбрось волну в одну десятую номинала. Не надо нам раньше времени выводить генератор на максимум. Долго нам номинал не удержать и лучше бы подгадать его к моменту атаки.

— Когда она будет, эта атака? — поинтересовался механик.

Риторический вопрос. И Кэп, и Трофимыч имели на этот счет совершенно одинаковые сведения. Тем не менее капитан ответил:

— Думаю, часа четыре у нас в запасе есть.

Трофимыч кивнул, соглашаясь, и обернулся к пульту управления.

Генератор действительно пел. Точнее, он менял тональность звука по мере увеличения своих оборотов, проходя по пути от минимальной мощности до максимальной не менее двух полных октав. Вот эту-то музыку и слушал Трофимыч. Как звучит надежда? В данный момент она звучала для экипажа «Легаса» как нота «фа».

Космический разведчик «Легас» вторые сутки уходил от преследования трех неопознанных кораблей. Вот вам и встреча с братьями по разуму. Ситуации разные бывают, но зачем же сразу стрелять? Не так представлял себе экипаж эту встречу, совсем не так. Взять хоть лурианцев. С ними тоже не все гладко, но до конфронтации не доходит. А здесь? И хорошо еще, что им повезло участвовать в испытаниях этой новинки — генератора гравитационных волн, а то могли бы уже больше и не лететь. Такой великолепный корабль чуть на атомы не распылили. Варвары, да и только.

«Легас» был немал — это вам не какая-то там прогулочная яхта. Дальний космический разведчик — аппарат довольно внушительный. Относится он как минимум к среднетоннажному составу. Одних только вспомогательных роботов на борту наберется полтора десятка. Если вы собрались бороздить просторы Вселенной так далеко от дома, автономный ресурс корабля должен быть соответствующий. И ремонтная база, конечно, тоже — в дальнем космосе оборудованных стоянок нет. Что захватили с собой, на то и может рассчитывать экипаж.

Об этом разговор отдельный. Без хорошего экипажа никуда. При всей величине «Легаса» большим экипаж быть не может. Ресурсы не бесконечны, и все, что хотелось бы, с собой не возьмешь. На ближнем рейсе корабль такого объема может принять на борт добрую сотню человек. А если хотите лететь подальше, увы и ах. Экономия и еще раз экономия. В данном случае сокращение численности людей, присутствующих на борту, дабы можно было отправиться в путь, не пренебрегая некоторыми удобствами.

Не может экипаж быть и слишком маленьким. Автономный поход — это такая непредсказуемая штука, когда случиться может все что угодно. И в самых разных нестандартных ситуациях нужно принимать решения. Автоматика — вещь замечательная, вот только в полете случается множество событий, не предусмотренных никакими инструкциями и техническими заданиями. И здесь уже без человека никуда.

Да что там говорить, правильно подобранный экипаж — это серьезная сила. А уж такие везунчики, как экипаж «Легаса», — и подавно. Везунчики для других. Для тех, кто не знает, что любое везение на девяносто процентов состоит из профессионализма, слаженности коллектива, дружбы. Она тоже на пользу общему делу. И всего лишь на десять процентов все зависит от удачи и, что там скрывать, вовремя пойманного куража. Это так — рецепт для внутреннего употребления. Для всех остальных он скрывается за одним емким, но не совсем понятным словом — везение. А тот, у кого весь расчет строится на удаче, увы, обычно попадает впросак.

Все вместе они — слаженная команда. Но отдых пока никто не отменял. По одному они тоже немало стоят, так говорили многие. Еще лучше — вдвоем. Так, как сейчас, когда в рубке «Легаса» находились лишь капитан корабля, именуемый между собой не иначе как Кэп, и главный (он же единственный) механик, которого вся команда называла по-простому — Трофимыч. Из этого, впрочем, не следовало, что механик был намного старше остальных членов команды. Ну, разве что совсем чуть-чуть. Просто вид он обычно имел глубокомысленный и сосредоточенный, склонен был к размышлениям и неторопливым рассуждениям, что прибавляло ему солидности в глазах окружающих и заставляло именовать по отчеству.

Кроме этих двоих в рубке (о чудо!) присутствовал пассажир. Это было явлением неординарным. Не пассажирский транспорт дальний космический разведчик. Посторонние на нем бывают крайне редко, а уж такие очаровательные пассажирки — тем более.

Профессор Ника Зелинская чувствовала себя в рубке слегка не в своей тарелке и по мере сил старалась этого не показывать. С другой стороны, корабль на летающую тарелку не был похож совершенно. Как-то не прижилась у земных космических аппаратов форма диска. Вот у лурианцев такое вполне возможно с их любовью ко всему закругленному.

Помимо тех, кто находился в рубке, были и еще два члена экипажа — доктор и микробиолог Иржи и программист Вячеслав. Здесь они сейчас отсутствовали по той причине, что были принудительно отправлены капитаном на отдых с применением электросна. Пока была такая возможность. Пока отрыв от неопознанных кораблей еще сохранялся. Пусть отдыхают, им еще работать и работать. В лучшем случае, не одни сутки. А в худшем? О худшем и говорить не стоило.

От неизвестных кораблей пока удавалось отбиваться. Но в скорости они «Легас» превосходили. Догонят, однозначно догонят. Вот тогда будет не до отдыха, а пока пусть ребята поспят. Что касается гостьи, то ее в режиме не ограничивали.

Профессор на космическом разведчике находилась по делу. Можно сказать, по делу всей ее жизни. Ника Зелинская была ксенобиологом. Присутствие женщины на борту космического разведчика — дело не совсем обычное. Так уж получилось, что сама природа, сделав мужчину в определенной степени скитальцем, определила женщине удел существа домашнего, любящего уют. Но жизнь полна исключений. Так и для профессора Зелинской ветер дальних странствий был мил и приятен. Тем более что путь ее лежал к такой исключительной находке.

Первое появление Ники на борту «Легаса» вызвало у экипажа невольную бурю эмоций, лишь малая часть которых была на поверхности. О тех же, что остались в глубине, говорить можно очень долго.

А все начальство! Раньше совсем не отмечалась его предрасположенность к шуткам.

Кэпа уведомили о том, что с ними отправится профессор ксенобиологии, но слишком кратко. Должно быть, чтобы не вызвать раньше времени всплеска возмущений. Нет, ну это надо... Профессор и профессор. Скажите, какие у вас возникают ассоциации со словом «профессор»? Кэп представлял пассажира седеющим старцем, непременно с бородой. Немного чудаковатого и сухощавого.

Каково же было удивление экипажа, когда на пороге появилась очаровательная брюнетка лет тридцати. С улыбкой протянув руку, дама представилась:

— Ника Зелинская, профессор ксенобиологии.

Экипаж замер в немом изумлении. Первым опомнился Иржи, огласив мучивший всех вопрос.

— А разве такис профессора бывают?

Ника улыбнулась мило и дружелюбно: «Бывают».

И что, спрашивается, было делать? Согласие на присутствие профессора на борту Кэп уже дал. Нет, конечно, можно было отправиться в управление дальней космической разведки и потребовать объяснений. Только чувствовал капитан, что все это без толку. Раз уж направили к ним даму, значит, на то были серьезные основания. Что за наука вообще эта ксенобиология? Может, в ней пока нет профессоров-мужчин? Или, действительно, все они седые старцы, не способные переносить нагрузки дальних космических путешествий?

И чего бы ему возражать, спросите вы. Сейчас не те времена, когда присутствие женщины на корабле может спровоцировать споры, вызванные естественным мужским стремлением. Наука, слава богу, шагнула вперед. Изменения в генокарте — непременное условие для тех, кто много месяцев бороздит просторы космоса. Но кроме всего прочего остается еще чисто человеческое общение, и оно тоже может таить немало подводных камней. Тем более когда собеседник — такая милая дама.

К счастью, большинству опасений Кэпа не суждено было осуществиться. Ника была мила и приятна в общении. Не слишком навязчива и совсем необидчива. Будь иначе, Кэп оставил бы ее на первой стоянке, куда «Легас» зашел для техобслуживания и дозаправки. Конечно, это был бы скандал, но капитан готов был пойти на это ради ровных отношений в коллективе. Но Ника совсем не оказалась помехой в походе, и к крайним мерам прибегать не пришлось. Как оказалось, тем хуже для нее — теперь она и попала вместе со всеми в эту неприятную историю с нападением неизвестных кораблей.

Несмотря на нависшую над ними опасность, Ника была счастлива. Нет, она, несомненно, была расстроена сложившейся ситуацией. Вполне понятная человеческая реакция. И нет ничего удивительного в том, что видимая опасность вызывает определенное волнение, тем более у женщины. Но при всем при том она была еще и рада. Наконец-то ее науке, долгие годы остававшейся теоретической, нашлось и практическое применение. Не каждому ученому выпадет шанс исследовать брошенный лагерь. И оставили этот лагерь не земляне и не лурианцы, скорее всего, вообще не гуманоиды. Вот это и согревало профессора, несмотря на такое негостеприимное поведение встреченных «Легасом» неизвестных кораблей. Мысленно она постоянно возвращалась к исследованному ими месту стоянки негуманов.

Лагерь был совсем небольшой — стоянка для ремонта. Брошенная разбитая секция, немного второстепенного оборудования, следы проводимых работ. Осталось немного, но вполне достаточно, чтобы понять — люди такими устройствами пользоваться никак не могут. Не предназначено все это для рук. И для ног тоже. В общем, праздник ксенобиологии. Все прошло просто замечательно. Собрали материал, отправили на Землю первый краткий отчет. Хотелось бы более полный, но слишком уж много ресурсов потребляет сверхдальняя связь. Самое бы время домой. И вот тебе на, на обратном пути — такая неприятность. Не те ли это нежданные гости, чей лагерь они посетили?

А все началось вполне обычно. На вахте был Вячеслав. Естественно, он первым и заметил приближение объектов, на тот момент неопознанных. Их было три, и двигались они слишком подозрительно, не так, как полагается двигаться случайным космическим телам, таким, например, как кометы. Они шли синхронно и слишком быстро, меняя курс и ускорение. В общем, странно.

Как и полагается в таких случаях, Вячеслав объявил предварительную тревогу и вызвал в рубку капитана.

Сон с Кэпа слетел в одно мгновенье, едва он взглянул на мониторы.

Картина действительно была необычной. Не зря Вячеслав беспокоился.

— Ничего себе! И давно у нас это?

— Недавно. Как только я понял, что здесь что-то не то, сразу вызвал тебя.

— Да, картина любопытная. Как думаешь, корабли?

— Похоже, правда?

Вячеслав ждал подтверждения своим опасениям или надеждам — как посмотреть. Одно от другого находится совсем недалеко.

— Весьма похоже. И, судя по всему, корабли не наши, — согласился Кэп.

— И не лурианцев, насколько я понимаю.

— Неужели хозяева лагеря? Негуманы? Интересно, какие они? Ты вот что, Слава, вызывай ребят. Такой случай! Похоже, они идут пересекающимся с нашим курсом. Так или иначе, нам с ними не разминуться.

Через десять минут вся команда собралась в рубке и с нетерпением ждала приближения незваных гостей. Случай был исключительный, поэтому единственного на данный момент пассажира «Легаса» в рубку позвали тоже. Тем временем корабли начали странный маневр.

— Они что, нас обходят? — спросил сразу у всех Иржи.

Кэпа этот странный маневр тоже беспокоил. С чего бы, спрашивается, неизвестным вести себя так подозрительно?

— Трофимыч, зазеркаль корпус. И батареи на полную зарядку от обшивки, — распорядился капитан.

— И то и другое?! Кэп, ты думаешь, они могут применить лазер?

— Думаю не думаю, а подстраховаться не помешает. Не нравится мне их построение.

— Так может, не зеркалить? Снимем энергию с обшивки, аккумуляторы заодно подзарядим.

— Да нет, не тот случай, чтобы рисковать, — сказал Кэп, секунду поразмыслив.

Прав был капитан, ох как прав. Лазеры ударили одновременно. Со всех трех кораблей сразу. Индикаторы энергопотока зашкалили. А ведь корпус отразил большую часть энергии. Замечательная штука — изменяемый коэффициент отражения поверхности.

— Трофимыч, а батареи надо бы разрядить. Куда энергию в следующий раз принимать будем? — Реакция Кэпа была быстрой. Пусть не дружественной, но вполне предсказуемой.

— И куда мы ее?

— Как куда? А метеоритная пушка на что? Кто к нам с лазером придет, тот им же и получит. Слишком уж они беспечны.

— Сейчас сделаем, Кэп. Посмотрим, чем они дышат. У них даже обшивка не зеркальная. На что надеются?

— Вот сейчас и увидим.

Тонкий луч лазера из метеоритной пушки преодолел расстояние до ближайшего агрессора и... Ничего. Лишь за секунду до этого изображение незнакомых кораблей чуть дрогнуло и размылось.

— Ну как, Трофимыч, есть результат?

— Не поверишь, Кэп, никакой реакции.

Странно. Это было странно.

— Куда же делась энергия выстрела? Может, они, как и мы, ее в накопители отводят? — удивился биолог.

— Сомневаюсь я что-то, — нахмурив брови, сказал механик. — Да, у нас хороший преобразователь энергии, но он справился лишь потому, что мы сделали обшивку зеркальной и отразили более девяноста процентов энергии лазеров. Преобразовать полностью энергию нашего противометеоритного лазера, направленную в одну точку? Слишком уж это... Нет, что-то здесь не так. Это какую обшивку надо иметь, чтобы ее лазер не прожег!

— Нам до таких материалов еще о-го-го как далеко, — расстроился программист.

— Не спеши делать выводы, Слава. Сейчас мы на этих космических агрессоров посмотрим попристальнее. Есть у меня одна мысль. — И Кэп начал колдовать с оборудованием терминала.

— Точно, так и есть. Они крутятся! — сказал он чуть удивленно.

— Как крутятся? — Все находящиеся в рубке обернулись к капитану.

— Судя по всему, очень быстро. Понимаете, луч просто не успевает нагреть поверхность корпуса. Это как быстро провести рукой над пламенем свечи. Обжечься просто не успеваешь.

— И как я сразу не догадался?! — разочарованно вздохнул механик.

— А как они так быстро крутятся, вот в чем вопрос? И какая при этом должна быть центробежная сила? Это же просто кошмар, — удивился Иржи.

Здесь механик не преминул блеснуть эрудицией.

— Так весь корабль может и не крутиться совсем. Достаточно крутиться внешней оболочке.

— Нет, я все-таки не понимаю, почему лазер их не поразил? — удивилась ксенобиолог Ника. — Это же такая энергия. Тераватты мощности.

Что с ней поделаешь — не техник. К тому же милая дама. Зато в своей профессии сильна, а это важно.

— Вам, уважаемая Ника, как человеку, далекому от техники, вполне простительно этого не понимать. — Трофимыч улыбнулся как можно любезнее. — Ладно, так и быть, объясню доступно. Вы правы, несомненно, тераватты мощности — это большая сила. Наш лазер без труда режет метеориты средних размеров. А знаете почему?

— Должно быть, потому, что он мощный, — улыбнулась в ответ Ника.

— Ну это, конечно, тоже. Но в основном потому, что эта мощность вся сконцентрирована в одной точке. И что в этом месте происходит?

— Что? — заинтересованно спросила ксенобиолог.

Ей и в самом деле было любопытно. Она профессор и женщина. А значит, существо, вдвойне любознательное.

— В этой точке происходит нагревание и испарение материала, — пояснял Трофимыч. — Вот только на нагревание материала необходимо время. Пусть минимальное. Пусть десятые или сотые доли секунды. А теперь представьте, что нагревать надо не точку, а поверхность, скажем, в один квадратный метр. Для того чтобы нагреть всю поверхность до температуры плавления, требуется в сотни, а то и в тысячи раз больше энергии. Вот, смотрите. Возьмем огонь.

Легко сказать. Взять огонь на космическом корабле — дело совсем непростое. Открытый огонь на космическом корабле — явление, совершенно противопоказанное. И вовсе не в целях противопожарной безопасности. Важнее другое. Процесс горения сопровождается поглощением кислорода. Вот это-то и является главным противопоказанием применения открытого пламени в каких-либо целях на борту космического корабля.

Разве что в качестве эксперимента. Трофимыч набрал

на пульте управления какую-то команду и обратился к микробиологу:

— Иржи, ты не одолжишь мне один бумажный лист из твоей антикварной записной книжки?

— Зачем он тебе?

— Ради эксперимента.

Эксперимент — это святое. Два экспериментатора всегда поймут друг друга, пусть один из них техник, а другой биолог.

— Разве что ради эксперимента.

Иржи со вздохом достал свою записную книжку и вырвал из нее бумажный лист. Большая редкость, кстати. Для таких вот любителей и оригиналов, как он. Все-таки бумага очень непрактична. Емкость для отображения информации крайне невелика, стереть изображение проблематично. Иное дело — планшет. А бумага? Разве что производить впечатление на знакомых редкой диковинкой или держать ее просто для своего удовольствия. В виде записной книжки, в которой почти нет записей.

В общем, бумага для показательного эксперимента нашлась. Теперь требовалось найти открытый огонь. Не так просто, скажете вы. Но механик не был бы механиком, если бы не смог решить эту маленькую техническую проблему. Через несколько секунд в рубку въехал ремонтный робот с газовым резаком.

— Одолжи-ка мне эту штуку, любезный. — Механик потянул к себе резак.

Робот одобрительно пискнул. В его простом интерфейсе не было предусмотрено устной речи. Трофимыч подвинул к себе резак. На оборудовании космических разведчиков, как правило, было предусмотрено ручное управление. Триста процентов надежности. Как-никак это дальний космический полет.

Нажав на кнопку запала, механик зажег маленький огонь.

— Вот смотрите, Ника. Этот простейший газовый резак с плазменным, конечно, не сравнится, но иногда и он бывает востребован. Сейчас температура пламени около восьмисот градусов, при резке она составляет более трех тысяч градусов. Но нам столько не надо. Теперь проведем эксперимент. Подержите.

Ника без возражений взялась помогать в эксперименте, пусть эта помощь сводилась всего лишь к держанию резака. Ведь этот маленький опыт проводили для нее. Трофимыч приступил к эксперименту. Он быстро перемещал лист бумаги над огнем в одну сторону, затем в другую. Лист оставался целым.

— Вот, видите, бумага просто не успевает нагреться до нужной температуры. А теперь на секунду остановим движение. Смотрите, лист моментально вспыхнул. Да простят нас газовые фильтры. Все, дружок, ползи назад в ангар, — это Трофимыч уже роботу.

Робот вновь пискнул и, развернувшись, отправился обратно, неся водруженный на место резак.

— Спасибо вам за весьма познавательную лекцию. Я не слишком вас отвлекла? — Ника улыбнулась.

— Что вы, иногда полезно вернуться к основам, порой это помогает правильнее разобраться в ситуации. Так что вся эта небольшая демонстрация была как раз к месту. Может, это наведет нас на мысль, которая окажется ценной. Лазер-то наш оказался бесполезным против чужаков. Скоро перед нами встанет резонный вопрос, как быть дальше.

— Вот-вот. И какие будут предложения? — поинтересовался Кэп. — Демонстрация у тебя получилась отлично. Навела на какие-нибудь мысли?

— Предлагаю дождаться распоряжений капитана! — браво отрапортовал Трофимыч.

— Вот хитрец, выкрутился. Ладно, распоряжаюсь — всем усиленно искать выход.

Кэп тоже был мастер словесной пикировки. Велась она скорее в шутку. Серьезность создавшейся ситуации и так все понимали, даже нечаянный пассажир.

— Внимание, противник выпустил ракеты, — сообщил Вячеслав. Он, не отрываясь, смотрел на экраны радаров.

— Слава, сбрось магнитные и термические ловушки, — распорядился капитан.

— Сделано, ловушки пошли.

— А вдруг ловушки на них не действуют? — предположил Иржи.

— Вот сейчас и увидим. Пять минут до срабатывания.

На встречных курсах ракеты сближались с ловушками довольно быстро. Гораздо быстрее, чем с «Легасом». Результат не заставил себя ждать.

— Есть, сработали! — раздался радостный крик членов экипажа. Яркие вспышки, закрывшие на несколько секунд половину обзорных экранов, сообщили о взрыве ракет. — Все ракеты уничтожены.

— Нет, не все. Осталась еще одна. Слава, ловушки еще есть?

— Нет. Ловушек больше нет.

— Печально. Сколько до контакта?

Контактом Кэп назвал тот неблагоприятный случай, когда ракета сможет догнать «Легас». Тьфу-тьфу-тьфу. Лучше от таких случаев подальше.

— Если ничего не изменится, ракета догонит нас через семнадцать минут.

Сама собой ситуация точно не изменится. Надо что-то предпринять.

— Необходимо ее чем-то отвлечь. Трофимыч, на тебя вся надежда. Ты у нас технический гений.

— Вот так всегда. Чуть что, сразу Трофимыч... — Механик, ворча, отправился в служебные помещения.

— Трофимыч, может, тебе помощь нужна? — через пару минут вызвал его Кэп.

— Если перестанете меня отвлекать, будет замечательно.

Через пару минут из ремонтного шлюза стартовало странное сооружение. Формой своей оно не соответствовало ни одному известному устройству, даже тем, которые описаны в самом пространном каталоге.

Устройство быстро летело в сторону ракеты, догоняющей корабль.

— Трофимыч, чем ты в нее запустил? — поинтересовался капитан, наблюдая эту странную картину.

— Пришлось пожертвовать малым метеорологическим зондом.

— Послушай, старина, не хочу тебя расстраивать, но боюсь, на зонд она не среагирует. Наверняка по теплу наводится, — прокомментировал Кэп.

— А то я не знаю. Не отвлекайтесь. Сейчас увидим.

На экраны все смотрели с тревогой и надеждой. Трофимыч из ангара, все остальные из рубки.

— Есть! — восторженный крик вырвался у всех одновременно. Куда там футбольным болельщикам! Оно и понятно, их-то ракетами сбить не пытаются.

С видом победителя механик торжественно вошел в рубку.

— Старина, признавайся по-хорошему, что ты сделал со спутником?

— Да ничего. Спутник как спутник. Правда, пришлось к нему прикрепить малого ремонтного робота, того, что приезжал к нам в рубку, и факел на резаке побольше включить. Жаль малыша. Предупреждаю сразу — роботов у меня мало, так что разбрасываться ими направо и налево я не собираюсь.

— Трофимыч, ты гений.

— То-то. А помнишь, что ты сказал мне при знакомстве?

— Ну, с кем не бывает — погорячился. Да и случай, согласись, был подходящий.

На лицах косморазведчиков появились многозначительные улыбки. История была и в самом деле забавная. Кто же знал, что впоследствии она в числе прочих будет способствовать большой известности «Легаса» среди космолетчиков.

— Трофимыч, ты знаешь, что ты сделал? Ты только что сочинил еще одну легенду, которую будут рассказывать про нас во всех портах, гадая притом, байка это или было на самом деле. Сбить ракету, запустив в нее ремонтным роботом, — это что-то. Нам бы только добраться до них. До этих портов.

2

Стоит вам зайти в бар в любом космопорте человеческой зоны обитания, и среди баек и новостей вам непременно расскажут какую-нибудь новую историю о космическом разведчике «Легас». Что в этих рассказах правда, а что выдумка, не знает, пожалуй, никто. Вот только тема приключений косморазведчика «Легас» — одна из самых популярных среди тех, кто бороздит космическое пространство, будь то военно-космические силы, или гражданские пилоты, или же вольные бродяги, ждущие подходящего фрахта. Космические байки нужны всем, куда же без них. И ребята с «Легаса» неожиданно для себя как раз и стали героями таких историй. А почему? Все дело в тайне.

Тайна эта из разряда таких, за разгадку которых героя будут месяц поить пивом все вольные капитаны. И работающие по найму, кстати, тоже. Быть может, потому, что он такой один — «Легас»? Не «Заря», «Восход» или «Сокол», коих с различными дополнениями вроде «восходящий», «парящий» и тому подобное наберется немало. Чтобы не запутаться, им приходится присваивать порядковый номер. С «Легасом» не так. Очень уж необычное название. Плюс репутация везунчиков. Но об этом разговор совсем отдельный, к названию корабля отношения не имеющий.

Название — вещь немаловажная, если оно пришлось к месту. После того как появился «Легас» (вернее, после того, как он стал темой для разговоров), некоторые завистники пытались придумать необычные имена и для своих кораблей. Увы, все без толку. То, что выдумывается специально, не идет ни в какое сравнение с тем, что получилось спонтанно или благодаря причудам судьбы. По непроверенным слухам, некоторые искатели славы пытались называть корабли «Легас-2» или «Легас-3», но из этого тоже ничего вразумительного не вышло. Будто бы статистические компьютеры отказывались принимать к регистрации такие названия. Отказывались — и все тут, без всякого объяснения, а значит, название никак нельзя присвоить. И тут родились очередные легенды, что компьютеры не регистрируют новых «Легасов» самостоятельно, без инструкций, выданных им программистами. Впрочем, доподлинно это неизвестно, потому что никто до сих пор не признался в собственной неудачной попытке примазаться к чужой славе, предпочитая ссылаться на информацию, полученную из компетентных источников. Короче — байки.

Предположений об истории названия ходило множество, но никто с «Легаса» не спешил подтвердить ни одно из них, как, впрочем, не торопился и опровергнуть. Сначала потому, что было неудобно признаться в некоем курьезе, повлекшем за собой рождение столь необычного слова. Потом же это просто стало тайной, а тайны, как известно, не разглашаются. Из множества самых фантастических версий ни одна не была верной.

А началось все довольно просто. После пяти лет работы на внутрисистемных перевозках Кэп наконец-то был принят на работу в организацию солидную и в определенной степени романтическую — дальнюю космическую разведку. Мечта многих молодых капитанов. Но для того, чтобы поступить туда, требовался пятилетний стаж работы на накатанных линиях. Это позволяло отсеять массу желающих, которым сюда, в общем-то, было и не нужно. За пять лет многое успевает произойти. Кто-то привыкает к своей работе и не хочет никаких перемен, кто-то обзаводится семьей. Очень редко, но случалось, что человек разочаровывался в космосе и возвращался на Землю, оставив в прошлом тягу к дальним странствиям. Те же, чей порыв не угас, могли попытать счастья и подать заявку, чтобы работать в дальнем космосе в том или ином качестве. В случае с Кэпом — в должности капитана космического разведчика.

Дальняя косморазведка была организацией серьезной и основательной, с государственным финансированием и строгой дисциплиной. При всем том служба эта считалась гражданской, точнее, наполовину гражданской. Во-первых, дальняя космическая связь была делом весьма энергозатратным, и посему прибегали к ней чрезвычайно редко, предоставляя кораблям косморазведчиков порой по нескольку месяцев вариться в собственном соку. Какое уж здесь командование, когда подчиненные находятся вне зоны доступа? Как раз наоборот — экипаж должен иметь как можно больше возможностей для самостоятельных действий. Да и задачи косморазведка выполняла довольно мирные: исследование новых территорий, составление карт, поиск пригодных для жизни планет (или теоретически пригодных, что совсем не то же самое, но все же лучше, чем ничего). В общем, работа, схожая с работой некогда существовавших геологических экспедиций, с той же романтикой неисследованных территорий и дальних странствий, но требующая гораздо больших знаний и порой гораздо более удивляющая.

Успешно пройдя все испытания, Кэп, которого тогда все называли Александром или просто Сашей, был направлен для получения нового корабля на стоянку закрытого сектора. Для тех, кто не знает, — это стоянка длительного хранения для кораблей, которые в данный момент не используются, находящихся на консервации или новых. Саша как раз должен был получить новый корабль, на этом дальняя космическая разведка не экономила. То есть абсолютно новый, без настроек на опознавание экипажа и без названия. Все эти данные устанавливал капитан. Он же именовал корабль и регистрировал название в статистической сети космопорта. Так было принято — что-то вроде традиции.

Администратор стоянки проводил Александра к его кораблю, открыл его заводским ключом и предложил пройти внутрь. Ключ действовал до тех пор, пока корабль не настроен на нового владельца или капитана. Электронный мозг распознает каждого члена экипажа или пассажира и позволяет им действовать в соответствии с присвоенным капитаном статусом. Так, пассажир не может изменить ни одной настройки на корабле, разве что климат в своей каюте, да и то лишь в пределах, не опасных для жизни. Члены экипажа имеют больше полномочий в зависимости от присвоенного статуса. Больше всего полномочий, конечно, у капитана.

Корабль был просто замечательный. Он поражал своими объемами, хотя и не предназначался для перевозки грузов, лишь для экипажа и необходимых для работы технических устройств. Оранжереи, бассейн, уютные каюты. Да здесь можно было жить с комфортом не один год! А какое оборудование... Мечта любого капитана.

Саша прошел в рубку, решив позже осмотреть корабль более внимательно.

«Разрешите вас приветствовать! Выберите способ общения», — появилась надпись на экране информационной панели.

Саша коснулся рукой надписи, гласившей: «Голосовой интерфейс».

— Рад приветствовать вас, сэр, — раздался из динамиков ровный приятный голос. — Разрешите представиться, я — управляющий модуль корабля RS-117. Для произведения настроек и идентификации необходимо дать кораблю название. Хотите сделать это сейчас?

— Подтверждаю. — Александр удобно устроился в кресле и мечтательно закинул руки за голову.

— Устанавливаю связь со статистической службой космопорта, — сказал компьютер.

— Регистрационный компьютер космопорта слушает, — раздалось через секунду.

— Прошу закрепить за данным кораблем название и занести его в реестр, — произнес Александр формально необходимую фразу.

— Принято. Корабль RS-117 среднего тоннажа. Ваш вариант названия?

Название — это важно. Можно было подождать других членов экипажа и посоветоваться. Но когда они появятся — неизвестно. А находиться на корабле не идентифицированном — это все равно что в чужом доме. К тому же большая часть функций недоступна. Даже связь — и та лишь с экстренными службами. Не хочет и не может безымянный корабль общаться с миром, так уж было задумано. А иначе, кто знает, сколько бы слонялось в космосе «Летучих голландцев» без названия. Бардак. Вот потому-то каждый корабль, прежде чем приступить к работе, трсбует, чтобы ему дали имя, которое должно быть подтверждено статистической службой и занесено в реестр. Блокировка эта глубока, и пока обойти ее никому не удавалось. Ни удалить название из памяти бортового компьютера, ни переименовать его без ведома службы учета и статистики невозможно. Это закладывается на заводе в основы работы управляющего модуля. Капитан — полновластный хозяин на корабле. Он может делать там все, что захочет. Может приказать разбить корабль о встречный астероид или отдать распоряжение о взрыве двигателей. Система выполнит даже эти распоряжения. Не может капитан только одного — запретить кораблю называть свое имя по любому запросу с другого корабля или базы. Так уж корабли устроены — прежде всего назовись, а уже потом будем разговаривать.

Давать имя — это и в самом деле привилегия капитана. Прошлый корабль, на котором довелось работать Александру, был не новым, так что нарекать корабль Александру приходилось впервые. Волнующий момент.

Название — это важно. Хотелось бы что-то легендарное и летающее.

— «Сокол», — предложил Александр.

— Имя использовано, — пришел ответ регистрационной службы, — могу предложить «Сокол-18».

Ну ничего себе! Это что, их уже семнадцать? Нет, становиться «Соколом номер восемнадцать» совсем не хотелось.

— «Стремительный», «Парящий», «Мчащийся вдаль».

— Имя занято, имя занято, имя занято...

Не так просто, оказывается, придумать оригинальное название. Хотелось же именно оригинальное. Без приставки — номер такой-то.

— «Пегас», — после непродолжительного раздумья предложил Александр.

А что, тоже летает, хотя и конь. В принципе это даже плюс. Летающий конь — это оригинально.

— Может, предложите что-нибудь еще? — немного подумав, спросил компьютер статистической службы. — Имя «Пегас» уже принадлежит транспортнику среднего тоннажа.

— Ха, пегас-легас. Тоже мне, молодежь.

Фразу эту сказал стоящий в дверях рубки человек в форменном комбинезоне службы дальней космической разведки. Был он сосредоточен и вид имел серьезный и внушительный. Должно быть, все дело в бакенбардах и небольшой аккуратной бороде.

— Название принято, — отозвался статистический компьютер, — вашему кораблю присвоено имя «Легас».

— Что? Нет-нет-нет! Это было не название! Какая регистрация?! — закричал Александр.

— Кораблю RS-117 присвоено название «Легас», — отозвался статистический компьютер.

— Я отменяю регистрацию. Мы назовем корабль по-другому.

— Название занесено во все базы данных, — не сдавался компьютер статистической службы. Наверное, не будь имя таким оригинальным, он бы так не упрямился.

— Тогда мы сейчас переименуем корабль. Поменяем название на другое. — Капитан тоже не хотел уступать.

— Название принято, — продолжал талдычить компьютер. — Переименование возможно не ранее чем через год.

Так вот и получил корабль дальней космической разведки «Легас» свое странное имя. А все благодаря кому? И принесло же этого незнакомца в рубку именно в этот момент!

— Скажите, любезный, какого... вы вмешиваетесь в служебный разговор? Тем более в тот, который вас не касается.

— Ну, скажем, не совсем не касается. Разрешите представиться: с сегодняшнего дня — механик этого замечательного корабля.

— Который по вашей милости теперь называется «Легас». Так назвать корабль мог только последний остолоп.

— Да ладно. Нормальное название. И потом, если что, через год можно будет переименовать. А интерфейс общения, между прочим, можно было выбрать и с помощью клавиатуры.

Это верно. Голосовой интерфейс Александр выбрал сам.

Кэп и механик еще с месяц после этой истории общались друг с другом исключительно на официальные темы. Но постепенно история эта ушла в прошлое, а Кэп и Трофимыч стали лучшими друзьями. «Легас» же, когда прошел год, они переименовывать не стали. Потому как действительно, он такой один. Да и стал он им за год вторым домом. Скорее даже первым.

Историю эту они вспоминали теперь со смехом. Правда, и рассказывать посторонним не спешили. Пусть уж лучше гадают.

3

— Все это, конечно, хорошо, вот только что мы будем делать дальше? — поинтересовался Трофимыч. — Роботами швыряться в ракеты мы не можем. Их у нас не так много, а автономных зондов еще меньше.

Это верно. Случай с запуском сварочного робота был неплохим экспромтом, вот только хорош он был именно как отдельный случай, к дальнейшей обороне следовало подойти более продуманно. Идея, использованная Трофимычем, для постоянного применения не годилась.

— А что, если они определят наш курс и координаты Земли? — забеспокоился Иржи.

— Вряд ли, мы шли не напрямую из-за аномалии. Никогда не думал, что и она на что-то сгодится. Но брать курс на Землю, не стряхнув преследователей с хвоста... Этого делать никак нельзя. Слишком уж агрессивные существа сидят на этих кораблях.

С такой постановкой вопроса все согласились. Тащить следом за собой агрессоров к Земле было совершенно невозможно, тогда уж лучше туда вообще не идти. Любыми способами от хвоста надо было избавляться.

— И оторваться, похоже, не получится. В скорости они выигрывают, — заметил Вячеслав.

— Ну, это мы еще посмотрим, — сказал Кэп. — Слава, что у нас есть поблизости из помех?

Помимо прочего, Вячеслав отвечал еще и за навигацию. Другие члены экипажа тоже неплохо разбирались в звездных дорогах, без этого просто нечего делать в дальней космической разведке. Но по штату штурманом был именно он.

— Сорок градусов в сторону от курса есть астероидный пояс. Это примерно сутки пути на крейсерской скорости, — откликнулся Вячеслав.

— Скорректируй курс. Идем в поле астероидов. Посмотрим, как у наших «друзей» с маневренностью и навигацией, — принял решение капитан.

Вячеслав внес поправки в курс, и «Легас», заложив крутой вираж, направился к собранию каменных глыб, почему-то именуемому полем.

— До них еще добраться надо, до этих астероидов, — проворчал Трофимыч. — Как сутки-то будем отбиваться?

— Давай, старина, испытаем нашу новинку. Мы все равно должны были это сделать, а случая до сих пор так и не представилось. Эта махина занимает целый модуль, должно быть, немалых денег стоит.

— Гравитационный генератор? Непроверенная штука. — Трофимыч задумчиво приподнял бровь, взвешивая плюсы и минусы этого предложения. Плюсов было больше.

— Вот и проверим. Не зря же его ученые проектировали. Запускай, — скомандовал Кэп.

Трофимыч подошел к пульту и ввел код активации программной системы, а затем выбрал команду «запуск». Корабль вздрогнул, как живое существо, напуганное чем-то, быть может, и не страшным, но новым и необычным, и помещение рубки наполнил негромкий монотонный звук, постепенно меняющий интонацию. А на табло появилась надпись: «Один процент номинальной мощности». Немного.

Медленно, очень медленно генератор набирал обороты, на табло менялись цифры: «Два, три, четыре процента мощности».

Шкала мощности дошла до семнадцати процентов, когда неизвестные корабли выпустили новую партию ракет.

— Давай, Трофимыч, жми! Вот мы сейчас и узнаем, на что оно годится, это устройство, и есть ли от него хоть какой-то прок.

— Подпустим поближе. Если я что-то понимаю в технике, то эта волна сильно рассеивается на расстоянии. В любом случае у нас только одна попытка, на вторую просто не хватит времени.

Возражать никто не стал. Репутация Трофимыча как

отличного механика была безупречна. К тому же такое явление, как рассеивание волны, было знакомо всем. Хотя бы в общих чертах.

— Вот теперь пора, жму, — сказал механик, когда ракеты преодолели больше половины пути до «Легаса».

Генератор за это время успел набрать еще несколько процентов мощности. Трофимыч нажал на кнопку сброса волны. Результат не заставил себя долго ждать. Все, кто был на борту, почувствовали дискомфорт, как будто их вдруг вывернули наизнанку. Ощущение это, впрочем, было несильным и быстро проходящим. Это внутри корабля. То, что произошло снаружи, было более показательным. Преследовавшие их ракеты вдруг будто налетели на ватную стену, увязли в невидимой паутине и потеряли скорость. Кроме того, их сбило с курса, развернув веером в стороны от «Легаса». Они еще продолжали лететь, но скорость была безвозвратно потеряна. Догнать косморазведчик они уже не могли. Не менее удивительно волна подействовала и на корабли агрессоров. Так, что они в изумлении вырубили тягу. Тот корабль, что вырвался вперед, даже включил реверс. Плюс ко всему гравитационная волна отбросила их от «Легаса» на значительное расстояние. Разрыв сразу увеличился раза в три.

Какое-то время преследователи держались в отдалении. Наверное, совещались и строили планы, решая, как им быть. Ибо столкнулись они с явлением, совершенно неизвестным. Все три корабля плюс выпущенные ими ракеты просто затормозило. Резко и сразу. Людей всегда пугает неизвестность. Не людей, должно быть, тоже. Но неизвестность эта оказалась неопасной, лишь странной. Придя в себя и посовещавшись, неизвестные агрессоры продолжили преследовать «Легас», пусть и сильно отстав из-за этого маневра.

— Кэп, может, отправим на Землю сообщение? Ресурсов оно сожрет немало, но это исключительный случай. Предупредить наших о новой опасности просто необходимо, — предложил Вячеслав.

Нелегка должность капитана. Принимать решения — тяжелая ноша. С одной стороны, предупредить своих необходимо, Вячеслав прав. С другой стороны, направление сигнала можно проследить. Послать сообщение или отрываться? Что из этого лучше?

— Нет, подождем, попробуем оторваться, — решил Кэп. — Надеюсь, мы выиграем в маневренности в поле астероидов. Фора у нас теперь неплохая. А если нас догонят, можно будет снова пустить гравитационную волну.

— Так резко их затормозило! Как там все не побились от перегрузок, летят себе, — удивилась профессор Зелинская.

— А вот в этом ничего удивительного нет, — отозвался Трофимыч, — никаких перегрузок экипаж неизвестных кораблей не испытал, разве что легкий дискомфорт, который почувствовали и мы.

— Как — не испытал? А как же резкое отрицательное ускорение?

— А вот так, ускорение есть, а перегрузок нет. Это как падать под воздействием гравитации на планету внутри корабля, — объяснил Трофимыч. — Гравитация действует на все сразу: как на корабль, так и на то, что находится внутри. Какой бы большой она ни была, нужна опора, которая ее действию не подвержена, лишь тогда почувствуешь ее влияние.

— А как же перегрузки при старте с планеты? — удивленно спросила Ника.

— Они возникают из-за ускорения корабля, — объяснил Трофимыч. — И не только у планеты, но и в открытом космосе тоже.

— А я-то надеялась, что наших преследователей крепко приложило о переборки, и теперь они от нас отвяжутся, — вздохнула Ника.

Профессор выглядела немного опечаленной. Интересная женщина. С одной стороны, она полна сочувствия, но в то же время довольно умна и прекрасно понимает, что лучше уж сочувствовать «Легасу» и его экипажу, чем тем, кто устроил на него облаву.

На корабле все были бы рады более действенному эффекту от гравитационной волны. Но... что есть. Каждая вещь имеет именно свои свойства, как бы нам ни хотелось присвоить ей чужие.

— Увы, чужаки не пострадали. Зато их от нас здорово отдалило, что уже неплохо, — пояснил Трофимыч.

— Вот бы двигатель такой. Даешь любое ускорение, а оно не ощущается. А маневренность будет просто потрясающая, — мечтательно задумавшись, предположил Иржи.

— Да, это было бы здорово, — согласился Трофимыч. Ему, как механику, проблемы перегрузок при маневрах были близки и хорошо знакомы. В отсеке с людьми они частично компенсируются, а вот для оборудования... Для оборудования они тоже не полезны, мягко говоря. — Только мечта эта пока нереальна, — продолжил Трофимыч. — Для этого нужен материал, не подверженный действию гравитации, чтобы сделать движение гравитационной волны односторонним. А есть ли такой в природе? Мне пока не встречался. Вот волна и распространяется во все стороны от генератора, воздействуя на посторонние объекты, но не на наш корабль, поскольку он находится в центре.

Поговорить о технике Трофимыч любил. Да и что здесь странного? Для механика — самое подходящее хобби, если он любит свое дело. Можно и поговорить, пока ситуация позволяет. А ситуация, несмотря ни на что, складывалась довольно непростая. Пока удалось сыграть вничью. Но надолго ли?

— Лишь бы они не догадались стрелять в нас ракетами с небольшими интервалами, — встревоженно сказал Трофимыч, — от остального мы уж как-нибудь отобьемся.

— Трофимыч, а вдруг они телепаты? Вот послушают, о чем ты говоришь, и начнут нас изводить.

Механик обернулся. На лице Кэпа застыла улыбка.

— Вам бы все хиханьки! А для хорошего качества гравитационной волны нужно время.

Теперь заулыбались и остальные члены экипажа. Таково уж свойство человека: опасность из разряда почти неминуемой перешла в разряд предполагаемой, и он уже рад. Все относительно, особенно для тех, кто привык смотреть в будущее с надеждой. А как иначе? Раньше времени расстраиваться — это половина поражения. Заранее готовиться к поражению на «Легасе» не привыкли.

— А чем опасны одиночные ракеты? — спросила профессор Зелинская. — Одну труднее сбить с курса, чем несколько?

«Любознательная женщина, — подумал Трофимыч. — Впрочем, наверное, нелюбопытных профессоров не бывает. Если это настоящие профессора. Вот как Ника, например».

Ника действительно была любознательной, причем любознательной искренне. Часами она пропадала в оранжерее вместе с Иржи, следя за ростом растений, не упускала случая расспросить Вячеслава об особенностях программирования или поговорить с Кэпом об управлении кораблем. Сама того не подозревая, она нашла самый короткий путь для того, чтобы освоиться среди этих суровых мужчин. Больше всего вопросов адресовалось Трофимычу. Что касается механика, поговорить о технике он был всегда рад, тем более когда рядом есть заинтересованный собеседник. Собеседница тоже хорошо. Может, даже лучше, если она умна и симпатична.

— Нет, профессор, сбить с курса мы можем одновременно хоть одну ракету, хоть десять. Гравитационной волне все равно. А вот для того, чтобы пустить волну достаточной мощности, надо время, чтобы генератор успел как следует раскрутиться. Минут сорок — пятьдесят — это минимум. Можно попробовать пустить волну и через полчаса работы генератора, но здесь я за результат не поручусь.

— Да-а-а, а я решила, что нам больше ничего не угрожает, — отозвалась Ника.

— Будем надеяться, что они не додумаются до такого нелогического действия. По логике — массированный удар значительнее. А часто пускать ракеты в большом количестве... У них должно быть очень много боезапасов, чтобы так ими разбрасываться.

Парадокс. Успех «Легаса» зависит от того, насколько логичны будут его преследователи. Нелогичный ход — это вообще интересная штука. Сделать нелогичный ход — это одно, а вот еще и попасть при этом в яблочко — совсем другое. На такое способны лишь немногие, проще говоря — гении.

Сейчас многое зависит от времени. Чем быстрее удастся дойти до пояса астероидов, тем лучше. Неизвестно, что их ждет там и поможет ли это оторваться, но нужно попытаться изменить ситуацию.

— Двигатели на самый полный, — распорядился капитан.

Интересно, почему скопление астероидов называется полем? И чем оно схоже с каким-нибудь другим полем? С магнитным, например, или с тем, которое иначе зовется лугом? Чего больше всего в этом поле? Астероидов, скажете вы. А вот и нет. Больше всего в поле астероидов вакуума, среди которого летают каменные глыбы разных размеров и различной конфигурации. Полет среди них подобен прыжкам по минному полю (вот вам и сходство в названии). Скорость здесь уходит на второй план, уступая место маневренности и вычислительным возможностям бортового компьютера. Здесь важен опыт экипажа и удача. При полете в поясе астероидов ничто не бывает лишним.

— Внимание, опасность! — Центральный компьютер корабля был выведен в режим голосового интерфейса, чем и пользовался, произнося сообщения голосом диктора, ведущего репортаж с торжественного парада.

— Если можно, не так пафосно. — Кэп невольно улыбнулся, несмотря на то что ситуация к этому совсем не располагала.

— Хорошо, — отозвался центральный компьютер. — Только опасность от этого никуда не денется. Приближаемся к астероидному полю. Предлагаю изменить курс и обойти скопление астероидов.

Если бы можно было его обойти! Весь парадокс в том, что как раз это поле просто необходимо пройти насквозь.

— Изменение курса невозможно, — ответил Кэп. — Идем прямо.

— Предлагаю расчистить дорогу с помощью метеоритной пушки, — отозвался центральный компьютер.

— Метеоритную пушку не использовать. Рассчитать маневр уклонения.

— Кэп, а может, все-таки шарахнем из пушки? Легче идти будет, — предложил программист.

— Нет, Слава, не стоит. Легче идти нам, легче идти и противнику. Пусть они заряды тратят. Все астероиды все равно не собьешь. Пушкой будем пользоваться только в самом крайнем случае.

— Началось, — отметил Иржи.

Уклонение в сторону, сопровождающееся торможением, прижало экипаж к креслам.

— Фух, пронесло, — облегченно вздохнул Вячеслав, наблюдая на мониторах каменную глыбу, проплывшую перед носом «Легаса».

И здесь ускорение опять вдавило людей в кресла — корабль предпринял очередной маневр уклонения. На этот раз уходили от столкновения, устремившись вперед и вверх. Верх, конечно, относительный — условный. Какой в космосе может быть верх? Им может быть лишь то направление, которое в данный момент выше сидевших в креслах людей. Переверни корабль на сто восемьдесят градусов, и верх станет низом. При этом никто ничего даже не почувствует.

Маневры уклонения тем временем продолжались.

Так, наверное, когда-то чувствовали себя моряки на утлых морских суденышках, застигнутые неожиданным штормом, с той лишь разницей, что экипаж «Легаса» швыряло не только вверх-вниз, то и во всех возможных направлениях. Русские горки отдыхают.

Чтобы удержаться за «Легасом», преследователям пришлось открыть шквальный огонь из всей малокалиберной артиллерии, расчищая себе путь среди астероидов. Лазеры и противометеоритные малые ракеты дробили встречные камни в мелкий щебень, сметая на своем пути все опасные объекты не слишком больших размеров. От больших преследователям тоже приходилось уклоняться с помощью маневра. Но это уже совсем не то, что идти в плотном метеоритном поле.

— Ага, не рассчитывают на маневр. То-то, где им с нашим центральным компьютером тягаться, — порадовался Трофимыч.

— Зато из всей артиллерии палят будь здоров. Так они, пожалуй, еще быстрее нас продвигаться будут, — ответил Иржи.

— Быстрее-то быстрее, вот только долго ли они в таком темпе протянут? Ресурсы-то они расходуют беспощадно.

Это правда. Количество расходуемых противником боеприпасов было просто огромным. Пусть в основном в дело шли лазеры и малые ракеты, их хватило бы для нешуточного боя. Видимо, чужой корабль они решили догнать во что бы то ни стало и, чувствуя, что он может уйти, пустили в дело все возможности. Могли они в таком случае настигнуть «Легас»? Вполне. Тогда боя в астероидном поясе не избежать. Рискованная ситуация. Причем для всех: и для преследователей, и для космического разведчика.

— Кэп, расчистить себе дорогу мы можем и гравитационной волной, — предложил Трофимыч.

— В такой суматохе это слишком опасно. Кто знает,

как поменяют курс в таком случае встречные астероиды, — отозвался капитан.

— Уж точно не в нашу сторону. Небольшая опасность, конечно, есть. Компьютер корабля может вовремя не отреагировать на изменение траекторий астероидов.

— Вот еще, чего это я вовремя не отреагирую? — возмутился корабельный компьютер.

И какой умник программировал ему логический блок? Для полного счастья экипажу только обиженного компьютера не хватает.

— Вот-вот, управляющий модуль тоже «за», — сказал Трофимыч.

Конечно, механик преувеличивал. Компьютер не был ни «за», ни «против». Он просто высказался о своей возможности быстро пересчитать курсы встречных астероидов при их изменении.

— Ладно, давай попробуем, — согласился Кэп. — Только выберем участок, где летает поменьше камней.

Кэп переключил управление на ручное и заложил вираж, пытаясь увести «Легас» на участок, относительно свободный от массивных каменных глыб. Два раза сработала метеоритная пушка, настроенная на автоматическое поражение объектов, оказавшихся в опасной близости, и «Легас» вырвался на узкую прогалину, уровняв свою скорость с большинством летящих в пространстве астероидов.

— Давай, Трофимыч! Самое время пустить гравитационную волну.

Дважды повторять не пришлось, механик только этого и ждал. Выставив калибровку вполовину максимальной, он нажал на кнопку сброса.

Результат превзошел все ожидания. Астероиды отбросило гравитационной волной, заставляя сталкиваться и изменять орбиты. По тем камням, которые были ближе, волна ударила сильнее, по тем, которые были дальше, — меньше, вызвав неравномерное изменение их траекторий. Для преследователей это оказалось фатальным. Астероид весом в несколько десятков тонн столкнулся с кораблем преследователей. Того не спасло даже вращение, слишком велика была масса каменной глыбы. Вспышка в пол-экрана резанула по глазам. Профессор Зелинская побледнела.

— Трофимыч, что там могло так рвануть? — спросил Кэп. В технических вопросах тот был вне конкуренции.

Трофимыч удивленно почесал голову. Действительно, то, что произошло, было весьма необычно. Допустим, камень попал в корабль-преследователь, но камни не взрываются. Что же тогда взорвалось?

— Случай один из сотни, — наконец отозвался механик, — видимо, астероид попал прямо в энергетическую установку, вот она и рванула. Или боеприпасы детонировали. Или, — Трофимыч задумался, высказывать ли такое предположение, — или сработала система самоликвидации.

— Ты думаешь, такое возможно? — удивился Кэп.

— Что мы вообще знаем о них? — Трофимыч кивнул на обзорный экран. — Только то, что они весьма агрессивны. На нас напали без всякого предупреждения.

Все обернулись к обзорным экранам, посмотреть, как будут разворачиваться события дальше. Как оказалось, это еще не финал. Второй корабль преследователей тоже получил повреждения. Какая серьезная штука, оказывается, эта гравитационная волна, правда, лишь в пространстве, наполненном различными объектами. Здесь она действует с потрясающей эффективностью.

Второй корабль потерял ход и управление. Он продолжал двигаться по инерции, поворачиваясь к «Легасу» то кормой, то боками, на одном из которых были видны пробоины.

— Фиксирую обмен сигналами между неопознанными кораблями, — сообщил центральный компьютер «Легаса». — Расшифровке не поддается.

— Чего там расшифровывать. Помощь просят, — авторитетно заявил Трофимыч.

— Логично, — отозвался Кэп. — Сейчас мы с вами сможем наблюдать спасательную эвакуацию с подбитого корабля.

Эх, как же опрометчивы порой бывают наши предположения. Последний исправный корабль преследователей открыл порт и выпустил противокорабельную ракету. Его собрат через несколько секунд исчез во вспышке пламени.

— Это что, они по своим стреляют? Отказались принять на борт тех, со второго корабля, и решили их добить?

Вопрос повис в воздухе. Во-первых, потому что не требовал ответа. То, что произошло, и так все видели. Во-вторых, подобное решение проблемы всех просто потрясло. Если уж они так поступают со своими, то чего тогда ждать от этих неизвестных существ людям. Сведения о них во что бы то ни стало необходимо доставить на Землю. Люди должны знать, с кем им, возможно, придется столкнуться. Как говорится, кто предупрежден, тот готов к неожиданностям. Или хотя бы имеет шанс подготовиться. Замерев в немом молчании, космические разведчики смотрели на то, как последний преследователь медленно разворачивается, готовясь покинуть астероидное поле. Степенно и размеренно, как на параде. Спокойная хладнокровная жестокость.

— Не уйдешь, гад! — вдруг закричал механик и бросился к пульту гравитационного генератора. И это Трофимыч, который обычно сама невозмутимость.

— Стой, не надо! — крикнул Кэп ему вслед.

Поздно. Поставив регулятор силы на оставшиеся полноминала, Трофимыч нажал на кнопку сброса волны.

— Ой, е! — закричал Кэп. — Трофимыч, давай быстрее в перегрузочное кресло!

Волна сделала свое дело. В неторопливо разворачивающийся корабль ударило сразу несколько астероидов. Одним из них снесло рубку, другим оторвало половину дюзы, не считая множества мелких повреждений.

— Быстрее, Трофимыч, быстрее! Сейчас начнется! — торопил Кэп.

— Да что начнется-то? — спросил механик, падая в противоперегрузочное кресло.

— Как ты думаешь, что они сделают, когда поймут, что не смогут уйти?

Трофимыч покраснел. До него только сейчас дошло, каким будет ответ гибнущего корабля. А генератор гравитационных волн на нуле. Отбиваться нечем, не считая метеоритной пушки, а это не вариант.

Кэп врубил тягу на максимум, так что всех придавило ускорением к креслам, грозя расплющить. В глазах потемнело, и заплясали искры, говорящие о лопающихся кровеносных микрососудах. Не до того, сейчас бы уйти. Счет шел на секунды. Что произойдет быстрее? «Легасу» удастся укрыться за каким-нибудь астероидом достаточно крупного размера, или преследователь успеет развернуться бортом и дать полный залп из всего, что у него осталось. Экономить им больше ни к чему, осталось лишь уйти красиво.

Вот это был залп. Агрессор, казалось, взорвался, выпустив все, что только мог. Все противокорабельные ракеты, что еще оставались у него на борту, не так уж и мало, как можно было подумать. Оказывается, это целый летающий арсенал. Неудивительно, что у них не хватает места для лишних пассажиров. Вслед за ними взвились все малые противометеоритные ракеты. Лазеры не ударили. То ли чтобы не мешать своим же ракетам (настолько густым был их рой), то ли энергосистема корабля была повреждена, и они уже не могли работать. Но и без того атака была более чем впечатляющей. Как раненый носорог, нападающий на охотника, корабль из последних сил решил прикончить того, кто его переиграл. Преследователи были обречены. Лишившись управления, они не имели ни малейшего шанса на то, чтобы уцелеть. Только не в поле астероидов. На то, чтобы произвести такой сложный ремонт, у агрессоров просто не было достаточного времени. И они это отлично понимали и попытались достать корабль, казавшийся вначале такой легкой добычей. Захватить с собой, раз уж не удалось победить. Агония гибнущего исполина.

Дрожь пробежала по корпусу «Легаса». Легкий треск прошел по всему кораблю. То ли потрескивали испытывающие небывалые перегрузки переборки, то ли шумело в ушах у членов экипажа от сильнейшей перегрузки. И то и другое было неприятно.

Должно быть, преследователи взвыли, глядя на то, как «Легас» уходит за край большого астероида. Ракеты не успевали. Потеряв цель, они сбились с курса и разлетелись по всему астероидному потоку. То там, то здесь они взрывались, сталкиваясь со случайными глыбами. А на «Легасе» вырвался бы вздох облегчения, если бы хоть кто-то сохранил способность ориентироваться в окружающем пространстве и правильно оценить ситуацию. Кэп, перед глазами у которого плыли разноцветные круги, дал центральному компьютеру корабля команду на автоматическую посадку. Это было последнее, что он успел сделать перед тем, как потерять сознание.

Пострадали все — перегрузки сделали свое дело. Красные глаза, частичная потеря слуха, повреждение внутренних органов. Десятикратная перегрузка еще никому не шла на пользу. Первым поднялся из кресла Иржи. Он не мог не осмотреть своих товарищей, неожиданно превратившихся в пациентов. Они нуждались в помощи. В его помощи. Иржи вызвал в рубку медицинского робота, а сам приступил к осмотру друзей. Больше всех досталось профессору Зелинской. Все-таки она женщина, да и физическая подготовка ее не сравнится с тренированными членами экипажа. Она оставалась без сознания. Встревоженный ее состоянием, Иржи поспешил отправить Нику в лазарет. Другие очнулись, хотя и чувствовали себя прескверно.

— Иржи, забирай всех, я останусь на вахте, — прохрипел Кэп.

— Нет уж, я виноват, я и останусь, — отозвался Трофимыч.

— Я капитан и приказываю всем отправляться в лазарет, — не сдавался Кэп.

— Можешь списать меня на берег, но я не пойду, — отозвался Трофимыч.

— Ладно, оставайся, раз тебе так уж хочется, — согласился Кэп, с трудом переводя дыхание.

Он вполне мог понять Трофимыча. Тот чувствует себя виноватым за то, что произошло. Чувства не всегда поддаются логике. Был ли его поступок оправданным? Кто знает...

— Иржи, мы с Трофимычем остаемся в рубке. Славу и Нику забирай в лазарет. И сам тоже отдохни, — решил капитан. — Да, и дай нам по какой-нибудь пилюле, чтобы так не болела голова.

— Ага, таких пилюль еще не придумали. Нужно проходить комплекс восстановительных процедур в стационарной капсуле в лазарете.

Ох уж эти врачи. Иржи можно понять. Он тревожится за друзей и старается сделать свою работу как можно лучше.

— Капсул все равно только четыре, так что ничего не поделаешь, потерпим. Да и рубку оставлять нельзя.

— Сейчас я запрограммирую медицинского робота, — отозвался Иржи.

Робот подъехал по очереди к Кэпу и Трофимычу, вколол им несколько обезболивающих инъекций и промыл воспаленные глаза.

— Это все, что можно сделать на месте, остальное только в стационаре.

— Ладно, и на том спасибо. Двигайтесь уже.

Иржи и Вячеслав, поддерживая друг друга, отправились в медпункт. Вслед за ними медицинский робот тащил каталку с профессором.

4

— Ты извини меня, как-то само все вышло, — сказал Трофимыч, дождавшись, пока остальные уйдут. — И что на меня нашло? Как представил, что эти гады останутся невредимы...

— Да ладно. Честно говоря, мне и самому не по душе те, кто нападает на мирные корабли и расстреливает своих раненых соратников. Так что получили они по заслугам, — согласился Кэп.

— Думаешь, ребята поймут?

— Конечно, поймут. Они еще благодарить тебя будут.

Трофимыч, рассмеявшись, закашлялся. Представлялось такое с большим трудом.

— Ребята-то, может, и поймут, а вот Ника... Пострадала ни за что, — огорчился Трофимыч.

— И Ника поймет. Все мы в одной лодке, и еще неизвестно, как бы все обернулось, поступи ты иначе.

Увы, достоверно это неизвестно никому. История не имеет сослагательного наклонения. В том числе и та, что произошла недавно. В этом случае как раз все было неоднозначно.

— Что у нас с повреждениями? — спросил механик, обращаясь к центральному компьютеру.

Если Трофимыч вспомнил о технике, значит, уже пришел в себя.

— Подождите, провожу тестирование системы, — отозвался корабельный компьютер. — Нет сигнала от третьего шлюза, седьмая секция охлаждения не работает, трещины в переборках кормового отсека, — трагическим голосом начал вещать компьютер через несколько минут.

— Трофимыч, кто его только этому научил? Ты смотри, как надрывается, прям как на похоронах. Тьфу-тьфу-тьфу.

— Это все я, я во всем виноват, — сник механик. — Бедный «Легас», нет мне прощения.

— Трофимыч, ты что, ничего катастрофического не случилось. Корпус цел, ходовая установка — тоже. А остальное починим. Иржи тебя немного подлатает, и сам все наладишь.

— Налажу! — сказал механик, словно давал торжественное обещание.

— Лучше посмотрим, что там делают так удачно подбитые тобой агрессоры.

— Хорошо, — согласился Трофимыч. — Сейчас запущу зонд геологической разведки. На нем полный комплекс локаторов, увидим все как на ладони.

С этим он, пожалуй, погорячился. У Кэпа, да и у самого Трофимыча до сих пор в глазах плясали всполохи, и разглядеть что-нибудь наблюдатели могли с большим трудом. Хорошо хоть бортовой журнал фиксировал все происходящее.

Зонд они запустили как раз вовремя. Еще немного — и могли бы не увидеть, как закончил свое существование неведомый противник. Носовые и кормовые огни корабля замигали в какой-то немыслимой пляске, после чего замерли, и он исчез в гигантском взрыве. Хотелось бы надеяться, что в последнем взрыве на ближайшее время в данном районе космоса.

— Трофимыч, ты не находишь, что в этом есть глубокий философский смысл? — спросил Кэп. — Все может быть совсем не таким, как кажется, и охотник может оказаться жертвой. Как все перевернулось. Кто бы мог подумать.

— Может, зря мы с ними так круто? Раз — и три корабля с разумными существами отправили в небытие.

— Были бы они разумными, не стреляли бы сразу в первого встречного, а попробовали бы сначала поговорить. Так что не переживай, старина, наша совесть чиста.

— Да я понимаю, но все равно печально.

Вот и пойми нас, людей. Только что думали, как не погибнуть самим, а в следующую секунду уже сожалеем о погибших агрессорах. Нет, печально, конечно. Посидели бы, поговорили. Может, и нашли бы общий язык. Если, конечно, такой орган присутствует у неопознанных существ. Посмотреть бы, как они выглядят. Что у них, собственно, присутствует из знакомых нам частей тела? Руки, ноги, лапы, хвост? Чего точно у них излишек, так это агрессивности. А чего нет, так это желания мирно общаться со встречными. Печально.

— Я поместил больных в стационар, — доложил Иржи.

Он вернулся обратно в рубку, вызвав у капитана вполне понятное недовольство.

— Иржи, себя ты тоже должен был поместить в стационар.

Пусть он доктор, но сейчас тоже нуждается в медицинской помощи. Доктора ведь тоже болеют, как это ни прискорбно.

— А за вами кто будет наблюдать? — удивился Иржи.

— Чего за нами наблюдать, мы не маленькие. И потом, как больной доктор может лечить больных пациентов?

— Доктору виднее, кто здесь пациент.

Самое интересное, что и не поспоришь. При желании можно было отправить Иржи в медпункт принудительно, но заставить его пренебречь своими обязанностями медика — это слишком уж жестоко, все равно что выбить из-под ног опору, подпилить тот стержень, что позволяет не унывать и держаться в трудных ситуациях.

Иржи обследовал Кэпа и Трофимыча принесенным им из медпункта переносным сканером, посмотрел на покрасневшие глаза, проверил пульс. После чего доктора все же удалось отослать в медпункт, правда, для этого пришлось пообещать явиться в лазарет, как только кто-нибудь другой сможет заступить на вахту.

Беда с этими медиками. Иржи можно понять, он заботится о здоровье экипажа. Вот только рубку покинуть всем сейчас никак невозможно. Слишком непростая сложилась ситуация, в любой момент могут потребоваться активные действия экипажа.

Метеорологический спутник завис на противоположной от «Легаса» стороне астероида. Рискованно, конечно. При таком плотном скоплении летающих камней один из них может повредить спутник, у него же нет метеоритной пушки, и маневровые двигатели не очень сильны. Что поделать, информация была важнее. Локаторы «Легаса» не могли сами уловить то, что делается за большой каменной глыбой, к которой пришвартовался разведчик.

— Эх, попробовать бы собрать то, что осталось от взорванных кораблей, — предложил Трофимыч.

— Вряд ли там осталось что-то ценное. Взрывы были такой силы, что все разметало на мелкие осколки. И потом, как искать? Тебя я не отпущу, и не проси. А в автоматическом режиме катер в такую сутолоку отправлять бесполезно. Недолго он налетает. Это не «Легас» — рассчитать курс в такой сложной и постоянно меняющейся обстановке управляющий компьютер катера просто не сможет.

— Да. Но и упускать возможность узнать о наших противниках хоть что-то тоже не хотелось бы. — Механик был опечален, такой случай не повторится.

— Что поделаешь. Вот Иржи тебя подлатает, тогда слетаешь, посмотришь на то, что там осталось от этих чужаков.

— К тому времени обломки разлетятся по всему астероидному полю, и тогда уже ничего не найдешь. Надо действовать сейчас. Сейчас-сейчас.

Это «сейчас-сейчас» показалось Кэпу каким-то слишком уж подозрительным.

— Трофимыч, ты чего там опять мудришь?

— Есть у меня одна идея. Если отправить катер на автопилоте, а данные по маневрам передавать с «Легаса»... Геологический спутник сканирует пространство, центральный компьютер «Легаса» обрабатывает информацию и отправляет на катер рекомендации по маневрам. Можно еще один спутник запустить, чтобы сканировать пространство с двух точек.

— Запустить второй спутник предпочтительнее. Картина движения астероидов будет более полной, — вмешался корабельный компьютер.

— Вот ведь! Железяка — и та понимает всю полезность такой экспедиции.

— Довожу до вашего сведения. Я состою из следующих элементов: кремний, платина, лаопрен, искусственные минералы и так далее. Содержание железа — три десятых процента. Название «железяка» некорректно, поскольку не отражает сути.

— Тем более, — согласился механик.

— Трофимыч, ты на корабельный компьютер стрелки не переводи. Понятно, что с двух спутников можно получить более полные данные, чем с одного. Вот только где гарантия, что их не побьет камнями, пока они эти данные собирают?

— Такой гарантии нет, — отозвался механик. — Ты думаешь, мне спутник не жалко? Но здесь такой случай...

Капитан немного подумал, прикидывая шансы. Случай действительно был заманчивый.

— Ладно, запускай второй спутник и готовь катер к автономному полету для сбора всего, что летает в близлежащем пространстве и не является камнем. Может быть, действительно выловим что-нибудь стоящее.

— Это я мигом!

Трофимыч, покачиваясь и придерживаясь рукой за стены, отправился в технический модуль. Вот неугомонный! Ему бы сейчас в лазарет, а он снаряжает катер собирать инопланетные железки.

— Трофимыч, ты как, дойдешь? — спросил вслед Кэп.

— Дойду-дойду. Еще как дойду. Может, выловим уцелевший агрегат от кораблей этих неизвестных существ!

Все-таки Трофимыч был прирожденным механиком. А отыскать что-нибудь интересное и в самом деле не помешало бы. Чем больше знаешь о предполагаемом противнике, тем лучше. Тем более что в исследованном брошенном лагере все самое ценное было демонтировано, оставалась лишь пустая оболочка брошенной секции. Все самое интересное из того, что было на брошенной стоянке чужих, находилось в трюмах «Легаса». Пусть ученые на Земле изучают образцы сплавов и прочее. Вот только все это было из разряда объектов второстепенных, позволяющих составить лишь косвенную картину технического развития и культуры неизвестных.

Через полчаса катер отправился в путь. Второй спутник уже висел на противоположной стороне астероида, позволяя «Легасу» отслеживать движение всех космических тел. Программа автопилота катера была настроена на то, чтобы воспринимать подсказки с «Легаса». Сбор образцов — дело для космических разведчиков привычное. Только сейчас в этом качестве должны были выступать не полезные ископаемые, а детали инопланетной техники, если такие детали будут обнаружены. С этим, собственно, и была связана отсрочка вылета — с перепрограммированием катера на сбор образцов совсем иного рода.

— Эх, нахватает всякого барахла, — ворчал Трофимыч.

Внятно объяснить за полчаса компьютеру катера критерий сбора образцов не так-то просто. Тем более что механик и сам не слишком-то хорошо понимал, как должны выглядеть собираемые объекты. Самому бы полететь! Но зрение до сих пор не восстановилось полностью, и остальные показатели самочувствия тоже оставляли желать лучшего.

— Надеюсь, ты соберешь и что-нибудь интересное, — сказал Трофимыч и покинул швартовочный шлюз.

Катер сделал несколько рейсов, обшарив все ближайшие окрестности. Трюм у катера был невелик, быстро похватав манипулятором все, что попадало под утвержденный алгоритм, он спешил к «Легасу» чтобы разгрузить содержимое. Оказалось его на удивление мало.

«И это все, что осталось от трех кораблей?» — Трофимыч смотрел на гору непонятной рухляди. Из последнего рейса катер вернулся полупустым. Когда он уже швартовался, по громкой связи механика вызвал Кэп.

— Все, старина, закругляйся. Только что случайной каменюкой разнесло один из наших спутников. Сворачиваем поиски. Пусть катер заберет разбитый спутник, сам он вернуться не сможет. Всего не собрать в любом случае, слишком далеко разлетелись обломки.

На то, чтобы наблюдать за стороной, обратной той, на которой пришвартовался к астероиду «Легас», хватит и одного оставшегося спутника. А операция по сбору образцов? Что ж, будем считать, что она прошла с наименьшими потерями, которые были возможны.

Корпус «Легаса» порой сотрясала мелкая дрожь. Астероид, к которому он пришвартовался, был относительно велик — несколько десятков километров в диаметре. Время от времени он сталкивался с камнями поменьше, что и вызывало вибрацию. Не беда, лишь бы он не столкнулся с камнем, близким к нему по размерам. Вот для того, чтобы вовремя заметить такую опасность, хотя бы один спутник был просто необходим на противоположной стороне.

Разбираться с выловленным добром не стали, оставив это дело на потом.

— Трофимыч, ты в рубку идешь? — поинтересовался Кэп по громкой связи.

— Не сейчас. У меня здесь еще дела.

— Какие дела? Скоро Иржи появится.

— Вот поэтому и некогда. А то что же получится: мы пойдем отдыхать, сил набираться, а «Легас»? Нет, пока не составлю программу ремонта, я отсюда никуда.

Позаботиться об общем доме, которым долгие месяцы полетов для экипажа был корабль, механик хотел в первую очередь.

Часов через пять, закончив минимум восстановительных процедур, Иржи достал Вячеслава из лечебной капсулы, и они вдвоем появились в рубке. Иржи был измотанный и уставший, а Вячеслав чувствовал себя вполне сносно. Правда, ему еще требовалось пройти пару сеансов сна в восстановительной капсуле, но это мелочи по сравнению с тем, что было до лечения. Сам Иржи в капсулу так и не попал, следил за тем, как идет лечение пациентов. Хуже всего обстояли дела у Ники. В сознание она так пока и не пришла, что Иржи, как доктора, не могло не беспокоить.

— Разрешите заступить на вахту, Кэп? — поинтересовался Вячеслав.

— Заступай, конечно. Пока все спокойно, без изменений.

Ну да, все было спокойно, если можно назвать таким словом нахождение посреди астероидного поля, когда вокруг летают каменные глыбы, и пару раз за дежурство приходилось пускать в дело метеоритную пушку, чтобы расстрелять близко подлетевшие к кораблю.

— А нам пора. У нас с доктором еще одно дело. Надо вытащить Трофимыча из ремонтного отсека, — сказал Кэп, выходя из рубки.

— А что с ним? Он где-то застрял? — взволновался Вячеслав.

— Еще как застрял. Составляет программу ремонтных работ для восстановления «Легаса». И чувствую, еще долго будет составлять, если его не отвлечь.

Оторвать механика от доводки уже составленной программы удалось с трудом. Лишь когда Кэп с доктором пообещали, что потащат его силой, он печально вздохнул и согласился пройти в лазарет, взяв с Вячеслава обещание, что он проследит за ходом ремонтных работ.

Мог бы и не спрашивать. Оставаясь на вахте, Вячеслав отвечал за все происходящее на «Легасе», в том числе и за ход ремонта. Тем более что он оставался на дежурстве один, что в трудных ситуациях случалось нечасто.

— Как там профессор? — поинтересовался Кэп по пути в лазарет.

— Пока не пришла в себя, состояние тревожное. Надеюсь, длительный сон в восстановительной капсуле пойдет ей на пользу.

— Будем надеяться на лучшее. Она так радовалась, что ей удалось принять участие в исследованиях неизвестного лагеря.

— Конечно, поправится, — заверил Иржи, посмотрев на печального механика.

— Ты нам программу лечебных процедур по минимуму устанавливай. Нам только немного подлечиться, и надо убираться отсюда. Долечиваться будем потом, — инструктировал Кэп.

— Залезайте. Доктор лучше знает, какую программу необходимо выбрать для вашего лечения.

Иржи проследил за тем, как капсулы с Кэпом и Трофимычем закрылись и автодоктор медленно погрузил их в лечебный сон. Вздохнув, Иржи немного подумал, выбирая между кратким курсом, который подсказывала необходимость, и длительным, к которому его призывала медицинская этика. Выбрал среднее, поставив на таймере время восстановления — семь часов.

Хотелось бы больше. Но время действительно катастрофически поджимало. На вахте оставался один Вячеслав. И ладно бы, если дело происходило в открытом космосе и в штатной ситуации, а не в метеоритном поле, когда опасность может появиться в любой момент и надо будет принимать решительные меры для спасения корабля и экипажа.

5

Вячеслав, заступив на вахту, не стал терять времени даром. Он быстро просмотрел запись хода работ по сбору образцов инопланетной техники, точнее, ее осколков, затем пролистал вахтовый журнал, отметив гибель спутника и двойное использование метеоритной пушки, и задумался.

Судя по всему, до того, как весь экипаж придет в рабочее состояние, пройдет не один час. Вячеслав заглянул в график ремонта. До окончания работ было более одиннадцати часов. Стартовать до этого времени было неразумно. Надо было что-то предпринять, чтобы максимально обезопасить корабль от случайного столкновения с астероидом большого размера.

Думай, Слава, думай. Генератор гравитационного поля применять опасно. Кто знает, не получил ли он повреждения от перегрузок. Нет, здесь без Трофимыча никак. С таким сложным и непроверенным оборудованием пусть он разбирается. И потом, можно ли это самое оборудование использовать, будучи пришвартованным к астероиду? К чему это приведет? Такой вариант не годится.

Для выполнения однотипной задачи разные люди используют различные пути, как это ни странно звучит на первый взгляд. Цель-то одна. Например, спуститься с горы. Но решения разные. Один, не мудрствуя лукаво, пойдет пешком — вниз идти легко. Просто? Пожалуй, но не слишком эффективно. Можно скатиться с горы. Тот, кто сумеет, сделает санки или использует лыжи. Другой спустится на парашюте или дельтаплане. Дело выбора, который зависит от возможностей и умений человека. Этот пример, пожалуй, не слишком показателен. Возьмем задачу — сделать машину более безопасной. Один человек предложит сделать ее корпус более прочным, другой — усовершенствовать двигательную установку, третий — использовать новое, более качественное топливо. О чем, собственно, речь? О том, что химик не будет искать выход в механике, а механик в электронике. Каждый предпочтет свой путь решения проблемы, тот, который ему ближе.

К решению вопроса противометеоритной безопасности Вячеслав подошел так, как подсказывал ему его профессиональный опыт. Он начал с того, что решил систематизировать возможные опасности и методы борьбы с ними.

Сама опасность была одна — летающие в окружающем пространстве камни. А вот камни были разные. Слава условно поделил их на мелкие, средние и крупные.

Мелкие не доставляли проблем — метеоритная пушка «Легаса» легко с ними справится, а те, что упадут на астероид со стороны, «Легасу» недоступной, неопасны. Иное дело — камни среднего размера или, не дай бог, крупные. От них можно ожидать серьезных неприятностей.

«Прежде всего — больше информации», — решил Вячеслав и запустил еще один метеорологический спутник — последний из имеющихся на борту. Трофимыч расстроится, если с ним что-нибудь случится, но что поделаешь, не тот сейчас случай, чтобы экономить. Сберегая малое, можно потерять все. Ворчание Трофимыча можно и пережить, а вот если не получить вовремя информацию об угрозе столкновения с другим астероидом, неприятности могут быть куда больше. Взвесив все «за» и «против», спутник Вячеслав все же запустил, а затем вызвал центральный компьютер корабля.

— Мне срочно нужны данные по загруженности центрального процессора. Какие задачи на контроле?

— Контроль внешнего пространства, контроль хода восстановительных работ, контроль состояния всех основных систем корабля, включая работу оранжереи, — центральный компьютер корабля отозвался сразу. О чем еще ему и знать, как не о выполняемых задачах.

— Все ресурсы переключить на локацию системы и анализ движения астероидов. Предупреждать об объектах, движущихся опасными курсами, как можно раньше. Остальные работы оставить на автономные системы, подключаться только в случае получения от них тревожного сигнала, — отдал распоряжение Вячеслав.

Не очень популярное решение. Двойной контроль всех систем установлен на корабле неспроста. Для большей надежности. Но сейчас раннее предупреждение об опасности может быть жизненно важным, лишние секунды могут ой как пригодиться для принятия мер противодействия.

Кстати, о мерах. О них следовало подумать заранее. Ситуация, в которой оказался «Легас», не была предусмотрена ни в одной инструкции. Так бывает. При всем богатстве набора возможных происшествий и рекомендаций к ним случаются время от времени и такие, которые заранее представить трудно. Вот и приходится выкручиваться, используя то, что есть под руками. Что поделать — дальний автономный поход.

Вячеслав оставил рубку. Делать этого не рекомендовалось, но как быть, на дежурстве он один, а посетить транспортный отсек было просто необходимо. Если что-то случится, комп подаст сигнал тревоги. Слава решил подготовить к вылету катер, загрузив в него все, что необходимо на случай встречи с крупным астероидом. Лучше бы, конечно, все это не пригодилось. Ничего, пусть катер постоит в готовности к вылету. Если не понадобится, можно будет его и разгрузить.

Приготовления не оказались напрасными, пригодилось, Слава как в воду смотрел. Часа через три после начала дежурства от центрального компьютера поступил сигнал тревоги.

— Предупреждаю о потенциальной опасности! — объявил управляющий модуль корабля. — Уровень опасности — оранжевый. Курсом, пересекающимся с объектом, к которому мы пришвартованы, движется астероид. Диаметр по среднему счислению около семи с половиной километров. Вероятность столкновения — девяносто восемь процентов. Время до столкновения — четырнадцать минут. Использование противометеоритной пушки неэффективно.

Ну вот и пригодился приготовленный в катере сюрприз. Разумеется, такую глыбу лазером не разрушишь. Вячеслав вызвал технический отсек и отдал автопилоту катера команду на выполнение ранее запрограммированной задачи.

Изумительный все-таки корабль — «Легас». Если все продумать заранее, с ним и всем вспомогательным оборудованием какое-то время может управляться и один человек. Большего и не надо, дождаться бы, пока остальные члены экипажа придут в норму.

Катер стартовал и, получая курс следования от центрального компьютера корабля, устремился к опасному для людей астероиду. Сделал парочку оборотов, транслируя со своих камер наблюдения картинку огромной каменной глыбы с близкого расстояния в рубку «Легаса», и совершил посадку в районе, выбранном Вячеславом. Место было выбрано неспроста. Во-первых, это был относительно ровный участок, а во-вторых, он располагался под тем углом к курсу, который был необходим.

Насчет угла все было не так просто, но об этом чуть позже. Катер открыл грузовой трюм, и оттуда резво выбежал горный робот, таща на себе заряды для направленного взрыва, которые обычно используются в геологоразведке. Удобная вещь, одним таким взрывом сметает грунт до тридцати метров в глубину. Именно такие заряды и устанавливал горный робот на поверхности опасного астероида, работа для него привычная. Непривычным было то, что установить требовалось сразу пять зарядов недалеко друг от друга. Здесь задача была другая — совсем не геологоразведка.

Взрыв пяти направленных геологоразведочных снарядов — сила немалая. Правда, даже им не под силу раздробить семикилометровую каменную глыбу, но этого и не требовалось. Зачем ее, собственно, дробить? Зачем усложнять себе задачу? Вполне достаточно изменить траекторию движения астероида на несколько градусов так, чтобы он разминулся с «Легасом». А там пусть себе летит, куда ему вздумается, целиком или по частям, не имеет значения. Вот для этой-то цели и должен послужить направленный взрыв — придать каменной глыбе боковое ускорение. Вот почему был важен угол, под которым эти заряды требовалось установить.

Горный робот, справившись с задачей, быстро забежал в трюм, и катер стартовал. Такие роботы тем и хороши, что передвигаются по сильно пересеченной местности без особого труда. В случае необходимости горный робот может ползти даже по вертикальной стене и при этом тащить на себе груз и выполнять массу нужных и полезных работ.

Катер, не теряя времени, ведомый командами с «Легаса», вернулся в транспортный ангар.

— Ну что, пора, — сказал Вячеслав самому себе, поскольку в рубке никого больше не было.

Активировать заряды — секундное дело. Взрыв получился впечатляющим. Не такой, как взрывы вражеских кораблей, но вполне солидный. Во все стороны брызнули осколки камня, многие из них весили несколько тонн. Но это было не главным. Слава с нетерпением ждал информации об изменении курса основной массы астероида. Время словно замедлилось. Лоб Вячеслава покрылся испариной, а предательская мысль о том, что расчет мог быть неверным, так и норовила выскочить из глубины сознания. Мысль Вячеслав отогнал, но объявление центрального компьютера услышал с большим облегчением. Всего-то двадцать четыре секунды ожидания, а казалось, что прошла целая вечность.

— Угроза столкновения миновала. В лоцируемом участке космоса астероидов, движущихся опасным для нас курсом, нет.

Удалось! Метеоритная пушка сработала пару раз, уничтожая отколовшиеся от глыбы мелкие осколки, но это так, ерунда. Дело житейское. Да, такой тревожной вахты никому не пожелаешь. С облегчением выдохнув, Вячеслав удобнее расположился в кресле. Его дежурство еще не закончилось. Впрочем, оставшиеся часы вахты прошли относительно спокойно. Несколько раз метеоритная пушка сбивала мелкие осколки камня, ничего опасного больше на горизонте не появилось. Вячеслав сверился с ходом ремонтных работ — они шли по графику, так что когда в рубке появились Кэп и Трофимыч, он с чистой совестью отрапортовал о том, что все в порядке.

Ворчать Трофимыч не стал. Оправданность использования еще одного спутника была очевидной. Посмотрев записи бортового журнала, они с Кэпом поздравили программиста с тем, как он удачно расправился с астероидом, заставив своего друга немного покраснеть от смущения. Рассказывать о своих сомнениях и секундах, которые были, пожалуй, самыми длинными в его жизни, Вячеслав не стал, как и о том, какое облегчение он испытал, увидев их наконец в рубке. Три человека из экипажа — это совсем не то же самое, что один. И со всеми трудностями вместе справиться легче, и беда, поделенная на три, — это лишь треть беды.

— Слава, капсулы свободны. Может, пойдешь долечиваться? — спросил Кэп.

— Я лучше с вами посижу.

Говорить о том, что сковывающее его во время всего дежурства напряжение только-только начинает понемногу уходить, он не стал. Побыть с друзьями для него было сейчас куда более важно, чем оставшиеся медицинские процедуры.

— Посиди, конечно. Только с вахты мы тебя сменили. Просто побудь за компанию, а как посчитаешь нужным, отправляйся к Иржи в медпункт.

Кэп понимал все без слов. Механик тоже кивнул. Годы совместной работы и дружба сделали свое дело.

Трофимыч, познакомившись с обстановкой, заторопился лично проверить ход ремонтных работ. Пообещав быть на связи, он умчался проверять качество соединений на вновь устанавливаемой переборке. Потом он собирался заглянуть в секции холодильников и к поврежденному шлюзу. В общем, программа у него была обширная. Если Трофимыч брался за дело, за качество ремонта можно было быть спокойным на двести процентов. Кэп решил его без необходимости не беспокоить — починиться надо было как можно быстрее, а в рубке он пока и один справлялся. Да и Вячеслав для компании пока остался там. Отдыхать отдыхает, но в случае чего поможет.

За окружающим пространством центральный компьютер корабля следил во все глаза — видсокамеры и локаторы. Свои и метеорологических спутников. Если что-то подозрительное появится на горизонте, тревога будет поднята незамедлительно. Чтобы не терять времени даром, Кэп решил заняться тестированием вспомогательного оборудования, находящегося в рубке. Резкие перегрузки могли пойти ему не на пользу, вызвав мелкие поломки и сбои в программе. А обнаружить во время полета неисправности в той же навигационной системе — сюрприз, совсем никому не нужный.

Кэп проверил почти все оборудование, устранил несколько мелких неполадок, когда сигнал тревоги привлек его внимание. Лишь взглянув на характеристики угрозы, Кэп поспешил к линии громкой связи. Это было серьезно, это было более чем серьезно.

— Трофимыч, бросай все и немедленно беги в рубку. Да, и по дороге подумай, можем ли мы стартовать прямо сейчас.

— Что, дело так плохо? — отозвался механик.

— Хуже, чем ты можешь себе представить.

6

Из глубины астероидного поля медленно надвигалась каменная глыба просто невообразимых размеров. Раза в полтора больше той, к которой пришвартовался «Легас».

— И что, этот астероид летит на нас? — Механик появился быстро, и, как он смог убедиться, совсем не зря.

— По оценкам центрального компьютера, вероятность столкновения — девяносто девять процентов. Сам понимаешь.

— Такого мамонта зарядами для направленного взрыва не завернешь. Да и не слишком много у нас их осталось. — Трофимыч озадаченно почесал голову.

— Так что со стартом, старина? Не пора ли нам уносить ноги?

— Плохо со стартом. В межсекционной переборке обнаружились новые трещины. Если взлетим сейчас, не укрепив ее, она может полностью разрушиться, а это чревато большими проблемами. И потом, резкие маневры в астероидном поле пойдут не на пользу работе капсул медицинского восстановления.

— Да, это серьезно. И что же делать?

— Сколько у нас есть времени?

— Примерно двадцать семь минут до столкновения.

— Если ничего не придумаем, через семнадцать минут будем взлетать.

Секунд пятнадцать в рубке стояла гнетущая тишина. Тяжесть этого решения буквально давила на плечи Кэпа и Трофимыча. Вячеслав к этому времени отправился в медицинскую капсулу для окончательного восстановления здоровья, так что в рубке друзья оставались вдвоем.

— Может, попробуем использовать гравитационный генератор? — предложил Кэп.

— Будучи пришвартованными к астероиду, запускать гравитационную волну очень опасно. Генератор не проверен, настройки его могли сбиться. И потом, у нас мало времени на то, чтобы его запустить и вывести на нужную мощность.

Даже одной из этих причин вполне могло бы хватить на то, чтобы отказаться от использования гравитационного генератора. Не такая уж он, оказывается, и панацея. Полезен, очень полезен, но только в определенных условиях.

— А если в экстренном режиме отключить восстановительные капсулы?

Это Кэп, конечно, не всерьез. Он не хуже Трофимыча

понимал, как опасно останавливать восстановительные капсулы в экстренном режиме, лучше уж рискнуть и стартовать с работающими капсулами. К тому же профессор Зелинская до сих пор оставалась без сознания, и отключать ее капсулу...

— Нет, способ, который использовал Вячеслав, нам вполне сгодился бы. В самый раз. Вот только надо рвануть что-то гораздо более мощное.

— Думай, старина, думай. Если ты не придумаешь, то не придумает никто.

— Да что здесь думать-то, — отозвался Трофимыч спустя минуту, — это должно быть что-то очень энергоемкое. Из того, что имеется у нас под рукой, есть только один вариант, и он тебе не понравится.

— Топливо?

— Именно. Более энергоемкого вещества на «Легасе» нет. Можно отбуксировать запасной контейнер с топливом и подорвать его с помощью заряда направленного взрыва. Вот только принять такое решение должен капитан. Оставшегося топлива нам может не хватить на то, чтобы вернуться на Землю.

— Компьютер, срочно рассчитать вариант подрыва около встречного астероида цистерны с топливом, — отдал распоряжение Кэп.

Ответ последовал через несколько секунд.

— Силы взрыва будет достаточно, чтобы изменить траекторию движения астероида. Оставшегося топлива не хватит для того, чтобы вернуться на Землю.

Вот и пришел тот час, когда капитан должен вспомнить о том, что он капитан. Непростой выбор. Уходить прямо сейчас, рискуя повредить корабль и нанести вред здоровью своих друзей, или довести ремонт корабля и лечение людей до конца и остаться без достаточного запаса топлива. Придется выбирать. Тяжела ноша капитана.

Кэп сидел в кресле мрачнее тучи. Спросить совет у Трофимыча? Нет, это должно быть его собственное решение, и не стоит его перекладывать на чужие плечи.

Часы отсчитывали секунды, оставляя все меньше времени. Наконец капитан посветлел лицом и отчаянно махнул рукой:

— Давай, старина, взрывай топливо.

Трофимыч облегченно вздохнул. Будь иначе, он не смог бы честно смотреть Кэпу в глаза. Он и так виноват перед Никой, а если еще внести сбой в работу ее капсулы неожиданным стартом... И «Легас» тоже ни в чем не виноват. Корабль — он почти живой, и любая его неисправность как рана для этого большого и доброго существа.

— Я надеялся, что ты выберешь этот вариант. А с топливом мы что-нибудь придумаем. В крайнем случае, попытаемся дотянуть до какой-нибудь колонии.

Трофимыч отправился приводить в действие предложенный им план.

Роботы бегали на максимально возможной скорости, освобождая от креплений запасной контейнер с топливом. Еще бы, у Трофимыча простои запланированы не были, особенно в такой ситуации. Заскочив в катер, механик открыл шлюз и отправился в свое опасное путешествие к встречному астероиду. Контейнер с топливом пришлось тащить на буксире, в грузовой трюм катера он просто не поместился.

Центральный компьютер «Легаса» выдавал предупреждения о небольших обломках, движущихся опасными для катера курсами. Несмотря на это, полет был на грани возможного. Тяжелый контейнер сильно затруднял маневры.

— Как ты, старина? — вызвал Кэп Трофимыча.

— Нормально. Никуда эта каменюка от нас не денется.

О том, что пот заливает глаза от напряжения, Трофимыч промолчал. Он обошел несколько каменных глыб и проделал почти половину пути.

— Ой, е! Извини, Кэп, не успеваю.

Обогнув очередной астероид около километра в диаметре, Трофимыч встретился с небольшим камнем несколько тонн весом, летящим прямо на катер. До столкновения оставалось не более десяти секунд. Трофимыч отжал рукоятку управления вниз до упора. Медленно, слишком медленно. Тяжелый контейнер сковывал маневренность, не позволяя уйти из зоны поражения.

— Трофимыч, бросай контейнер! — закричал Кэп. Он тоже прекрасно видел на мониторах, что катер не успевает закончить маневр. — Бросай его, уходи сам, слетаешь за другим!

— Нет, капитан. Прости, если что. За другим уже не успеть.

Трофимыч дал катеру самую полную тягу, пытаясь уйти от столкновения на форсаже.

— Ну, тогда и ты извини, на всякий случай. Да, и глаза закрой.

Залп из метеоритной пушки «Легаса» прошел по касательной с катером, опалив его поверхность и срезав край стабилизатора. Встречный метеорит исчез во вспышке взрыва, осыпав катер мелкими осколками.

— Старина, ты жив? — вызвал Кэп Трофимыча через пару секунд.

— Скорее жив. Вот только верится в это с трудом. Ну и напугал ты меня.

— Знал бы ты, как я сам испугался. Ты извини меня, ладно? Пришлось пальнуть совсем рядом с катером, иначе в метеорит было не попасть.

— О чем речь. Похоже, ты меня спас. Я думал, что уже все, не вытяну.

— Насчет «спас» или «не спас», так это ты нас всех сейчас спасаешь. Удачи тебе, старина.

— Швартуюсь, — сообщил Трофимыч через минуту.

— Жду тебя на борту.

Манипулятор катера установил на поверхности астероида контейнер с топливом. Горный робот выбежал из трюма и принялся крепить контейнер к поверхности. Гравитация на астероиде совсем небольшая, и какой-нибудь случайный толчок может отбросить драгоценный груз в сторону. Вбив гидроударом костыль, робот закрепил к нему альпинистскую ленту и, перебросив ее через контейнер, сделал то же самое с другой стороны. Работа заняла всего несколько секунд. Закрепив контейнер, робот установил рядом с ним заряд направленного взрыва и быстро забежал в грузовой трюм катера.

Медлить Трофимыч не стал. Лишь только закрылся шлюз, механик отправился в обратный путь. Это было совсем другое дело. Без дополнительного груза катер шел привычно легко, выполняя все требуемые маневры.

— Кэп, все в порядке, заряд установлен. Как только отойдем от астероида, можешь его подрывать, — вызвал капитана Трофимыч.

— Время еще есть, лучше подожду, пока ты вернешься.

Капитан считал секунды. Мысленно он торопил механика, разумеется, не говоря этого вслух. Как только шлюз закрылся, принимая катер на борт, Кэп послал сигнал, активирующий заряд. Вот это взрыв получился! Его можно было сравнить с тем, в котором погибли корабли неизвестных преследователей. Топливо для космических кораблей — очень энергоемкая субстанция, и взрывается оно тоже весьма впечатляюще. Правда, оно довольно стабильно, не боится ни толчков, ни тряски, ни маневров, но взрыв геологоразведочного направленного снаряда все же высвобождает заложенную в нем энергию. Не всю, в двигателях корабля топливо используется гораздо эффективнее, но и той энергии, что высвобождается при взрыве, более чем достаточно.

— Как дела? — Запыхавшийся Трофимыч вбежал в рубку.

— Порядок. Так рвануло, что я удивился, как этот астероид вообще не раскололся. Впрочем, несколько крупных кусков от него все же откололись, не считая множества мелких, но все они следуют неопасными для нас курсами.

Не успели Кэп с Трофимычем облегченно вздохнуть, как их вновь немало озадачили.

— Спектральный анализ обломков показывает наличие липиния. — Казалось, корабельный компьютер и сам был немало удивлен, если компьютеры вообще могут удивляться.

Кэп и Трофимыч посмотрели друг на друга и расхохотались. Устало и рассеянно. Кристаллы липиния были чрезвычайно редки. Встречались они только среди астероидов, точнее, в их недрах, а потому стоили неимоверно дорого.

— А может, ну его, этот липиний? — спросил механик.

После только что пережитых событий вновь куда-то лететь ему совсем не хотелось.

— Ребята расстроятся, — сказал Кэп, немного подумав.

Да, за такую находку всех их ожидала премия очень немаленькая. Правда, еще на Землю вернуться надо, а с этим теперь будут проблемы. Но липиний-то — вот он, рядом! Стоит только руку протянуть. Вздохнув, механик поднялся из кресла. Никогда бы он не подумал, что так неохотно будет собирать кристаллы этого ценнейшего из минералов.

— Трофимыч, подожди. Ты, это, сам не летай. Хватит с нас уже на сегодня приключений. Катер запрограммируй.

— Увы, не получится. Было бы у меня полдня в запасе. В катере спектрографа нет. Правда, он есть у горного робота, но увязать его с управлением катером — задача долгая. Потом еще надо сеть раскинуть и отфильтровать мусор. В общем, быстро настроить, чтобы все это происходило в автоматическом режиме, не выйдет. Придется все-таки лететь.

— Постой. Давай тогда я полечу. И не спорь. Ты уже и так сегодня полетал отменно. Считай это моим капитанским распоряжением.

Спорить Трофимыч не стал. Он занял место в кресле и выдохнул с облегчением. Что правда, то правда, впечатлений от экстремальных полетов он сегодня получил с избытком.

Кэп облачился в скафандр, чтобы при необходимости

иметь возможность выйти в космос, и отправился в ангар, где стоял катер.

— Пока ты собираешься, я отсканирую места расположения липиния и сброшу на твой планшет. Да, и не забудь взять с собой горного робота, он поможет тебе отыскивать кристаллы, — напутствовал механик своего друга и командира.

Для экономии времени собрать липиний решили вручную, пока он не разлетелся по всему астероидному полю. Тогда уже точно без сети не соберешь. Мог ли подумать о таком Кэп, когда пришел на службу в дальнюю космическую разведку? Нет, вряд ли. Он даже представить себе не мог, что будет собирать миллионы, как грибы в лесу, и складывать в кошелку. Разумеется, кристаллы придется сдать, они косморазведчики, а не свободные охотники. Но все равно находка радовала, да и на вознаграждение космическая разведка в таких случаях не скупилась. Не меркантильности ради все они подались в дальнюю космическую разведку, для получения прибыли есть более легкие пути, но если выдался такой случай, почему не порадоваться? Или хотя бы собрать кристаллы, которые лежат под ногами.

Поиск липиния решили начать с большого обломка астероида. Спектрограф определил на нем не менее пяти мест расположения ценных кристаллов. Горный робот следовал впереди. Его сканер был настроен на поиск липиния. Кэп плыл над поверхностью астероида, управляя двигателем скафандра.

Робот уверенно выдерживал направление, перебирая всеми восемью лапами. Перебравшись через несколько расселин, он остановился на открытом участке. Кэп приземлился рядом. Отрегулировал двигатель скафандра так, чтобы немного прижимало к астероиду, он пошел, внимательно рассматривая скальную поверхность под ногами.

Их было сразу три — небольшие зерна, формой и размерами напоминавшие тыквенные семечки. На вид совсем невзрачные, не идущие ни в какое сравнение с ограненными бриллиантами. Но стоили они на порядок дороже. Кристаллы липиния были просто незаменимы в некоторых областях техники, например в вычислительных системах нового поколения.

Наклонившись, Кэп поднял кристаллы и убрал их в нагрудный карман. Обыденность этого небольшого чуда была как-то неестественна.

— Трофимыч, ты слышишь меня? — вызвал он рубку.

— Слышу. Что-то случилось?

— Скажи что-нибудь торжественное.

— Ты же знаешь, я не мастер говорить. — Трофимыч вполне понимал Кэпа. — Ну, ладно. Пусть эти кристаллы станут нашим скромным вкладом в развитие Земли. Так пойдет?

— Вполне. По крайней мере, это самая торжественная речь, которую я слышал в твоем исполнении. Ладно, пойду посмотрю, что там в остальных местах, отмеченных на плане.

Горный робот, повинуясь команде, двинулся дальше, и Кэп, включив тягу скафандра, последовал за ним. Так передвигаться в этой сильно пересеченной местности гораздо легче.

Неплохой выдался улов. На этом астероиде Кэп собрал одиннадцать зерен. А впереди еще оставались обломки поменьше. Сверившись с планшетом, Кэп отправился к следующему месту, отмеченному на плане, а за ним — еще к одному. Продолжалось это часа полтора. Опасные маневры в астероидном поле, затем швартовка, поиск кристаллов и снова в путь.

— Трофимыч, там что-нибудь еще осталось? Что спектрограф показывает? — спросил он, когда все точки, отмеченные на планшете, были пройдены.

— Можно сказать, что мы собрали все. Есть еще несколько камней не у астероидов, а дрейфующих прямо в космосе, должно быть, их отбросило взрывом. Но найти их без специального оборудования будет очень трудно.

— Раз так, то не будем тратить на них время. И так улов просто отличный — двадцать семь кристаллов.

— Возвращайся скорее, у меня здесь одна мысль появилась.

Трофимыч переключил сообщения от центрального компьютера на громкую связь, если что-то случится, то тот подаст сигнал, а сам отправился встречать Кэпа в транспортный ангар.

Капитан выглядел довольным и почти счастливым. Почти, потому что перспективы их до сих пор оставались неясными. Но почему не порадоваться тому, что есть на данный момент? Конечный результат — это такая вещь, о которой можно будет говорить еще нескоро.

— Что ты придумал, старина? Выкладывай.

— Хочу отправить наш катер еще в один небольшой полет.

Посмотрев на враз погрустневшего Кэпа, Трофимыч поспешил пояснить:

— На этот раз катер можно будет отправить автономно, задание простое, из числа стандартных. К тому же я готов поспорить, что капитан, подумав, за его выполнение как минимум объявит мне благодарность.

Кэп посмотрел заинтересованно. Что это за задание такое, что за его выполнение он благодарность должен объявить?

— Может быть, поспорим? — спросил Трофимыч, перехватив скептический взгляд Кэпа.

— Нет уж, с тобой спорить — занятие неблагодарное. Я лучше посмотрю, что ты придумал.

Спорить механик был не любитель и, если предлагал пари, значит, был абсолютно уверен в результате.

Трофимыч загрузил в шлюз радиомаяк.

— Ты гений! — Кэп начал догадываться, что будет дальше.

— Я вот подумал, неплохо будет пометить эту каменюку, отколов от которой несколько кусков, мы нашли сокровище.

Предложение было более чем разумное. Ставили маяки обычно на планетах, отмечая месторождения полезных ископаемых или иные интересные находки. Но кто мешает прикрепить маяк к астероиду? Кэпу не пришло это в голову лишь потому, что он был постоянно занят важными делами.

Конечно, существовал риск, что маяк может быть разбит или его сигнал впоследствии не смогут обнаружить среди скопления камня. Но все же попытаться стоило. Радиомаяк ближнего радиуса действия не такая уж дорогая вещь. В сравнении со стоимостью липиния — тем более.

В случае удачи можно будет вернуться сюда или направить к астероиду корабль, занимающийся добычей полезных ископаемых.

В других обстоятельствах эта находка была бы триумфом для всего экипажа. И надо так случиться, что нашли они эти кристаллы в тот момент, когда не до них. Более того, не будь они на вынужденной стоянке, возможно, поспешили бы дальше, оставив липиний там, где он находился. Любит же судьба пошутить. Находку, которая в других обстоятельствах была бы просто праздничным подарком, она посылает тогда, когда к ней можно отнестись лишь как к чему-то проходящему и сопутствующему.

Дело, с которым разведчики спешили на Землю, было намного важнее всех кристаллов. Только бы выбраться из этой передряги. Осталось немного — дождаться, когда экипаж восстановит силы, и закончить ремонт корабля.

И еще одно — самое важное. Решить, куда же они теперь пойдут. Топлива на то, чтобы добраться до Земли, уже не хватало.

7

— Итак, все в сборе?

— Иржи вот-вот подойдет. Он хотел внести коррективы в работу лечебной капсулы профессора, — ответил Вячеслав.

Да-да, этот печальный факт пока продолжал таким оставаться. Ника по-прежнему пребывала в восстановительной капсуле медицинского отсека, что немало огорчало всех членов экипажа. Пусть она на «Легасе» временно, все равно невесело. Трофимыч грустил больше других, считая себя виновником тяжелого состояния профессора. Если бы не его поспешные действия...

Честно говоря, предположить, что бы тогда было, сложно. Куда бы отправился инопланетный агрессор, покинув метеоритное поле? Поспешил домой или затаился в засаде, подстерегая «Легас» на выходе из поля астероидов? Или отправился в пиратский рейд нападать на другие встреченные в космосе корабли? Что вызывало сомнения, так это то, что пират неожиданно станет мирным путешественником. Все на «Легасе» это понимали. Так и получилось, что лишь Трофимыч считал свои действия неудачными, все остальные, подумав, пришли к выводу, что действия эти были единственно верными и полностью оправданными в данной ситуации. Вот такой интересный парадокс.

Иржи, как и ожидали, появился в рубке через несколько минут. Причем был он очень довольным.

— Профессор пришла в сознание! — объявил доктор.

Последнее, что висело тяжким грузом на совести экипажа, отпало. Рубку наполнили радостные улыбки и поздравления.

— Иржи, ты просто молодец!

— Да, доктор у нас что надо!

Доброе слово всегда приятно. Тем более вполне заслуженное признание профессионализма.

— Как она? Когда мы сможем стартовать?

Ремонтные работы были закончены полчаса назад, и теперь старт задерживало лишь опасение внести сбои в работу капсулы восстановления. При выходе из астероидного поля резких маневров не избежать.

— Она вне опасности. Я перевел капсулу из рабочего режима в статический. Можно стартовать в любую минуту.

Это была вторая хорошая новость.

— Вячеслав, рассчитай кратчайший курс для выхода в свободный космос, — распорядился капитан.

— Сейчас сделаю. — Пару минут поработав с аппаратурой, навигатор доложил: — Готово, можно стартовать.

— Тогда в путь. — Кэп нажал на кнопку старта, и корабль, вздрогнув, оторвался от астероида.

Мотало в этот раз поменьше. Можно было не спешить и идти на меньшей скорости, но без резких маневров все равно не обошлось. Русские горки, часть вторая, облегченная версия. И то хорошо. Через полчаса экстремального маневрирования метеоритное поле осталось позади, а «Легас» вышел на просторы свободного космоса. Будь у корабля грудь, он, наверное, вздохнул бы с облегчением, а так за него это сделали члены экипажа.

— И куда теперь?

Вопрос этот волновал всех. Но если ранее он был скорее теоретическим, то сейчас перешел в самую что ни на есть практическую плоскость. Пора было принимать решение. Выбирать, куда двигаться дальше.

— А что у нас есть в пределах досягаемости?

Вячеслав произвел расчеты возможных курсов и задумчиво почесал голову.

— Что, совсем плохо?

— Да нет, есть два варианта, и оба имеют свои минусы. Есть две окраинные базы, до которых мы можем дотянуть. В общем, решайте сами. Вариант первый — стационарный маяк на Луки-2. Глушь невероятная, я не удивлюсь, если там не окажется нужного нам топлива и придется ждать, пока его доставят. Это автоматический пункт навигации, там даже люди не постоянно находятся.

— А второй вариант?

— Второй вариант чуть лучше — база геологов на Дидре-11. Поселок небольшой, но имеет постоянное сообщение с Землей. Заправиться там мы сможем почти наверняка.

— И в чем подвох? Ты говорил, что тебе не нравятся оба варианта? — поинтересовался Кэп.

— Подвох в том, что идти придется вдоль границы с территорией, которую осваивают лурианцы. На обходные маневры у нас не хватит топлива.

— Тебя это беспокоит? — спросил Иржи.

— Вы смотрели новости? После того как лурианцы свернули миссию на Земле, отношения с ними более чем прохладные. Точнее, их нет вообще. И это мы говорим о том, что было месяц назад, неизвестно, как сейчас обстоят дела.

Новости удавалось получать редко. Дальняя связь — вещь энергозатратная. Тем не менее при каждом сеансе связи с Земли передавали новостной пакет, чтобы косморазведчики не чувствовали себя слишком уж оторванными от родной планеты. Легче было, когда удавалось заскочить на какую-нибудь стационарную планетарную базу. Любая планетарная база в первую очередь оснащалась мощной установкой дальней связи, и новости они получали более-менее регулярно. Этим обычно и пользовались заглядывающие на огонек экипажи кораблей. Записи перегонялись в корабельный компьютер или копировались на кристаллы, а после просматривались в любое удобное время. Естественно, новости, получаемые на стационарных базах, были более обширны и затрагивали больший круг вопросов, чем краткие обзоры, напрямую получаемые кораблями с Земли.

— То, что лурианцы свернули миссию, еще ничего не значит. Никаких агрессивных действий с их стороны не наблюдается, — возразил Кэп.

— Решайте, я вам обрисовал ситуацию. Агрессивных действий, может, и не наблюдается, но все же я не стал бы маячить около границы, будь у нас выбор.

— Какие будут мнения? — поинтересовался Кэп. Капитан-то он капитан, но никто не мешает ему выслушать команду перед тем, как принять решение.

— Я верю в добрые намерения лурианцев, — отозвался Иржи.

— А я поддержу любое решение, — сказал Трофимыч.

— Итого, один-один, — подвел итог Кэп, — Вячеслав за Луки, Иржи за Дидру, а Трофимыч воздержался.

«Надо что-то делать с Трофимычем. Долго он еще будет терзаться бессмысленными упреками? Пора восстановить его уверенность в себе. Но это чуть позже», — решил капитан.

— Идем на Дидру, — отдал приказ Кэп. — На Луки мы можем застрять надолго. А в агрессивные намерения лурианцев я тоже не верю.

— Исполняю, — отозвался Вячеслав, устанавливая выбранный курс.

«Легас» развернулся и двинулся вперед, постепенно наращивая ускорение.

До Дидры идти предстояло не менее двух недель, это в походном режиме. В форсированном можно дойти быстрее, вот только топлива расходовалось больше, а это сейчас было совсем ни к чему, экономия выходила на первый план. Да и форсировать двигатели без крайней необходимости тоже не стоило. Лучше следовать спокойно, в штатном режиме, разбираясь попутно с текущими делами. Это тоже необходимо.

Иржи метался между оранжереей и медпунктом, приводя работу оборудования в норму и устраняя мелкие неполадки. Трофимыч, закончив с отладкой генератора гравитационных волн, решил наконец заглянуть в трюм и посмотреть повнимательнее, что же выловил катер, собирая обломки кораблей агрессоров. Кэп и Вячеслав дежурили в рубке, наблюдая за окружающим пространством.

— Слава, позови Иржи. Пока Трофимыч занят, надо посовещаться, — попросил капитан.

Долго ждать не пришлось. Иржи появился в рубке минут через пять.

— Что случилось? И почему вы меня вызвали не по громкой связи, а по личной? — спросил он, входя.

— Потому что это секрет, а точнее — сюрприз, — отозвался Кэп. — Я здесь подумал: надо бы похвалить Трофимыча за то, что он уничтожил третий корабль агрессоров, а то он до сих пор считает себя отчасти виноватым.

— Да, но больше-то так никто не считает.

— В том-то и дело. Надо дать ему это понять.

— Да? И что вы придумали?

— Надо Трофимыча наградить, — огласил Кэп свой план.

— Это просто здорово! Медаль ему или орден! Это просто замечательно!

— Конечно, здорово. Вот только подарок этот должен быть от экипажа, то есть от всех нас.

— Ну да, точно. Что-то вроде памятного подарка, с поздравительной надписью.

— Нет-нет, это не подойдет. Памятные подарки хороши к юбилею. И потом, лучше, чем Трофимыч, никто ничего гравированного сделать не сумеет. Не обращаться же к нему с просьбой сделать памятный подарок для самого себя. Надо придумать что-то другое. Не обязательно значительное. Главное, чтобы Трофимыч понял, что мы с ним солидарны.

— Что, например? — спросил Иржи.

— Например, поздравительный торт!

— А что, это идея, — согласился Вячеслав, — торт «Победитель». Не слишком пафосно, но значимо и, самое главное, вкусно.

— Ну не знаю. И потом, из чего мы его сделаем? В меню кухонного агрегата такого нет. А готовить то, что есть в меню, это совсем не поздравление, — засомневался Иржи.

— Вот-вот, поэтому мы тебя и позвали, — начал объяснять Кэп. — Кто у нас химик, медик и биолог в одном лице? Вот тебе наша с Вячеславом персональная просьба — придумать, из чего и как приготовить торт. А мы, если надо, поможем.

Вот так задание! Такого Иржи получать еще не приходилось. Все-таки он не кулинар. Определенная логика в словах Кэпа есть, вот только с тортами Иржи иметь дело пока не приходилось. Такая вот незадача. Подумав, он решил проведать Нику в медпункте. С двоякой целью. Во-первых, узнать, как идет ее выздоровление, во-вторых, с целью чуть корыстной. Ника была дамой и, по соображениям Иржи, в изготовлении тортов должна была разбираться. Он решил попросить у профессора совет.

Ника не спала и встретила доктора вежливой улыбкой.

— Вот и вы, доктор. А я здесь скучаю в одиночестве. Никто не навестит бедную меня.

— Каюсь, это я виноват, — признался доктор, — ребята рвались в медпункт, когда узнали, что вы пришли в себя. Я не разрешил, покой и еще раз покой. Он необходим для вашего выздоровления.

— Какой же вы, доктор, бука. Что за выздоровление при такой скуке? И к терминалу вы меня тоже не подпускаете.

— Потерпите еще немного. Если все будет хорошо, завтра я вас выпишу. Да и терминалом можете пользоваться, только прошу вас, недолго.

— Ура! — Ника захлопала в ладоши. Совсем как ребенок. А еще профессор.

Иржи осуждающе покачал головой, хотя в глубине души он ее понимал. Не иметь возможности заниматься любимым делом — слишком суровое наказание.

— А у меня к вам вопрос. Вы с кулинарией дружите?

— Почему вы об этом спрашиваете? Не хотите ли вы меня назначить штатным поваром вместо кухонного агрегата?

— Нет, что вы, — Иржи улыбнулся. — Ладно, расскажу, но только по секрету.

Ника слушала внимательно. Слово «секрет» придает любой информации в глазах женщины необъяснимое очарование.

— Вот такое у меня общественное поручение, — закончил Иржи рассказ о проекте под названием «торт».

— К сожалению, я совершенно не умею готовить. — Ника вздохнула. — Буду рада помочь, а вот дать совет не смогу. Кулинария не мое хобби, и, кроме стандартных кухонных программ, я ничего не знаю. Может, попробуем придумать что-нибудь вместе?

— Я был бы рад, Ника, но как доктор не могу вас выписать из медпункта как минимум еще сутки. Что ж, придется экспериментировать самому. А вот на вручение торта я вас обязательно позову, если вы не против.

— Обязательно. Я тоже хочу участвовать во вручении этого кулинарного шедевра.

«И попробовать его кусочек», — мысленно добавила Ника.

— Я думаю, все будут рады. Выздоравливайте. — И Иржи оставил Нику отдыхать.

Что ж, придется, видимо, обходиться своими силами.

А почему бы и не попробовать? Надо будет попросить Вячеслава, чтобы внес изменения в программу кухонного агрегата — у него это быстрее получится, и подумать, что из новых ингредиентов можно использовать. Как биолог, он вполне сможет выбрать в оранжерее те растения, которые могут быть пригодны для употребления в пищу, а как химик сможет распознать, с чем их можно смешивать, а с чем — лучше не стоит.

Иржи позвал с собой малого транспортного робота и отправился в оранжерею. Робот нес корзину, в которую Иржи складывал листья пальмы, водоросли, разные фрукты. Всего понемногу, для пробы, так сказать. Сбор образцов — занятие творческое и требующее фантазии.

Заканчивая обход, Иржи вызвал по личной связи Вячеслава:

— Встречаемся на кухне через двадцать минут. Операция «торт».

Вячеслав появился вовремя. Он окинул взглядом полную корзину и вопросительно посмотрел на доктора.

— Надо внести изменения в работу кухонного агрегата. Взять за основу какую-нибудь программу, желательно пригодную для тортов, и сделать ее легко изменяемой. Придется экспериментировать, изменять компоненты и время приготовления.

— Понятно. Сейчас сделаем.

— Как там Трофимыч?

— Занят разбором инопланетного металлолома, так что сюрприз можем готовить совершенно спокойно. В ближайшее время ему будет не до нас.

Повозиться с новыми железками для механика было любимым занятием, и потратить на него он мог не один день кряду. Если Трофимыч взялся за дело, экспериментами по изготовлению торта «Победитель» Иржи мог заниматься совершенно спокойно, не тревожась о том, что сюрприз будет раскрыт раньше времени.

— Ну вот, все готово, — сообщил Вячеслав через десять минут, — я адаптировал одну из программ, чтобы в нее легко можно было вносить изменения. Добавлять новые ингредиенты и изменять технологию готовки.

— Отлично. Итак, приступим, — произнес Иржи. — Номер первый, попробуем сделать торт из финиковой пальмы и водорослей. Остальные ингредиенты пусть будут стандартными.

Иржи загрузил дополнительные компоненты в кухонный агрегат и запустил программу.

— А пока первый вариант готовится, пробуем рецепт номер два.

Кухонный агрегат мог изготавливать не менее десяти позиций одновременно. Чем не простор для фантазии?

К окончанию вахты Иржи появился в рубке вместе с транспортным роботом, который нес на подносе с десяток тортов. Совсем небольших, размером с пирожное.

— Ты посмотри, Слава, какой почет. Похоже, Иржи решил нас покормить прямо здесь.

— Нет, наверное, это новый вид лечебных процедур, — отозвался программист.

— Будете смеяться, печь торт будете сами.

Это было сильно, против такого аргумента не возразишь.

— Все-все, признаем, что погорячились, о величайший из кулинаров.

— То-то же. Вот, принимайте заказ. Как врач могу сказать — все блюда совершенно безопасны для здоровья. А насчет остального — это дело вкуса. В общем, надо пробовать!

Кэп и Вячеслав переглянулись. К такому повороту событий они были не готовы. Но не отказываться же, в самом деле.

— А почему они такие маленькие? — спросил Вячеслав.

— Так задумано. Чтобы вы смогли попробовать все десять, а не остановились после первого.

— Что значит — мы? А ты как же? Только не говори, что уже напробовался, пока готовил. Эксперимент так эксперимент, дели на троих.

— Ладно, будем пробовать все. — Иржи вздохнул немного печально.

Честно поделив торт номер один на три части, он предложил друзьям присоединяться к дегустации. Это было что-то. Торт напоминал скорее рыбу, причем явно неизвестной породы.

— Да, неплох, — сказал Кэп, — вот только вкус не очень праздничный.

— Его бы вместе с гарниром на второе, — согласился программист.

Иржи недовольно хмыкнул. На этот рецепт он потратил больше часа.

— Что ж, перейдем к образцу номер два.

Образец номер два откровенно разочаровал. Был он пресным и каким-то безвкусным. Зато откровенно порадовали образцы номер пять и семь. Но после всеобщего обсуждения победителем был признан образец номер девять. Правда, он слегка удивлял своим зеленоватым оттенком, но Иржи заверил, что так оно и должно быть, чем поставил точку в дискуссии. Образец был принят. Именно на его основе должен был быть изготовлен подарочный торт «Победитель».

Награждение Трофимыча тортом было обставлено как можно более торжественно. Кэп не поленился надеть свои капитанские регалии, что делал лишь в официальных случаях. Нагрудный знак капитана давал некоторые преимущества, позволяя при перелетах в качестве пассажира получать билет высшей категории, а при бронировании гостиницы за счет компании получать апартаменты более высокого класса. Вот только бравировать этим знаком было не принято. Требовать для себя преимуществ, которые не распространяются на твой экипаж, на твоих друзей, вместе с которыми приходится проводить долгие месяцы дальних походов? Это каким же напыщенным индюком надо быть. И потому большинство капитанов обходились ношением более скромного знака — «космический флот», который имели все члены экипажа кораблей. Это не было обязательным, а считалось чем-то вроде неписаной традиции. Уважение капитана строится вовсе не на отличительных знаках. В слаженной команде и так все знают, кто капитан. А если уж уважения нет, то никакой нагрудный знак не поможет, носи его хоть постоянно. Так что капитанский нагрудный знак надевался, как правило, в официальных или особо торжественных случаях.

Иржи и Вячеслав тоже были при параде, при регалиях и в парадных кителях. Отмечать победу так отмечать.

Тележку с тортом Иржи заранее прикатил и оставил за шлюзом. Разумеется, не за тем, через который должен был появиться Трофимыч. Почему объяснять он не стал, пообещав, что так сюрприз будет значительнее. Торт был грандиозен. Иржи постарался, проявил изобретательность и выдумку при его изготовлении. Надпись на нем была следующей: «Победителю инопланетных агрессоров от солидарного экипажа».

Кэп, Иржи и Вячеслав выстроились в ряд.

— Ну все, зови Трофимыча, — скомандовал Кэп.

Иржи подошел к пульту громкой связи и произнес:

— Трофимыч, ответь.

— Что случилось? — спросил Трофимыч, вбегая в рубку.

Материализация Трофимыча в рубке в тот момент, когда его только собрались туда позвать, была событием удивительным и чуть не смешала все планы. Это что же получается, он все знал заранее и стоял в коридоре? Да нет, не может быть. А если не знал, то что тогда? Телепатия, передача мыслей на расстоянии или случайность? Что бы ни было тому причиной, Иржи сказал совсем не то, что собирался сказать по плану.

— Трофимыч, ты зачем в рубку пришел? — удивленно спросил он.

— Гхм. Так ты сам меня только что звал.

— А как ты узнал, что я тебя сейчас позову?

— Мне ли этого не знать? Если бы вы видели, что я нашел, то позвали бы меня в рубку еще раньше, — ответил Трофимыч, окончательно всех запутав. — А, вы уже знаете? То-то, смотрю, приоделись, как на парад. А я вам хотел сюрприз сделать. И чего смешного? — Трофимыч смотрел на попадавших от смеха друзей, ничего не понимая. Чем только прибавил им веселья.

— Трофимыч, ты зачем в рубку пришел? — спросил Кэп сквозь смех.

— И этот туда же. Сначала зовут, а потом спрашивают, «зачем пришел, зачем пришел?».

Новый приступ смеха заполнил рубку снова, заставив механика невольно присоединиться к общему веселью.

— А когда ты еще не знал, что мы тебя позовем, то зачем сюда шел?

— Так вы что, ничего не знаете о находке? — догадался Трофимыч.

— О какой находке?

— Которую я хотел вам показать. Для этого я и пришел в рубку.

— Что за находка? Рассказывай скорее.

Три пары заинтересованных глаз внимательно следили за механиком. А тот жестом фокусника извлек из кармана комбинезона небольшой предмет.

— Это кристалл с записью изображения. Уцелел только отрывок. Но там!.. Вы хотите увидеть, как выглядят наши неожиданные преследователи?

Вот это сюрприз. Такого точно никто не ожидал. Еще бы не хотеть.

— Давай, старина, не томи, — произнес Кэп, выразив общее мнение.

— Кристалл, самовоспроизводящий изображение, — пояснял Трофимыч. — Для того чтобы увидеть то, что на нем записано, надо поместить его в электромагнитное поле нужной напряженности. Величину поля пришлось подбирать экспериментально.

Трофимыч поместил кристалл в проектор. К стандартному проектору он пристроил ручной регулятор, что и позволило ему подбирать нужные параметры.

— Внимание, включаю!

Изображение рубки чужого звездолета заполнило поле проектора. Незнакомые, ни на что не похожие приборы, нечто, напоминающее кресло нелепого для человеческого взгляда вида.

Кресло сделало оборот на сто восемьдесят градусов,

позволяя увидеть того, кто в нем располагался, и заставив всех в изумлении замереть.

— Ну и ворг! — произнес изумленно Иржи.

Существо было похоже на осьминога. Туловище его лишь было более продолговатым, а щупальца располагались в два ряда. Верхний ряд, должно быть, заменял существу руки, а нижний играл роль ног. Два больших круглых глаза располагались примерно там, где им и следовало располагаться, — в верхней части продолговатого туловища, которую лишь условно можно было назвать головой. Шеи у существа не было совсем. Ворг, не мигая, смотрел в объектив записывающего устройства. По движению мышц той части существа, которую можно было назвать головой, можно было предположить, что оно что-то говорит.

— Звук, к сожалению, воспроизвести не удалось. То ли кристалл поврежден, то ли он вне пределов, слышимых нашим ухом, — пояснил Трофимыч.

— Это грандиозно! — отразил Вячеслав общее настроение.

— Кстати, Иржи, а почему ты назвал это существо воргом? — спросил Кэп.

— Не знаю. Это первое, что пришло мне в голову, когда я его увидел.

— А что, действительно похож. То есть название вполне подходящее.

— Ну, Трофимыч! Ну, удивил! — выразил капитан общее мнение.

— Спасибо. Но если вы не знали о находке, то зачем звали меня в рубку?

Вопрос этот опять вызвал взрыв смеха. Не такой бурный, как в первый раз. Скорее, отзвучало то, что осталось не озвученным в прошлый раз.

— Старина, повод, по которому мы тебя пригласили в рубку, только что стал еще более актуальным, — начал объяснять Кэп. — Не будем тянуть кота за хвост. Иржи, давай!

Иржи подал сигнал, и через минуту под торжественное исполнение гимна Земли профессор Ника вкатила в рубку праздничный торт «Победитель».

Вот это был сюрприз! Друзья наперебой принялись поздравлять ее с выздоровлением, так что Ника даже немного смутилась.

— Вообще-то мы собирались поздравлять кое-кого другого, — напомнила она.

— Да, верно. Это тебе, старина, от всего экипажа! — сказал Кэп, показав на торт. — Это наше поздравление за сбитый корабль инопланетных агрессоров, а теперь еще и за находку кристалла.

— Если вы не против, то и от одной пассажирки тоже, — добавила Ника.

Трофимыч расплылся в широкой улыбке:

— Спасибо. Право, я очень тронут. Но имеется одна проблема.

— Какая?

— Я никак не смогу это съесть в одиночку, — сказал Трофимыч.

— А вот об этом, старина, можешь не переживать. Для чего еще нужны верные друзья? С этой проблемой мы тебе справиться поможем.

— Помните, как мы не могли попасть ни в одно помещение в брошенной секции космического корабля? — рассуждал Трофимыч, поедая поздравительный торт. — Мы еще подумали, что все они заблокированы. Оказывается, все дело в том, что вместо рук у воргов щупальца. Я просто уверен, что при равномерном давлении на ручку со всех сторон, как это происходит при сжимании щупальца, двери открывались бы замечательно. Надо будет обязательно провести эксперимент. У нас в трюме есть пара ручек, вырезанных вместе с частью обшивки.

— Непременно проведем, — согласился Кэп, — но давай сделаем это чуть позже. Не будем портить наш маленький праздник суетой.

С этим согласились без возражений. Хорошо посидели, душевно. Все шутили и балагурили. Ника была мила и приветлива, забыв на время о том, что она профессор, но ни на секунду не забывая, что она дама.

Как в длительном космическом полете без таких маленьких праздников? Совершенно верно — никак. Оказывается, поздравление это было нужно не только Трофимычу. После стольких разнообразных и стремительных событий небольшое торжество пришлось очень даже к месту, помогая провести границу между тем, что случилось, и тем, что ждет впереди. А впереди еще много неясного. И до родного порта добраться будет очень непросто. Топлива мало, маршрут незнаком, неизвестны даже намерения лурианцев, а граница того района космоса, который они осваивают, уже совсем рядом.

8

— Как вы могли меня не разбудить?! Такой случай, такой!.. А я все пропустила!

— И что вы так расстраиваетесь, профессор? Иржи просто заботился о вашем здоровье. Мы все вам расскажем. Подробно и с деталями.

— А лурианцы?

— А что лурианцы? Можете пройти в кают-компанию и общаться с ними сколько угодно.

Профессор Зелинская немного утихла. Это правда, она многое пропустила, но поговорить с лурианцами очень даже может.

— Как я буду с ними общаться? — сказала она более спокойно. — Они не слишком-то настроены на разговоры.

— Вот видите, — парировал Кэп. — Так чего же вы хотите?

— Ну ладно, — согласилась Ника, выпустив пар. — Но обещайте, что все мне подробно расскажете.

— Обязательно. Да там и рассказывать, в общем-то, нечего. Вполне штатная ситуация.

— Штатная, вы говорите?! — Профессор чуть не закипела снова.

— Пусть не совсем штатная, — согласился Кэп. — Но что же в этом такого? Ладно-ладно, мы все вам подробно перескажем.

Кэп сильно преувеличил. Или приуменьшил — с какой стороны посмотреть. Ситуация была далеко не штатная. Более того, ситуация была из ряда вон выходящая, некоторым образом не имеющая до сих пор аналогов.

А было все так. «Легас» шел вдоль границы зоны ответственности лурианцев, номинально оставаясь на территории, принадлежащей людям. Правда, в космосе нет четких границ с пограничными столбами и разметкой территории.

На вахте находились Кэп и Иржи. Трофимыч и Вячеслав отдыхали в своих каютах. Нике доктор прописал длительный электросон для восстановления сил, она пришла в себя совсем недавно и была еще слаба. Из лазарета Иржи ее выпустил, а вот за тем, чтобы она не переутомлялась, следил строго.

— Обнаружен стабильный повторяющийся сигнал ближнего радиуса действия, — проинформировал о нештатной ситуации бортовой компьютер.

Ну вот, а как все было спокойно! Шли себе крейсерским ходом и через неделю собирались прибыть на Дидру. А здесь такая неожиданная новость.

— Как далеко расположен источник? — уточнил Кэп.

— Судя по мощности сигнала, не далее чем в пяти часах от нас, если исходить из нашей скорости. Сигнал сильно затухающий, — пояснил центральный компьютер.

— Направление в глубь территории лурианцев, — прокомментировал полученные данные Кэп, сверившись с показанием локаторов, и задумчиво почесал голову.

— А что за сигнал? — спросил Иржи.

— Я, к сожалению, такого не знаю, — отозвался Кэп.

— Сигнал повторяющийся, должно быть, из разряда стандартных, — сообщил корабельный компьютер.

— И что он означает?

— Стандартные сигналы лурианцев не содержатся в моей памяти.

— Что за бардак! — возмутился Кэп. — У нашего компьютера имеется масса сведений, большинство из которых никогда не понадобятся, а значение стандартных сигналов лурианцев в память не занесено!

— Может, это просто радиомаяк? — предположил Иржи.

— Все может быть. Придется звать ребят, может, они что подскажут. Вот что, прогуляйся до их кают и, если они не спят, позови сюда.

Будить друзей срочным вызовом не хотелось, но установить назначение сигнала было желательно.

— Хорошо, пойду посмотрю, — согласился доктор.

Вячеслав спал. Заглянув к нему, Иржи не стал его будить (это он всегда успеет), а пока решил зайти к механику. Трофимыч еще не заснул, решив полистать перед сном справочник.

— Старина, ты не слишком занят? — спросил с порога Иржи.

— Смотря по сравнению с чем. А что, собственно, случилось?

— Мы тоже хотели бы это знать. Как ты смотришь на то, чтобы заглянуть в рубку?

Механик удивленно хмыкнул. Дело было странное. С чего вдруг Иржи пришел звать его лично? Если случилось что-то экстренное, то почему не вызвали по громкой связи? Как-то это все необычно.

— Сейчас приду, — отозвался Трофимыч. Пойти и посмотреть — гораздо информативнее, чем гадать или спрашивать.

Трофимыч появился в рубке почти следом за Иржи. Вячеслава решили пока не беспокоить.

— Садись, друг, — предложил капитан. — Ты случайно не знаешь, что это за сигнал?

Кэп включил динамики, монотонный повторяющийся звук заполнил рубку.

— А что, разве центральный компьютер вам не рассказал?

— Представь себе, нет. Это, конечно, большое упущение, и надо будет его при случае исправить. Он совершенно не владеет подобной информацией. Или это не лурианский сигнал? Мы так решили лишь потому, что он идет с территории лурианцев. Может, это ворги?

— Да нет, это действительно лурианский сигнал. Причем из самых распространенных. Это сигнал бедствия.

— Трофимыч, ты не перестаешь нас удивлять. Откуда ты это знаешь?

— Все, что касается техники, мое хобби. А сигналы? В общем, это не секрет для того, кто очень хочет знать. Я, признаться, удивлен, почему эту информацию до сих пор не сделали обязательной для архивов земных кораблей. Надо будет поднять этот вопрос, когда вернемся на базу.

— Непременно, но это когда вернемся. А вот что нам делать сейчас?

Да, вопрос непростой. Неизвестный корабль просил о помощи. Причем находился он на территории лурианцев.

— А может, предоставим лурианский корабль спасать лурианцам? — предположил Иржи.

— Они могут и не услышать. Должно быть, у тех, кто подает сигнал, поврежден передатчик. Мы находимся фактически на границе слышимости. Подойдет ли к ним так близко еще какой-нибудь корабль, неизвестно.

— Да, но идти на территорию лурианцев...

— И топлива у нас в обрез, — высказал сомнение Трофимыч. — Если делать крюк, может и не хватить, чтобы потом дойти до базы. Вернее, его точно не хватит.

— И что вы предлагаете? — спросил Кэп.

Тяжелая тишина повисла в рубке. С одной стороны, разумнее всего было следовать своим курсом. Но не прийти на помощь кораблю, терпящему бедствие... Позор на всю оставшуюся жизнь. Космические дороги пустынны, и встретиться там двум кораблям — большая редкость. Пусть не свой корабль, пусть лурианский, но оставить его на верную гибель в космической пустоте? Нет, это совершенно невозможно.

— Надо сворачивать, — тяжело вздохнув, сказал Трофимыч.

Иржи вздохнул не менее тяжело.

— А ты что скажешь, Иржи? — спросил Кэп.

— Как бы я хотел сказать: «Полетели дальше», но у меня просто язык не повернется. Если люди перестанут приходить на помощь кораблям, терпящим бедствие, то нам в космосе просто нечего делать.

— Я и не сомневался в вашем ответе. Итак, идем на сигнал бедствия, будь что будет.

Кэп установил новый курс и прибавил мощность двигателям, корабль перешел с крейсерской скорости на полную. «Легас» устремился к неизвестному кораблю, терпящему бедствие.

Сигнал по мере приближения становился все более устойчивым. Исходил он, судя по всему, не из пустоты, а из планетной системы близлежащей звезды. Трофимыч несколько раз пытался установить связь с теми, кто подавал сигнал бедствия, — безрезультатно. Ответа не приходило. То ли они не слышали, то ли их передатчик мог работать только в аварийном режиме.

Постепенно источник становился все более определенным. Сигнал исходил с естественного спутника наибольшей из планет этой системы. Спутник тоже был немаленький, раза в полтора больше Луны.

— Это что же, сигнал бедствия подает не корабль, а база? — удивленно спросил Вячеслав.

Он уже успел присоединиться к числу бодрствующих,

и теперь экипаж «Легаса» находился в рубке в полном составе. Кроме пассажира. Ника продолжала преспокойно спать в своей каюте, положенный ей по графику отдых был в самом разгаре.

— Как бы то ни было, надо выяснить все до конца, — решил Кэп. — Пеленгуем источник и садимся километрах в ста от него. Лучше проявим осторожность и попробуем добраться до тех, кто подает сигнал, на катере или вездеходе.

— Поверхность ровная, вездеход вполне подойдет, — сообщил Трофимыч.

— Вот только осталось определиться с тем, кто примет участие в спасательной экспедиции, — заметил Иржи.

— С этим все просто, — сказал Кэп, — поедем Трофимыч и я.

— Почему это вы?! — возмутился Иржи. — Дело ли капитана самому соваться в такое опасное мероприятие?

— Вячеслав у нас навигатор, а у тебя, Иржи, если ты не забыл, в лазарете до сих пор пациент. И вполне вероятно, работы тебе еще прибавится. Трофимыч поведет вездеход, с этим никто лучше его не справится. Да, старина, подумай, что из самого необходимого нам взять с собой, — добавил Кэп.

Трофимыч согласился без возражений. Действительно, кому, как не ему, управлять наземным транспортом.

Вездеход бежал резво, оставляя за собой километры и поднимая с поверхности, на которую никогда не ступала нога человека (по крайней мере, сведений об этом не имелось), облако пыли. Трофимыч был рад после длительного полета прокатиться по твердой почве (а то когда еще придется) и держал довольно приличную скорость, ровная поверхность это позволяла. Машина шла почти без тряски. Кабина вездехода возвышалась над восемью двухметровыми колесами, каждое из которых имело независимую подвеску и свой собственный привод. Очень удобно. Такая конструкция позволяла преодолевать камни и трещины до метра размером, не особо об этом беспокоясь. Препятствия же размером до полуметра вездеход преодолевал с ходу, почти не замечая их. Двухметровый дорожный просвет был тоже очень кстати. Конечно, с реактивным катером не сравнишь, но вездеход перед катером имел один большой плюс — он передвигался на электротяге, и зарядить его аккумуляторы можно, находясь и на базе, и в дальнем походе. А вот топливом для катера можно разжиться лишь на Земле или на крупной базе. Так что в некоторых случаях вездеход предпочтительнее, особенно если местность позволяет его использовать.

Местность постепенно повышалась. Начали попадаться скалы, пока относительно небольшие и редкие. Трофимычу приходилось маневрировать, выбирая дорогу ровнее.

— Кэп, ответьте, — из рации вездехода донесся голос Вячеслава.

— Что случилось?

— У нас все в порядке. Как там у вас? Пока не добрались до места?

— Пока нет, но, видимо, уже скоро. На горизонте скалы, судя по всему, сигнал идет оттуда.

— Если что, мы с Иржи готовы вылететь на помощь.

— Знаю, спасибо. Вот только оставлять «Легас» без присмотра совсем не хочется. Да и необходимости в этом пока нет.

— Ладно, мы будем на связи.

— Беспокоятся ребята, — сказал Кэп Трофимычу, отключив рацию.

— Понятное дело. Я бы на их месте тоже беспокоился.

Скалы снова подросли, и вездеход катился по пока еще широкому, но постепенно сужающемуся ущелью. Пеленг источника сигнала уверенно показывал его местонахождение. Механик неожиданно затормозил.

— Все, мы приехали. Источник — за следующим поворотом.

— Так чего же ты остановился, дружище?

— Хочу для начала кое-что проверить.

Трофимыч открыл грузовой шлюз вездехода, горный робот выбрался на грунт и резво побежал по ущелью. Секунд через пятнадцать он скрылся за поворотом.

— Вполне разумная предосторожность, — согласился Кэп.

Как показали дальнейшие события, предосторожность была более чем разумная. Отблеск яркой вспышки осветил стены ущелья, и связь с горным роботом исчезла.

— Ну ничего себе! — Впоследствии Кэп с Трофимычем спорили, кто из них сказал эту фразу первым.

— Кэп! Кэп! Трофимыч! Отзовитесь! — Голос Вячеслава был полон беспокойства.

— Все нормально. Это взорвался наш горный робот. Или его подстрелили.

— И это вы называете «нормально»?! Немедленно убирайтесь оттуда! Не иначе это засада.

— Не паникуй, Слава. На засаду это совсем не похоже. В противном случае робота как раз пропустили бы, а стреляли по нам.

Вполне резонно. Но если это не засада, то что?

— Что вы собираетесь делать?

— Надо подумать.

Механик включил заднюю передачу и медленно повел вездеход в обратном направлении. Отъехав метров двести от поворота, он остановился. Всегда лучше иметь пространство для маневра. За годы, проведенные в дальней косморазведке, случалось много разного. Правда, в роботов, принадлежащих «Легасу», пока не стреляли.

— Трофимыч, ты что думаешь? На что это все похоже?

— Это похоже на панику. Похоже, что те, кто засел в ущелье, сильно напуганы. Вот и палят, во что придется, или мин набросали, что, впрочем, маловероятно.

— Вполне вероятно. Я имею в виду, что палят с перепуга. Увидели робота незнакомой модели, вот и выстрелили, — согласился Кэп.

— Наверняка. А нам что теперь делать?

— А может, ну их, не хотят, чтобы их спасали, и не надо, — предложили с «Легаса».

— Нет уж. Хотят не хотят, а надо это дело прояснить до конца.

— Мы свернули с курса, сожгли драгоценное топливо, а они, видите ли, не хотят спасаться, — возмутился Трофимыч.

— В общем, мы остаемся на месте и разрабатываем план дальнейших действий, — подвел итог Кэп.

Трофимыч попробовал вызвать тех, кто скрывался за поворотом, по рации, используя разные диапазоны. Безответно. Судя по всему, его просто не слышали.

— Надо послать парламентера, — предложил Иржи.

Мысль в общем-то здравая, с этим все согласились. А вот дальше...

— Как же его послать, если там сразу стреляют?

— Надо сделать так, чтобы было понятно — это парламентер, — продолжил свою мысль Иржи.

— И как это сделать? У кого есть предложения? — поинтересовался капитан.

Думали недолго. Первым отозвался Вячеслав:

— Давайте напишем плакат и отправим с ним самого маленького и безобидного робота.

— Хороший план. Вот только кто писать будет? И на чем? — засомневался Кэп. — Прошу заметить, что писать требуется по-луриански. Да, кстати, а лурианская письменность есть в памяти нашего центрального компьютера? Или только устный язык?

— Имеются все необходимые для перевода данные, как в устной, так и в письменной форме. — Центральный компьютер решил ответить на этот вопрос сам.

— Уже хорошо. Что ж, тогда остается придумать текст и перевести его.

Текст послания придумали быстро и так же быстро написали его на листе облицовочного пластика, который Трофимыч, ворча, открутил от внутренней обшивки вездехода. Точнее, русскоязычный вариант текста. После короткого совещания послание решили сделать на двух языках — на русском и соответственно на лурианском. Так сказать, чтобы отразить интернациональность.

Русский тест гласил следующее: «Экипаж космического разведчика «Легас», порт приписки — Земля, предлагает помощь в проведении спасательных работ».

— Ну вот, теперь надо изобразить то же самое по-луриански. Трофимыч, ты как, в каллиграфии силен?

Вся сложность состояла в том, что надпись на лурианском следовало сделать вручную. Нет, центральный компьютер «Легаса», конечно, выведет ее на экран вездехода, и посмотреть, как она должна выглядеть, можно. А дальше придется по старинке, вручную, не было в вездеходе устройства, отображающего графическую информацию на плоскости.

— Если из-за моего неразборчивого почерка сорвутся международные переговоры, я не виноват, — ворчал Трофимыч, перерисовывая изображение с экрана на лист пластика, призванный служить транспарантом.

— Зато ты войдешь в историю, как первый человек, написавший что-либо по-луриански, — провозгласил Вячеслав.

— Ага, я с удовольствием передал бы это право тебе, — парировал механик. — Ну вот, вроде бы получилось.

Посмотрев на надпись, все признали ее подходящей. Даже компьютер «Легаса» одобрил, вынеся вердикт: «Совпадение — девяносто процентов».

— Все, отправляем парламентера, — решил капитан.

В качестве парламентера должен был выступить робот, предназначенный для разбора завалов, — небольшое шасси на мягких гусеницах, с установленным на нем гидравлическим манипулятором. Наверное, это единственный случай в истории, когда ему приходилось играть столь необычную роль. В общем-то выбор был небольшой: или этот малыш, или робот-сварщик. Лишь эти двое оставались в грузовом трюме вездехода после взрыва горного робота. На «Легасе» осталось еще полтора десятка роботов разного назначения, но возвращаться за ними на корабль не стали.

Робот зажал манипулятором импровизированный транспарант и, мягко скатившись на грунт, отправился на малом ходу за поворот ущелья, где он должен был притормозить, а потом следовать далее, делая краткие остановки и размахивая транспарантом через каждые пару десятков метров.

Секунды тянулись, складываясь в минуты, заставляя тревожно замирать как сидящих в вездеходе Кэпа и Трофимыча, так и наблюдающих за ними из рубки «Легаса» Вячеслава и Иржи. Пока все было тихо. Робот понемногу продвигался вперед, передавая с установленной на нем камеры картинку ущелья. Впереди был каменный завал, за которым громадой возвышалось нечто большое и металлическое.

Все-таки корабль. Размером не меньше «Легаса». При любви лурианцев к гигантизму, можно сказать — корабль относительно невелик, меньше большинства их кораблей. Как он попал в это ущелье? В месте его теперешнего нахождения ущелье сужалось до такой степени, что корабль был буквально зажат окружающими скалами. Так посадку не совершают, так падают. Вряд ли лурианцы смогут взлететь самостоятельно.

— Это как их сюда занесло? — спросил Трофимыч, задумчиво почесав затылок.

Да, это была явно незапланированная посадка. В лучшем случае — аварийная, если не падение. От приближающегося корабля не поступало никаких сигналов, признаков жизни он не подавал.

— Интересно, а есть там кто живой? — поинтересовался Иржи.

Картинку с камер робота, несущего транспарант, в рубке «Легаса» принимали так же ясно, как и в кабине вездехода.

— Должен быть, — отозвался Кэп, — кто-то же стрелял. Я не думаю, что это была мина или автоматический лазер. Отправляя сигнал тревоги, таких сюрпризов обычно не готовят.

Робот — разборщик завалов миновал оплавленные обломки, все, что осталось от горного робота.

— Хорошая была машина, надежная, — вздохнул Трофимыч.

Это правда — с виду напоминающие паука горные роботы были верными помощниками людей при работе в трудных условиях, неприхотливые многофункциональные машины с просто потрясающей проходимостью.

— Не вздыхай, старина. Если бы мы не отправили его вперед, еще неизвестно, как бы все обернулось. Как бы отреагировали лурианцы, увидев вездеход не их конструкции? Похоже, они ждали своих, а здесь мы без всякого предупреждения. За то, что ты догадался пустить вперед робота, прими мое личное спасибо.

— Надеюсь, этого малыша никто не испортит, — недовольно проворчал механик. — На такие спасательные экспедиции никаких машин не напасешься.

Робот прошел почти две трети расстояния, когда из-за валуна показалась фигура — вполне человеческая. Или лурианская. С такого расстояния различий не разобрать, тем более не так уж они и велики.

На плече у лурианца располагалось объемное устройство, в котором Трофимыч безошибочно опознал стационарный лазер, вообще-то не приспособленный для переноски вручную.

— Вот из этой штуки он и долбанул по нашему роботу. Тяжелая машинка, если бы не пониженная гравитация, вряд ли он смог бы управиться с ней один.

В голосе Трофимыча прозвучало невольное уважение к тому, как быстро неизвестный стрелок приспособился к пониженной гравитации, позволяющей использовать агрегат, который на планете был бы неподъемным.

Стрелок огляделся и демонстративно положил лазер

на валун, поднял вверх руки и, повернувшись вокруг, дал себя осмотреть со всех сторон.

— Показывает, что у него больше нет оружия, — прокомментировал Кэп.

Возражать никто не стал. Намерения лурианца были понятны без слов.

Завершив демонстрацию своей безоружности, лурианец неторопливым шагом двинулся навстречу спасателям.

Робот-кран остановился. Подождав, пока незнакомец поравняется с ним, он медленно покатился обратно к вездеходу.

— Ну, все, готовимся к приему гостя, — сказал Кэп, — минут через десять — пятнадцать он будет у нас.

— А как мы с ним объясняться будем? — спросил Трофимыч. — У миссии, пребывающей на Земле, имелись логи-переводчики. А у этого лурианца переводчика может и не оказаться. Вряд ли он готовился к разговору с нами. Из нас лурианский тоже никто не знает.

— Никто из людей, — влез в разговор центральный компьютер «Легаса».

— Слава, не знаешь, кто программировал наш компьютер? — удивленно поинтересовался Кэп. — Слишком он сообразителен и к тому же инициативен.

— Тайна эта велика, — отозвался программист. — Я, конечно, добавлял к нему несколько логических блоков...

— Вот об этом расскажешь поподробнее. Потом, когда у нас будет свободное время. А переводить придется нашему компьютеру, раз уж так сложилось.

Тем временем робот-кран показался из-за поворота, сопровождаемый лурианцем, и Трофимыч двинул вездеход на малом ходу навстречу.

Остановившись от гостя шагах в двадцати, механик открыл люк грузового шлюза и выдвинул трап. Робот привычно вскарабкался в шлюз, лурианец последовал за ним. Один раз приняв решение доверять пришедшим на помощь, он не стал раздумывать. Впрочем, выбор у него был невелик. Переходной шлюз с шипением наполнился воздухом, и дверь в грузовой отсек вездехода открылась. Лурианец прошел следом за роботом-краном и остановился, ожидая дальнейших действий хозяев вездехода.

— Пойду пообщаюсь с собратом по разуму, — сказал Кэп. — Трофимыч, побудь на всякий случай в кабине.

— Думаешь, он опасен? — удивился механик.

— Как раз думаю, что нет. Только думы думами, а подстраховаться все равно не помешает.

Кэп открыл дверь между водительской кабиной и грузовым отсеком и вышел навстречу гостю. Стекло шлема на скафандре он демонстративно поднял и, обведя пространство рукой, дал понять, что гость может последовать его примеру. Воздух в грузовом трюме был вполне пригоден для дыхания.

Гость оказался не робкого десятка. Предложением он воспользовался без промедления, откинув стекло шлема, вздохнул полной грудью и невольно закашлял. Земной воздух был вполне пригоден для лурианцев, хотя немного и отличался по составу от воздуха их родной планеты.

— Мы рады приветствовать вас на борту нашего вездехода, — проговорил Кэп.

Гость внимательно прислушался к речи и с облегчением услышал раздавшийся через пару секунд из динамиков перевод. Похоже, лога-переводчика у лурианца действительно не было.

— Прошу принять мои извинения. — Раздавшаяся из динамиков речь следовала за словами лурианца с секундным перерывом. Почти синхронный перевод. — Вашего робота мы уничтожили по досадной случайности, — продолжил лурианец. — Когда я расскажу вам о том, что с нами случилось, надеюсь, вы поймете и не будете таить на нас обиду. Потерю робота мы компенсируем при первой же возможности. Я знаю, что не должен был стрелять прежде, чем опознаю изделие. Поступок этот будет тяжким грузом висеть на моей совести.

Кэп откинул сиденья и столик от стены и предложил гостю присесть.

— Для начала я хотел бы спросить, требуется ли вам безотлагательная помощь или мы можем спокойно поговорить?

— На нашем корабле остались два члена экипажа, один из них ранен, к счастью, неопасно. Медицинская аппаратура протянет еще часов пять, раненому это пойдет только на пользу, так что можно не спешить и поговорить спокойно. Я хотел бы объяснить, как произошло такое недоразумение.

— Я вас понимаю. Расскажите вкратце, что случилось, а потом мы вместе подумаем, как быть дальше.

Лурианец выглядел немного виноватым из-за уничтоженного робота.

— Хорошо. Разрешите для начала представиться. Капитан Аеши Нурс, четвертый уровень допустимой деструкции. Наш корабль занимается... — Лурианец закашлялся и поправил себя: — Теперь, наверное, можно сказать «занимался» установкой и обслуживанием навигационных маяков на стандартных трассах. Работа нужная, порой немного монотонная, но мы не жаловались. Вы же знаете, насколько легче двигаться по размеченным трассам.

Еще бы Кэпу не знать. Он сам не один год проработал на близлежащих к Земле накатанных линиях, прежде чем податься в дальнюю косморазведку. Когда движение на линии оживленное, кто-то направляется попутно, кто-то — навстречу, навигационные маяки бывают очень полезны. Выполняют они назначение, чем-то схожее с тем, что когда-то выполняли светофоры при движении наземного транспорта: позволяют получить лучшую привязку к местности и другим движущимся кораблям. В общем — руководят движением, точнее, координируют его.

— На седьмой планете этой системы в следующем

году собираются начать разработку полезных ископаемых, — продолжил рассказ лурианец. — Мы должны были разметить трассу для транспортников. Обычная работа. Но в этот раз все пошло не так. Мы сняли характеристики системы и уже составили схему транспортного потока, когда в системе появился корабль. Необычный корабль — чужой. Ранее мы с такими не встречались. На запросы корабль не отвечал. Мы пробовали выйти с ним на связь различными способами — безрезультатно.

Рассказ о необычном корабле навел Кэпа на неожиданную мысль.

— Слава, найди картинку корабля наших недавних недобрых знакомых и выведи изображение к нам на экран.

— Сейчас сделаю, — отозвался штурман.

Через пару секунд на экране вездехода появилось изображение корабля воргов.

Лурианец непонимающе оглянулся. Корабль был именно тот, о котором он говорил, или точно такой же.

— Вы знаете, кто это? — с тревогой спросил он. — На ваши корабли он не похож. Или все-таки?..

— Нет-нет, успокойтесь, это корабль не людей. Просто нам довелось повстречаться с этим скитальцем. И если я правильно представляю дальнейшие события, вы были атакованы без всякого предупреждения?

— Так и было. Если вы знаете коварные привычки неизвестных, я рад, что вы смогли уцелеть.

— Просто повезло. Наш противник очень хотел нас догнать и не справился с маневрами в астероидном поле.

О том, что кораблей воргов было три, Кэп решил пока умолчать, как и о гравитационном генераторе, с помощью которого, собственно, и удалось сбить пришельцев. Установленный на «Легасе» генератор — вовсе не его личный секрет. Не ему его и разглашать. Что удивило Кэпа — корабль, напавший на лурианцев, был один, а они встретились сразу с тремя. Но вряд ли лурианцы могли помочь разобраться с этим противоречием.

— Прошу вас, продолжайте, — предложил капитан.

— Продолжение будет недлинное. Как вы и предположили, неизвестный корабль атаковал нас, выпустил несколько ракет и применил боевые лазеры. Мы сбросили все, что могло сбить с курса ракеты, но этого оказалось мало. Наш корабль уцелел, но получил сильные повреждения. Противометеоритная пушка разбита, главные двигатели повреждены, и это не считая множества мелких поломок и неисправностей. К счастью, мы не потеряли полностью ход и маневренность, а вот достойно ответить агрессорам не смогли — наш главный лазер был разбит, а больше на внешней подвеске у нас нет ничего на такой случай. Наш корабль не военный.

— Не знаю, огорчу я вас или обрадую, только лазер вам в данной ситуации не помог бы. Не берет их лазер — проверено.

Лурианец посмотрел немного недоверчиво, но возражать не стал. Корабль говорящих с ним людей встретился с неизвестным агрессором и пришел в эту систему своим ходом. Это говорило о многом.

— Простите, я опять вас перебил.

— Нет-нет, то, что вы говорите, очень ценно.

— Чуть позже я расскажу вам то, что могу рассказать по этому поводу, — пообещал Кэп.

Лурианец понимающе кивнул. Он сам был капитаном и имел понятие о дисциплине. Другой капитан обещает поделиться с ним сведениями в том объеме, в котором сочтет это возможным. Он поступил бы точно так же.

— Мы снарядили катер бочками с порошковой краской, — продолжил рассказ лурианский капитан, — отогнали его от корабля и взорвали. Помеха выдалась славная. Под этой завесой нам и удалось добраться до спутника наибольшей планеты системы, где мы сейчас находимся. Мы посадили корабль в это ущелье, если наше падение можно назвать посадкой. Скорее всего, здесь он и найдет свое последнее упокоение, больше ему не подняться. Агрессоры немного поплутали по системе и ушли курсом... — Лурианец назвал координаты, примерно совпадающие с тем направлением, откуда двигался «Легас».

Корабль, атаковавший лурианцев, вполне мог быть одним из тех, что позже повстречался с людьми. Только почему кораблей было три? Непонятно.

— Главный передатчик был поврежден, пришлось задействовать передатчик бакена, — продолжал рассказ лурианец, — он совсем не мощный, но это давало хоть какую-то надежду. В этом районе не должен был появиться в ближайшее время ни один наш корабль, но надежда всегда остается. И конечно, мы никак не ждали спасательной экспедиции людей. Поэтому так и получилось: увидев вашего робота, я подумал, что он принадлежит тем, кто нас сбил. Я искренне сожалею и готов по возвращении на Луриан понести заслуженное покаяние.

— Считайте, что мы забыли про это досадное происшествие. Что уж так каяться-то? Ситуация неприятная, но все обошлось малыми потерями.

Робота было жаль, но лурианец так сокрушался о его уничтожении...

— Я благодарен за ваше благородство, но забыть такое не смогу, пока не сочту свой уровень повышенным в достаточной мере. А до той поры я буду чувствовать себя виноватым, — ответил Аеши.

—Да не надо нам совершенно, чтобы вы раскаивались.

— Это нужно мне. Если хотите, это вопрос самоуважения.

Как все непросто с этими лурианцами! У каждого свои обычаи, бывает, оказывается, и такой подход. Правильно это или нет? Сложно сказать. Если сравнивать с тем, что некоторые, натворив дел куда более серьезных, вовсе не чувствуют никакого раскаяния... А ведь совсем неплохо быть готовым ответить перед собственной совестью за свои поступки. Это качество, достойное уважения. Вот только как-то это все у лурианцев слишком. Или не слишком? Где здесь вообще мера? Трудно разобраться в чужом укладе и образе жизни, в своем-то иногда непросто.

Аеши Нурс молчал, ожидая ответа людей. А что сказать? Как и предполагал Кэп, то, что случилось с горным роботом, оказалось досадной случайностью. Спасательную экспедицию надо было продолжать, прилетели они сюда именно за этим.

— Ваш корабль можно починить? Мы поможем всеми доступными средствами, — поинтересовался Кэп.

— Боюсь, что это невозможно. Ни наших, ни ваших технических возможностей здесь недостаточно. Повреждения слишком велики, к тому же корабль прочно заклинило между скалами.

— В таком случае я предлагаю вам воспользоваться нашим гостеприимством и подняться к нам на борт. Мы находимся в не слишком завидном положении, но корабль исправен, и место для вас найдется. Придется потесниться, так что большого комфорта не обещаю, но буду рад видеть вас у нас. Возьмите с собой самое необходимое — то, что влезет в грузовой отсек вездехода. Наши трюмы заполнены. К сожалению, много груза мы взять не сможем. Да и не так эти трюмы велики, все-таки у нас разведывательный корабль, а не грузовой.

— Спасибо. Нам ничего не остается, как согласиться с этим предложением. То, что вы нас услышали, большое чудо. Другого шанса отсюда выбраться у нас просто не будет.

— Тогда давайте сделаем так. Вы вернетесь сейчас к себе и предупредите своих друзей, а затем мы подъедем на вездеходе и поможем вам эвакуироваться, — предложил Кэп.

— Хорошо, так и сделаем, — согласился лурианец. — А как вы узнаете, что мы готовы? Мне возвращаться сюда?

— Нет, не будем терять времени. Пусть вместе с вами отправится уже знакомый вам робот-кран. Он подождет у завала. Когда будете готовы — подайте сигнал. Кстати, робот поможет расчистить дорогу для вездехода.

Лурианец поблагодарил за понимание и отправился в обратный путь. Робот сопровождал его, следуя в небольшом отдалении. Не доехав десяти метров до завала, робот остановился. Лурианец же, обогнув валун, на котором лежал его лазер, отправился к своему кораблю.

Минут через пять он показался в поле зрения и помахал рукой, давая знать, что можно ехать.

Робот, выполняя полученную команду, начал расчищать дорогу. Трофимыч двинул вездеход в сторону лурианского корабля.

Робот резво растолкал по сторонам камни поменьше и замер перед глыбой, превышающей его размерами. Выбросив в стороны опорные штанги, он начал ввинчивать в грунт буры, крепя себя к поверхности. Он был слишком легким, чтобы поднять без опоры многотонную глыбу. Закрепившись, малыш обхватил валун и передвинул его манипулятором в сторону.

— Ты смотри, что делает! — комментировал Кэп. — Этот камень весит не менее трех тонн!

— Пожалуй, все пять будет, — добавил Трофимыч с гордостью за своего подопечного. — А малыш весит не более трехсот килограммов.

Техника у косморазведчиков всегда была отменной.

Лурианец ждал у разобранного роботом прохода, наблюдая за работой крана. Система кодировки сигнала у передатчика скафандра лурианцев отличалась от принятой у людей. Чтобы поговорить, приходилось ждать, когда все окажутся в помещении, наполненном воздухом. Звуковые волны, как известно, в вакууме не распространяются.

— Надо же, у них даже шлюз работает, — удивился Трофимыч, увидев, что Аеши Нурс делает им знаки, предлагая загнать вездеход в овальный зев транспортного трюма.

— Вот только не потеряем ли мы связи с кораблем,

туда заехав, — сказал Кэп. — Тогда придется продолжать общаться жестами.

— Вряд ли. Это обыкновенный транспортник. Не должен он быть настолько изолированным от внешнего мира.

Люк шлюза закрылся, и Кэп с Трофимычем выпрыгнули из вездехода, оставив двери в грузовой отсек открытыми.

— Разрешите мне представить нашу команду.

Связь с «Легасам» работала, пусть с небольшими помехами, но вполне прилично. По крайней мере, можно было обойтись без знаков — центральный компьютер продолжал работать переводчиком.

Два лурианца подошли к людям. У одного из них рука была закреплена фиксирующей повязкой. Видимо, лечебные процедуры не были доведены до конца.

— Мидап Щшанг, — представил лурианский капитан того, что был без повязки. — Специалист по грузовым перевозкам. Второй уровень допустимой деструкции. Илсини Аунв, техник. Четвертый уровень допустимой деструкции. — Капитан назвал имя второго, того, что был ранен.

Трофимыч многозначительно оглянулся. Что бы ни значил названный лурианцем уровень допустимой деструкции, у техника он был такой же, как и у капитана.

— У нас хороший техник, — правильно поняв удивленный взгляд механика, пояснил лурианец, — и потом, положение обязывает.

При всем интересе спасателей к устройству корабля лурианцев напрашиваться на экскурсию они не стали. Выглядело бы это цинично и вульгарно — прилетели на помощь, и на тебе: разрешите полюбопытствовать, как устроен ваш корабль. Нападение воргов не способствовало благодушному расположению лурианцев. И их можно понять. Да и отношения с людьми складывались последнее время... В общем, никак не складывались. Необходимость в такой ситуации принять помощь от экипажа корабля землян приводила лурианцев в смущение. Их неловкость чувствовалась в ненароком брошенных немного виноватых взглядах.

Они, конечно, были благодарны за спасение. Такое качество, как неблагодарность, ни на секунду не посетило их, но вот некоторая неловкость была заметна. Но не отвергать же, в самом деле, помощь по причине неловкости. Да и новость о случившемся неожиданном нападении на лурианский корабль донести до своих было важно. Очень важно. Кто предупрежден, тот готов к нападению.

— Приступим к погрузке? — спросил Аеши.

— Да, пожалуй. Тянуть ни к чему. Загружаемся — и в дорогу.

Лурианский погрузчик был полуавтоматическим. Чем была вызвана нелюбовь лурианцев к полностью автоматическим системам, сложно сказать с уверенностью, вот только там, где это шло не в ущерб делу, они старались обойтись полуавтоматами.

Мидап Щшанг надвинул на глаза козырек обратной связи с роботом-погрузчиком и поднял правую руку в перчатке, сплошь увешанной датчиками. Грузовой робот двинулся к вездеходу с первой партией груза.

Трофимыч наблюдал за процессом погрузки с большим интересом. Еще бы — новая техника незнакомой конструкции. Не совсем, конечно, незнакомой, кое-что из принципов передвижения есть и будет универсальным, но все же. Робот был изготовлен на базе колесного шасси и оснащен двумя шарнирными манипуляторами.

— Техник наш мастер с ним управляться, он может работать сразу в две руки. — Назначение второго манипулятора выяснилось само собой из любезного пояснения лурианского капитана. — Вот только сейчас он немного не в форме после нападения на нас неизвестного корабля.

Разгрузив платформу, Мидап отправил ее в путь за новой партией груза.

— За второй рейс обернемся, — пояснил Аеши Нурс. — Мы возьмем только самое необходимое. Бортовой журнал в первую очередь, кое-что из припасов, чтобы не быть вам слишком в тягость. За остальным вернемся позже. Быть может, если сюда притащить специальный ремонтный док, корабль еще смогут починить и освободить от каменного плена.

Надежды, надежды, это последнее, что у нас остается. Желание лурианцев восстановить корабль трогало до глубины души. Кому, как не им, таким же космическим бродягам, понимать это? Трофимыч смог в деталях рассмотреть повреждения, корабль легче было списать, чем восстановить. Говорить об этом он не стал, к чему бередить чужие раны. Спасаемые и так понимали, что положение их корабля плачевно.

Из необязательного, с разрешения Кэпа, лурианцы прихватили лишь собственный погрузчик. Места он занял немного. Оружие они не стали брать принципиально, освободив Кэпа с Трофимычем от неизбежно возникавшей в противном случае дилеммы. Как относиться к спасенным, которые пытаются протащить к тебе на борт лазер? Механик облегченно вздохнул, а за ним незаметно и Кэп. Всегда приятнее иметь дело с людьми, настроенными доброжелательно, даже если их спасаешь. Особенно если их спасаешь.

— Ну что, по местам? — спросил Трофимыч, садясь в кабину вездехода.

Кэп занял свое место. Лурианцы, несколько секунд постояв в молчании, прощались с кораблем, долгие годы бывшим для них вторым домом. Наконец они обернулись и отправились на посадку. К сожалению, в грузовой отсек — мест в кабине больше не было. Впрочем, откидные сиденья в грузовом отсеке имелись, так что сидеть на полу не пришлось. Не слишком комфортно, но, как говорится, чем богаты... Это спасательная экспедиция, а не увеселительная прогулка.

Вездеход выехал из шлюза, заставив всех вздохнуть с облегчением. В том числе и находившихся на «Легасе» Иржи и Вячеслава. Принять участие в спасательной экспедиции они не смогли, но за товарищей переживали и рады были их возвращению. Отправившийся в обратный путь вездеход заметно прибавил им оптимизма.

Обратную дорогу Трофимыч проехал, не слишком торопясь. Он вел вездеход аккуратно, не забывая, что с ними едет раненый. Примерно через час они благополучно добрались до «Легаса». Вот и вся спасательная экспедиция, которую и проспала профессор Зелинская, о чем позже неимоверно жалела. За это досталось всем, в первую очередь Иржи. Лурианцы — это, конечно, не ворги, о них уже многое известно, но побеседовать вот так накоротке Нике до сих пор с ними не доводилось.

Она отправилась было в кают-компанию, где располагались спасенные, с намерением побеседовать, вот только разговор получился недолгим. Лурианцы были печальны, немного рассеянны, отвечали односложно. В общем, к разговору на общие темы они были совершенно не расположены. Их можно понять. После всего, что с ними случилось, болтать о бытовых мелочах нет никакого желания.

Пришлось Нике в печали вернуться в рубку с надеждой на более удобный случай. И внимательно послушать рассказ о ходе спасательной экспедиции.

9

Между тем «Легас» совсем не торопился пуститься в путь. Штурман не устанавливал курс, капитан не давал команды к запуску двигателей. Причины тому были самые прозаические — необходимо было как-то определиться с дальнейшими действиями, а точнее, решить один непростой вопрос: куда лететь?

— Что там у нас с топливом, Слава? Рассчитай самый экономичный режим, — попросил Кэп.

— Не выходит, — вздохнул Вячеслав несколько минут спустя.

— Что, совсем не выходит?

— Совсем. Топлива не хватит до Дидры. А она была ближе всего. Топлива не хватит никуда.

Ситуация вырисовывалась неприятная. Терпящих бедствие лурианцев спасли, а вот сами снова застряли. Такой вот выдался непростой рейд.

— Хорошо еще, что аккумуляторы подзарядили, проходя недалеко от ближайшей звезды, — заметил Трофимыч.

Корпус «Легаса» до сих пор был затемненным, собирая и перерабатывая в электричество энергию от звезды той системы, в которой они находились, так что работе бортовых агрегатов ничего не угрожало. Точнее, это позволяло не тратить на работу внутрикорабельных систем драгоценное топливо. Небольшой, но все же плюс.

— Объявляется всенародный опрос. Послушаем предложения на тему «Что нам делать дальше», — объявил капитан.

Серьезный вопрос. Все задумчиво притихли. Хороших предложений здесь не предвиделось, оставалось рассмотреть остальные. То есть скорее плохие, чем хорошие, и относительно неплохие. Выбирать приходилось из них.

— Пройдем столько, на сколько хватит топлива, — предложил Иржи, — а когда оно закончится, попробуем связаться с базой и вызвать помощь.

Предложение логичное и напрашивалось само собой, но все понимали его минусы. Зависнуть бездвижно в космосе? Нет, это совсем не лучшая перспектива.

— Тогда уж лучше остаться здесь, — возразил Вячеслав, — и потратить часть энергии на дальнюю связь.

Этот вариант был чуть лучше. По крайней мере, «Легас» мог сохранить маневренность. Вот только и этот способ таил в себе много неизвестного. Примут ли сигнал на Дидре в неурочное время? Расписания связи Дидры — это, конечно, не тайна, но кто знал, что оно может пригодиться?

— А ты, старина, что молчишь?

Механик был задумчив. Но в отличие от тех случаев, когда он находил решение, в этот раз он был печально задумчив.

— Вот думаю, как нам приспособить топливо с разбитого лурианского корабля.

— Что ж ты раньше не сказал, пока мы там были?! Отличная мысль!

— Вот потому и не сказал, что мысль не очень отличная. Не получится ничего. Не той системы у них топливо.

— Ты уверен?

— Я успел перекинуться парой слов с их техником. Не подойдет нам их топливо. У них топливо литеры Z, а нам нужно топливо литеры L.

— Да, а такой хороший был вариант. Заправились бы — и прямо на Землю.

Все вздохнули вслед за Трофимычем.

— А в обсуждении все участвуют? — неожиданно спросила профессор.

Команда повернулась к Нике. Еще бы, всем было интересно послушать, что она скажет. Порой люди, далекие от какой-то проблемы, могут подать дельный совет, сами того не подозревая.

— Профессор, вы хотите что-то предложить? — поинтересовался за всех Кэп.

— Нет. Я, собственно, хотела поинтересоваться, будете ли вы опрашивать лурианцев?

— Лурианцев?

— А что, действительно, как-то мы забыли, что они только сейчас пассажиры, а вообще-то очень и очень сведущи в космических полетах. Быть может, что и посоветуют.

Предложение привлечь к общему совету неожиданных гостей было одобрено единогласно. Умный человек тем и отличается, что всегда готов выслушать совет. Выслушать — еще не значит принять, а вот послушать и сделать выводы — это всегда пожалуйста.

В рубке всем было бы тесно, команда двинулась в кают-компанию, где сидели их невольные гости.

Лурианцы удивленно оглядывались на обступивших их людей.

— Да нет, точно что-нибудь посоветуют, — проговорил Иржи.

— Вы извините нашу бесцеремонность, здесь у нас образовалась маленькая проблема, — начал за всех Кэп. — Наверное, вы хотите отдохнуть? Мы вас недолго побеспокоим, обстоятельства такие, что любое мнение не будет лишним. В общем, так: у нас не хватит топлива, чтобы вернуться на маршрут следования.

Корабельный компьютер добросовестно перевел все, что было сказано.

— А если выбрать другой маршрут? — поинтересовался лурианский капитан.

— Невозможно, мы и так шли к ближайшей базе. Дело в том, что нам пришлось взорвать запасной контейнер с топливом, и оставалось его совсем в обрез.

Лурианцы переглянулись.

— А если бы вы не отозвались на наш сигнал? Прошу вас, ответьте честно, — спросил их капитан.

— Да, вы верно догадались. Топлива у нас было только-только на то, чтобы пройти по выбранному маршруту. А что было делать? Не прийти на помощь гибнущему кораблю? Это просто невозможно. Я думаю, вы поступили бы так же, как и мы.

Аеши встал и с важным видом поклонился:

— Разрешите называть вас своим другом. Вас всех называть друзьями.

Его экипаж последовал примеру капитана, засвидетельствовав почтение и уважение легкими поклонами.

Экипаж «Легаса» был растроган. Но надо было как-то отвечать.

— Буду рад, — ответил Кэп, слегка поклонившись на манер лурианцев.

— И я тоже, — добавил Иржи.

— Присоединяюсь, — сказал Вячеслав.

— Я тоже буду считать вас друзьями, — согласился Трофимыч.

— А я? — Все повернулись в сторону печального профессора Зелинской. — Пока вы проводили спасательную экспедицию, я спала. Что я теперь могу сказать?

Ника бросила на Иржи взгляд, полный упрека. Бедняга и сам уже был не рад, что прописал Нике лечебный сон.

— А если бы вы, профессор, не спали, то проголосовали бы за спасательную экспедицию или против? — спросил лурианец.

— Конечно за! — Ника была удивлена подобным вопросом. Другой ответ просто не мог прийти ей в голову.

— Ну вот, можете считать, что спасательная экспедиция прошла с вашего молчаливого одобрения.

Все невольно рассмеялись. Шутка эта разрядила несколько напряженную атмосферу. Настороженность сменилась улыбками, и разговор пошел намного веселее.

— Вас, профессор, мы тоже будем считать своим другом, — сказал Аеши. — Что бы там ни было между лурианцами и людьми, тех, кто пришел на помощь в трудную минуту, мы всегда будем считать друзьями.

— И это хорошо, — тоже улыбаясь, сказал Кэп. — Тогда, быть может, дадите нам по дружбе совет? Как нам быть дальше?

Аеши оглянулся на своего техника.

— Топливо с нашего разбитого корабля им не подойдет, — опережая вопрос, ответил Илсини. — Мы уже обсуждали этот вопрос с Трофимычем.

— С Трофимычем?

— Да. С ним.

— Вы посмотрите, Аеши, не успели мы еще прикинуть, что к чему, а наши механики уже нашли общий язык, — удивился Кэп.

— Это потому, что техника — вещь повсеместная.

— Да, это так. Тем не менее вопрос, как нам добраться до базы, остается открытым.

— А куда вы собирались идти? — спросил Аеши Нурс.

— Вячеслав, выведи, пожалуйста, карту. Вот, смотрите — это система Дидры. Туда-то мы и держали путь, — прокомментировал Кэп изображение.

Аеши пригляделся, приноравливаясь к незнакомому экрану. Звезды остаются звездами, и созвездия отображаются на всех мониторах примерно одинаково, поэтому лурианец очень быстро определил, что есть что.

— Мы сейчас вот здесь? — Лурианский капитан навел маркер на определенный сектор. — Тогда все решается просто. Ближе вашей базы на Дидре находится наша база в системе Тапир. Вот смотрите, она ближе как минимум на треть. — Аеши навел маркер на требуемый квадрат.

Такая мысль просто не приходила в голову никому из экипажа «Легаса». Пойти на чужую базу?! А что там? Лурианцев они доставят, а как быть самим? Отправиться в незваные гости? Кто такой незваный гость, понятно всем без пояснений. С другой стороны, это был выход, до Тапира «Легас» мог дойти с гарантией.

— Интересное предложение. А что дальше? Что мы будем делать по прибытии в указанное вами место?

— На Тапире довольно крупная база, там обязательно найдется нужное вам топливо. Мы будем рады заправить вам полные баки. Это меньшее, что мы можем для вас сделать.

Экипаж «Легаса» переглянулся. Предложение было заманчивым. С полными баками можно было не идти на Дидру. С полными баками «Легас» мог повернуть к Земле.

— Да, но если мы без предупреждения появимся

вблизи вашей базы, боюсь, это вызовет переполох. И немалый.

Что бы они, интересно, стали делать в таком случае? Могли появление неизвестного корабля и за агрессию принять.

— Необходимо наладить связь. Илсини поможет вам разобраться с нашими частотами и кодировками. Они с Трофимычем, похоже, хорошо сработались.

Дельное предложение. Только как быть со всем остальным? Вот так взять и отправиться на чужую базу... Не очень-то их там ждут. По крайней мере, о подобном нет ни договора, ни даже маленького соглашения. С другой стороны, они появятся там не просто так, а для высадки спасенного экипажа. Причина самая уважительная.

— Была не была, идем на Тапир, — решил Кэп.

В тот момент он и предположить не мог всей рискованности этого решения, как и того, что окажется оно лучшим выходом из создавшейся ситуации. Не мог предположить, какие оно вызовет последствия, какие силы приведет в движение. Сейчас перед Кэпом стояла непростая задача: необходимо было доставить спасенных лурианцев до обитаемых мест, а затем вернуться на свою территорию. Желательно поближе к Земле.

— Слава, берем курс на Тапир.

Вячеслав кивнул. Сомнения? Они у него тоже имелись. У кого их нет? Но раз капитан решил...

10

Дежурный оператор локационного поста в системе Тапир был крайне удивлен необычностью происходящих событий. К базе приближался корабль. На запросы автоответчика корабль не отзывался, в реестре кораблей лурианского флота не значился. Корабль просто не мог бы не ответить, поступи к нему запрос на его родном языке, это его первейшая обязанность — идентифицировать себя по любому запросу. Здесь же — молчок, будто и не понимает совсем. Вместо ответа на запрос от корабля поступил вызов на стандартной частоте в общепринятой для лурианцев кодировке.

Оператор удивился и активировал приемный экран. Увидел он рубку непривычно угловатого образца. Люди. На связь с ним выходил космолет людей. Как реагировать на эту новость? Оператор был в растерянности. После недолгих сомнений он решил, что именно для таких случаев и существует начальство, и вызвал старшего смены.

Старший смены, недовольно ворча, появился на локационном посту с твердым намерением устроить нагоняй оторвавшему его от важных дел оператору. Намерениям его не дано было осуществиться.

Старший смены взглянул на экран и увидел рубку непривычного образца с сидящими в креслах людьми. И не только. В креслах располагались два человека и один лурианец.

— Привет! — Человек улыбнулся и помахал рукой.

И как на это, спрашивается, реагировать? Старший смены в недоумении молчал, разглядывая рубку незнакомого корабля. В самом деле, а почему он должен решать, что предпринять? Для этого существует руководство.

В личном модуле начальника базы заработал модуль срочной связи. Совсем отдохнуть не дадут. Молми Трокс вздохнул и ответил на вызов. Непросто быть начальником такой немаленькой базы, как на Тапире.

На экране появился старший смены локационного поста.

— Что у вас? Докладывайте, — недовольно сказал Молми.

— У нас чрезвычайное происшествие. Корабль людей прямым ходом направляется к нашей системе. По нашему общедоступному каналу на связь вышел человек.

— И что он делает?

— Улыбается и машет рукой.

— Вы что, из-за этого меня потревожили? Что вы нашли необычного в том, что человек машет рукой? Чем же ему еще махать?

— Да, но что нам ответить на приветствие? И вообще, отвечать или не отвечать?

Отношения с людьми были непонятными. Точнее, последнее время их не было вообще по причине неопределенности. Начальника смены вполне можно было понять. Что ему делать в ответ на приветствие? А что делать самому Молми Троксу?

Молми приходилось принимать решения ежедневно, такова его непростая работа. А значит, и выход искать ему.

— Сейчас буду, — буркнул Трокс и принялся собираться.

Во-первых, Молми был предупрежден, и потом, с различными необычными ситуациями ему приходилось сталкиваться чаще, чем его подчиненным. Поэтому в ответ на очередной «привет», который Кэп передал с экрана с поразительной невозмутимостью, он не стал отмалчиваться. В конце концов, прежде чем что-то решать, необходимо выяснить намерения экипажа неизвестного корабля. Молми ответил:

— И вам всего хорошего. Чем обязан вашему визиту, люди?

— Разрешите для начала представиться. Капитан дальнего космического разведчика «Легас», принадлежность — Земля. Мы хотели бы передать вам ваших соотечественников с погибшего корабля.

Это было необычно. Это было очень необычно. Мало того что катастрофы с кораблями случались редко, так тут еще в качестве спасателей выступают люди. К чести Молми следует сказать, что был он начальником бывалым и понимал, что в жизни может случиться всякое, в том числе и то, что до этого никогда раньше не случалось, например, такая вот странная вещь, как спасение экипажа лурианского корабля людьми. Поступок более чем достойный. Отказать в швартовке спасателям? Это было бы черной неблагодарностью.

— А что за корабль потерпел бедствие?

— Можете сами поговорить с капитаном. — Кэп кивнул присутствующему в рубке Аеши.

— Здравствуйте, Молми, — поприветствовал начальника базы Аеши Нурс. — Вы меня не помните? Наш постановщик бакенов заходил к вам пару месяцев назад.

— Как же, как же. Вы тогда еще просили загрузить вас припасами по максимуму.

Кораблей на Тапир заходит много. Вот только постановщик бакенов — редкая специализация. Это не транспортник, которых за месяц, бывает, десятки швартуются, всех и не упомнишь. Бакенщик за все время работы Молми на Тапире заглянул к ним только один раз.

— Что случилось с вашим кораблем?

— Вы не поверите, нас сбили. Лишь чудом удалось уйти на вынужденную посадку. Мы должны сообщить сведения чрезвычайной важности. На наш корабль было совершено нападение кораблем неизвестной расы.

— Вы ничего не путаете? — Сообщение из разряда тех, что могут сбить с толку кого угодно.

— Трудно спутать такое с чем-нибудь другим. Тем более у нас собой все материалы. Модули памяти с записью бортовых журналов.

— Эта новость просто потрясает. Я немедленно соберу совещание и отправлю запись нашего разговора на Луриан. Ждем вас. Кораблю землян будет предоставлен коридор и место для швартовки.

Кэп с Вячеславом были немного озадачены явной растерянностью хозяев базы. Впрочем, лурианцы обещали принять «Легас» и оказать гостеприимство экипажу — уже хорошо. Но отвечали они без энтузиазма.

— Слава, тебе не кажется, что нам там не очень-то рады? — поинтересовался Кэп.

— Скорее, совсем не рады. Быть может, не стоило идти на Тапир?

Аеши Нурс не услышал перевода, но догадаться, о чем идет речь, ему не составило труда. Это вызвало у него очень печальную улыбку, ту, которая сопровождает искреннее сожаление. Обо всех людях он судить не мог, но именно этот экипаж земного косморазведчика был более чем достоин самого лучшего отношения. Не каждый из его знакомых был настолько достоин искреннего взгляда и доброго слова. Не погорячился ли он, предложив лететь на Тапир? Да нет, не может такого быть. Истинное благородство не может быть не оценено по достоинству. А пришедшему на помощь не следует отвечать неблагодарностью. Растерянность пройдет, и все встанет на свои места. Должно встать.

На Тапире тем временем события завертелись с потрясающей быстротой. Полученная новость была из разряда наиважнейших. Если, конечно, это все не шутка. Да нет, на шутку совершенно не похоже.

Молми Трокс поручил оператору установить срочную связь с Лурианом.

— Луриан на связи, — отозвался оператор чуть погодя.

Молми подошел к экрану и, немного волнуясь, начал разговор. Ошибиться в этом вопросе было чревато. Если информация о неизвестной агрессивной расе окажется недостоверной, он выставит себя на посмешище перед всем сообществом. А если нет? Стоило рискнуть.

— Сообщение повышенной важности для Министерства внешних территорий. Получена информация о нападении на один из наших кораблей. Экипаж уцелел. Жду его прибытия с бортовыми журналами. Передаю данные связи с уцелевшим экипажем.

— Добавь к моему сообщению запись разговора с кораблем людей, — поручил оператору Молми.

— Сделано. А что теперь?

— Подождем ответ.

Минута шла за минутой, а ответ не торопился приходить. Наконец на семнадцатой минуте ответ поступил, но совсем не от тех, кому было адресовано послание.

Послание было кратким: «Обо всем, что касается этого дела, просим информировать подробно и незамедлительно. Начальник службы сбора и анализа информации».

Ничего себе, этим делом заинтересовалась разведка! Причем на уровне самого ее руководителя. Впрочем, что здесь странного? Эти данные в первую очередь интересны именно им. Чего доброго, стоит ждать, что их представитель пожалует сюда собственной персоной.

Тапир гудел, как растревоженный улей. Новость о том, что скоро прибудет корабль косморазведки людей со спасенным лурианским экипажем на борту, разлетелась со скоростью метеорита, вызывая массу толков и рассуждений. Мнения на этот счет были самые разные, от откровенно восторженных до настороженных. Не было лишь равнодушных. Молми пришлось приложить немало усилий для того, чтобы успокоить персонал базы и охладить пыл как тех, кто собирался восторженно приветствовать экипаж «Легаса», так и тех, кто предлагал ограничить общение с людьми приемом своих соотечественников. Увы, что скрывать, отношение к людям было далеко не однозначным. Хорошо еще, что о прибытии корабля стало известно заранее, к тому моменту, когда он появился в пределах прямой видимости, страсти успели немного поутихнуть.

Два бота встретили «Легас» на подходе к Тапиру. Облетели со всех сторон, поприветствовали и отправились к базе, задавая направление на посадку. Лурианцы спешили удостовериться, что корабль землян им не привиделся и на самом деле находится там, где ему положено находиться. А может, они решили приветствовать «Легас» таким странным образом? Нечто вроде встречающей делегации.

Курс на посадку был передан заблаговременно. Место

и время определено. Космодром на Тапире был обширнейший и использовался как государственным флотом Луриана, так и кораблями его частных компаний. Места хватало всем. Строился космодром с большим запасом — планы развития инфраструктуры Тапира были велики. Еще бы, колония с кислородной атмосферой — это совсем не то же самое, что скромное поселение под куполом. Ей развиваться и развиваться.

Трофимыч уверенно посадил «Легас» чуть в стороне от скопления лурианских кораблей.

— Ну что, идем знакомиться с местными жителями? — предложил Кэп.

Вопрос о том, покидать «Легас» во время стоянки или оставаться на корабле, не был праздным. За время полета его успели обсудить не раз, высказывая множество доводов. В результате решили отправиться в незваные гости большинством состава, оставив одного человека на борту.

Кэп, Трофимыч, Иржи и Ника в парадных костюмах при всех регалиях спустились по трапу к встречающим. Случай поближе посмотреть на лурианцев Ника упустить не собиралась. На борту остался Вячеслав. Открыв грузовой шлюз, он следил за отгрузкой тех немногих вещей, что прихватили с собой лурианцы с разбитого корабля.

Делегация встречающих была впечатляющей. Она была бы еще большей, если бы не меры по ее оптимизации, принятые Молми Троксом. Устраивать демонстрацию по поводу встречи гостей не входило в его планы.

Молми сделал два шага вперед и важно поклонился:

— Я рад приветствовать на Тапире наш доблестный экипаж и его спасителей. Добро пожаловать на обед в вашу честь.

Обед — это хорошо. Ничто так не способствует хорошему настроению, как плотный обед, тем более когда тебя им угощают.

Молми сказал краткую речь, Кэп в свою очередь кратко ответил, что рад, и так далее. Не слишком гостеприимным был этот обед, как встреча нежданных назойливых родственников.

Кто действительно был рад, так это профессор Зелинская. Несколько раз она порывалась начать неформальный разговор то с одним из сидевших за столом, то с другим. Лурианцы были вежливы, но к разговору не очень-то расположены. Отвечали улыбками и совсем краткими предложениями. Нике опять не везло.

— Кэп, когда о топливе разговор начнем? — тихо спросил Трофимыч. — Пообедали, пора и к делу переходить.

— Неловко как-то сразу говорить о топливе, — отозвался Кэп. — Аеши обещал сам решить этот вопрос. Надеюсь, у него это получится быстро.

Обед закончился, и людям предложили пройти в гостиницу, отдохнуть с дороги. Лурианцам не терпелось расспросить своих спасенных сограждан. Никто возражать не стал. Когда еще выдастся случай близко познакомиться с бытом лурианцев? Да и отдохнуть действительно не мешало.

Быт и правда был причудлив. Двери овальные, столы в комнатах — круглые, а вместо стульев — необычные сиденья, которые подразделялись на монолитные литые кресла сложной формы и кресла-качалки.

Поселили людей удачно — в отдельном коттедже с общей гостиной и четырьмя персональными комнатами. Само строение стояло чуть на отшибе. То ли для их удобства, то ли чтобы не смущать их близким присутствием население Тапира.

11

Совещание проходило бурно. Еще бы, такие новости. Недобрые вести. Призрак неизвестных агрессоров, маячащий за порогом, тревожил всех. И потому равнодушных не было и в помине, царила полная и всесторонняя заинтересованность. Именно всесторонняя, поскольку собравшихся интересовали вопросы самого широкого плана.

Начальник базы выступил с коротким докладом и передал речь капитану подбитого бакенщика.

— Прошу вас ознакомиться с записью нашего бортового журнала, — предложил Аеши, — вот этот корабль, тот, который всех нас так интересует. Он совсем незнакомой нам конструкции.

Сцена нападения на лурианцев корабля воргов повергла всех присутствующих в недоумение и негодование — агрессоры напали безо всякого предупреждения, без попытки хотя бы вступить в переговоры. Это не могло вызвать иной реакции, кроме единогласного возмущения. Вот только за возмущением ясно чувствовалась тревога и обеспокоенность.

— А вы уверены, что этот корабль не принадлежит людям?

Как и следовало ожидать, сомневающиеся появились. Как же без них? Среди множества лурианцев непременно найдется тот, кто выскажет сомнение подобного рода. Им оказался заместитель начальника базы по снабжению Ащип Шокл. Несмотря на довольно высокую должность, уровень допустимой деструкции Ащип имел всего лишь четвертый. Это являлось постоянной причиной для его неудовлетворенности, чрезмерной подозрительности и всевозможных нападок на тех, кто попадался под руку. Неудовлетворенность же мешала и повышению уровня. Такой вот сложился замкнутый круг. Разорвать его Ащипу пока не удавалось при всем желании.

— Вы по роду своей деятельности должны быть знакомы с грузовыми перевозками. И основные типы кораблей людей, я думаю, тоже вам известны. Встречался ли вам такой?

Ход был сильным. Признать, что не знаком с имеющимися у людей кораблями, было выше способностей заместителя по снабжению.

— Да, вы правы, Аеши, корабль для людей действительно не типичен. Прошу вас, продолжайте, — согласился любитель критики.

— Кроме того, — продолжил Аеши Нурс, — у нас имеются данные, переданные нам экипажем «Легаса».

Фрагментов, собственно, имелось два. Именно их, как самые показательные, решено было предоставить лурианцам. На первом был запечатлен взрыв корабля воргов в астероидном поле. Одного корабля, того самого, что взорвался последним. О том, что врагов было больше, люди по-прежнему умалчивали.

— А отчего взорвался этот корабль?

— По словам землян, он не справился с управлением и был поврежден астероидом.

— Люди определенно знают больше, чем говорят, — отметил Молми.

— Естественно. На их месте мы бы тоже не спешили разглашать всю имеющуюся у нас информацию. Но то, что они говорят, соответствует действительности. Есть еще один фрагмент записи.

Аеши включил воспроизведение изображения, скопированного с кристалла воргов.

Дружное «о-о-о!» прокатилось по рядам присутствующих. Ворг впечатлял. Это был уже не какой-то неизвестный враг, а враг вполне осязаемый. Ценность этой записи была колоссальной, это понимали все присутствующие. Возможность увидеть изображение ранее неизвестного противника дорогого стоила.

— И земляне передали нам эту запись совершенно безвозмездно?

— Да. И я их понимаю. Она полностью исключает их причастность к нападению на наш корабль. К тому же я видел оригинал носителя записи, его люди подобрали среди обломков корабля воргов.

— Кого?

— Воргов. Так они назвали неизвестных агрессоров.

— Вполне подходящее название. Жаль, нет звука.

— Звука не было и на исходном кристалле. Или же кодировка его неизвестна.

— Кристалл с оригиналом записи, обломки корабля агрессоров. Интересно, что еще известно землянам?

— Нам остается только благодарить их за то, чем они поделились с нами. Не приди они к нам на помощь, мы бы не смогли донести до вас даже эту информацию. А она важна.

С этим согласились все. Информация была действительно важна, точнее, она была бесценна.

— Меня вот что удивляет. Почему люди, обладая такими важными сведениями, отправились к нам, а не прямым ходом к Земле? Это было бы логично.

Сомневающимся, конечно, опять оказался Ащип Шокл.

— Они первоначально летели к колонии людей на Дидре. Приняв наш сигнал бедствия, они сошли с курса, а вернуться на него у них просто не хватило топлива.

— Вы что же, хотите сказать, что корабль людей свернул к вам на помощь, зная, что не сможет вернуться на курс?

— Вам это кажется смешным? Так оно и было. Возьмусь утверждать, что я на их месте поступил бы так же.

— Это все лишь романтизм и слова. А когда доходит до дела...

— Когда дошло до дела, экипаж «Легаса» поступил, как должно! Так, как должен поступать каждый достойный путешественник. Уж не хотите ли сказать, досточтимый Ащип, что вы поступили бы иначе?

— Разумеется, я поступил бы точно так же, — поспешил согласиться тот.

— Тогда мне не вполне понятны ваши сомнения.

Судя по взглядам, подобные сомнения были непонятны многим из присутствующих. Те, кому часто приходится бороздить просторы космоса, смотрят на подаваемый сигнал бедствия несколько по-другому, чем те, кто привязан к планете. Мысль о том, что сигнал последней надежды могут проигнорировать, больно ранит. И люди это или лурианцы — значения не имеет.

— Да, я думаю, нам следует поблагодарить людей за помощь. Что касается топлива, то и здесь мы просто обязаны помочь землянам и заправить их корабль, — подвел итог Молми. — Все данные, полученные от Аеши, я немедленно передам на Луриан. Заправкой корабля людей поручим заняться вам, досточтимый Ащип.

— Я постараюсь. Какое именно топливо для этого подойдет? — неохотно пробурчал Шокл.

— Топливо литеры L, — отозвался Аеши Нурс, — оно для нас не совсем типично, но используется.

— Да-да, я знаю. Одна частная компания последнее время продвигает на рынок это топливо, они даже оснастили все свои корабли соответствующими двигателями. Их представительство есть на Тапире. Вот только захотят ли они продать топливо?

— Как они могут не захотеть? — удивился Молми. — Для того они здесь и находятся. Я думаю, они будут только рады, что наконец-то нашелся покупатель. Заплатим, разумеется, мы. Заставлять землян платить за спасение наших соотечественников было бы верхом неблагодарности. Вам, Ащип Шокл, я думаю, не составит труда решить все организационные вопросы.

— Я постараюсь.

— Вот и хорошо.

Молми поспешил закрыть совещание. Полученные данные были очень важны, и передать их на Луриан следовало как можно скорее.

Шокл глубоко задумался. Поручение начальника базы совсем не вызывало у него энтузиазма. В трюмах стоящего на их космодроме корабля людей хранилось очень много интересного. А эта бестолочь Молми хочет так вот просто взять и отпустить землян. Где его патриотизм? Все эти разговоры о взаимовыручке хороши, но когда дело касается интересов Луриана, не до сантиментов. Вот она, информация, всего лишь за корпусом корабля землян. Как ее получить? Получить ее Ащип вряд ли сможет. А вот задержать отправку до тех пор, пока на Луриане не оценят всю полученную от Молми информацию и не пришлют специалистов...

Тогда-то и всплывет вопрос, благодаря чьему вмешательству удалось задержать отправку «Легаса». Это реальный шанс на повышение. Если Молми этого не понимает, то он, Ащип Шокл, своего случая не упустит.

Так что, направляясь к представителю компании «Норда», Ащип Шокл преследовал совершенно иные цели и собирался повести разговор совсем в ином ключе, чем ему было поручено. И обдумывал он по дороге не то, как организовать покупку топлива, а то, как сорвать контракт на его приобретение.

Кэп проснулся в замечательном настроении. Земля, в смысле, твердая поверхность. Пусть и называется эта поверхность «Тапир». На планете Кэпу всегда спалось замечательно. Конечно, космос давно стал для него вторым домом, но где-то в глубине сидит тот, кто радуется привычной твердой поверхности. Чуть по-детски. Должно быть, это генетическая память прошлых поколений.

Из гостиной доносилось чудовищное пение, сопровождающееся шкварчанием и разносящимися повсюду вкусными запахами. Кто-то проснулся раньше.

— Трофимыч, тебе никогда не говорили, что ты не похож на солиста оперетты?

Конечно, это был механик. Мало ему кухонных комбайнов. Заказал кучу полуфабрикатов и ударился в кулинарию.

— Ты знаешь, всегда хотелось проверить некоторые рецепты. А насчет пения — да, я знаю — я пою с гораздо большим вдохновением, чем артисты. Им-то приходится делать это по необходимости.

— Но почему ты не внес изменения в программу нашего кухонного агрегата, если такой любитель кулинарных шедевров? — Кэп решил не продолжать дискуссию о музыке, остановившись на кулинарии. В конце концов, каждый может петь так, как ему нравится.

— А где же процесс творчества? Нет, настоящий шедевр можно приготовить только вручную. А если не хочешь, можешь не пробовать.

Запах был весьма соблазнительным. Как это не пробовать?

— Нет уж, солидарность превыше всего. Придется попробовать, — согласился Кэп.

— Ага, то-то же!

— А что наши, еще не проснулись?

— Нет. Аеши заходил, он-то и помог заказать мне все, что нужно. Сказал, что заглянет позже и организует нам культурную программу.

— Из всей культурной программы я предпочел бы культурную и, главное, быструю заправку топливом. Нет, в другой ситуации я был бы только рад познакомиться с местными достопримечательностями, но сейчас не до развлечений. Побыстрее бы домой.

— Вот придет Аеши, мы у него и поинтересуемся, как там обстоят дела с заправкой. А сейчас предлагаю подзаправиться самим.

— Давай, — Кэп махнул рукой, — только ребят подождем.

Друзья не заставили себя долго ждать. Иржи, а за ним и Ника появились из своих комнат, привлеченные то ли вкусным запахом, то ли интересным разговором.

— Как ваши впечатления от Тапира, профессор? — счел нужным поинтересоваться Кэп.

— Замечательно, просто замечательно! — несмотря на довольно ограниченное общение, Ника была в восторге. — Лурианцы — это, конечно, не ворги, внешне они очень похожи на людей. Но привычки, устройство общества, тот же быт — все это очень интересно. Не так много людей пока смогло побывать у них в гостях, и любое наблюдение для меня очень ценно. Отдельное спасибо

Трофимычу и Вячеславу за то, что мы теперь можем свободно поговорить с лурианцами.

Да, проблему коммуникации удалось решить. Механик собрал несколько переговорных устройств, а Вячеслав разместил в них программы перевода. Так что общение проходило легко и непринужденно. По крайней мере, с технической точки зрения.

Ащип Шокл появился в представительстве компании «Норда» с широкой улыбкой, как будто выиграл в лотерею первый приз. Старший менеджер компании был немало удивлен. До сих пор Ащип не заглядывал к ним в офис, предпочитая общаться только в случае необходимости, да и ограничивалось это общение казенными бумагами. А здесь вдруг заявился лично, да еще и с таким видом, будто несказанно рад этому визиту.

— Здравствуйте, дорогой коллега, — с порога начал рассыпаться в комплиментах Ащип. — Счастлив наконец-то побывать у вас лично. Давно уже хотелось засвидетельствовать всю глубину моего почтения к вашей компании, но все не находилось времени.

— Рад, очень рад. — Менеджер «Норды» откровенно не понимал причин таких разительных перемен. Перемены, судя по всему, были в лучшую сторону.

— Я почему к вам, собственно, зашел. Хотелось бы обсудить возможность закупки партии ботов с двигателями класса L.

— О, поверьте, вы не будете разочарованы! Наша компания согласна заключить с вами договор на самых выгодных условиях!

— Вот об этом я и хотел с вами поговорить — об условиях. Я бы хотел, чтобы вы заморозили торговлю двигателями и топливом вашей марки до заключения контракта. Это позволит мне лучше обосновать закупку целой партии ваших ботов.

Менеджер «Норды» недоуменно почесал голову. Как

поможет временный запрет на продажу того, что и так не очень охотно покупают, было малопонятно.

— А как же остальные клиенты? — поинтересовался менеджер.

— Да какие здесь еще могут быть клиенты?

Это правда. Сотрудничество с Ащипом являлось наиболее перспективным. Но все же. Хороший менеджер тем и отличается, что старается предусмотреть все варианты.

— Кто знает, уважаемый Ащип. Сегодня их нет, а завтра, глядишь, и появятся.

— Но торговлю с государственным представительством вы можете попридержать? Буквально на несколько дней. Благовидный предлог придумайте сами.

— Хорошо. Считайте, что мы договорились.

Придержать то, что до сих пор и так стоит на месте, менеджеру было несложно.

— Я надеюсь на вас. И помните, судьба вашей компании в ваших руках.

Увы, знай менеджер об истинных намерениях Ащипа Шокла, его постигло бы горькое разочарование. Никакого контракта на поставку ботов Ащип заключать не собирался. Как лурианец, далекий от каких-либо принципов, он выдумал эту историю от начала и до конца. То, что «Норда» в результате может потерять репутацию, его абсолютно не волновало. Волновало его лишь одно — возможность задержать вылет «Легаса». Довольно потирая руки, он отправился на свое рабочее место, предвкушая те блага, которые посыплются на него, когда материалы, собранные «Легасом», попадут в руки родной лурианской разведки.

Аеши пришел вовремя. Все как раз успели отведать результаты кулинарных экспериментов Трофимыча и сочли их съедобными и довольно вкусными. Ника даже попросила рассказать ей немного о кулинарии, чем механик остался необычайно доволен. В то время, когда с завтраком было покончено и все плавно перешли к чаю, в дверь постучали и на пороге появился Аеши Нурс.

— Проходите, Аеши, прошу. Не хотите ли отведать кулинарных произведений нашего механика? — приветствовал его капитан.

Аеши сделал рукой знак отрицания, означавший что-то вроде покачивания головой у людей.

— Нет, спасибо, я уже успел перекусить. Пока решается вопрос с вашей заправкой, быть может, у вас есть какие-то пожелания?

— А что, с заправкой какие-то проблемы?

— Топливо нужной марки есть только у частной компании. Заместитель начальника базы уже занимается этим вопросом. Проблем быть не должно. Не хотите ли прогуляться по базе?

Прогулка получилась забавной. Для того чтобы что-то как следует рассмотреть, надо было как минимум замаскироваться. А так, стоило людям где-нибудь появиться, как все вокруг приходило в движение. Остаться незамеченными не удавалось. Им жали руки, хлопали по плечу, стараясь выказать свое восхищение и благодарность. Пару раз друзья заглянули в бары. Лучше бы они этого не делали. Желающих угостить спасителей лурианского экипажа слабоалкогольным пивом или охлажденным таки было более чем достаточно. К особой радости Ники, общения было предостаточно. К обеду все эти восторги настолько утомили, что даже профессор согласилась с тем, чтобы вернуться в гостиницу, — неслыханное дело. Здесь-то и вспомнили о заправке. Кэп настроил рацию и вызвал «Легас».

— Слава, как слышишь меня? Как у тебя дела?

Вячеслав отозвался сразу:

— Все нормально, скучаю. Событий почти никаких.

— «Легас» уже заправили?

— Нет. Никого не было. Ни заправщиков, ни кого-нибудь другого. Полная тишина. Подходил здесь, правда, один неизвестный гражданин, просил разрешения подняться на борт. Для чего, почему, так внятно и не объяснил. Открывать шлюз я, конечно, не стал. А больше никого не было.

Сказанное не на шутку встревожило Кэпа. Для того чтобы заправить корабль, достаточно часа. Возьмем еще час на согласования и прочую бюрократическую ерунду. Но прошло-то гораздо больше времени.

— Аеши, ты не мог бы узнать, почему нас до сих пор не заправили? — с неприкрытой тревогой обратился Кэп к добровольному гиду.

— Сейчас попробую связаться с Ащипом Шоклом. Я сам слышал, как начальник базы поручил ему заняться вашим вопросом.

Аеши несколько минут разговаривал по коммуникатору, затем обернулся, встревоженный и явно озадаченный.

— Ничего не понимаю. Говорит, у «Норды» нет нужного топлива. Но топливо их стандарта почти не берут, и у них его всегда было залейся. Ничего не понимаю.

— Так, это мне решительно не нравится, — сказал Кэп.

— А нельзя ли как-нибудь ненароком узнать из других источников, как сейчас у «Норды» с топливом? — предложил Иржи.

— Ждите меня здесь. Я все разузнаю. — И Аеши исчез за дверью.

Кэп посмотрел ему вслед:

— Будем ждать. Не зная всей возможной информации, все равно ничего предпринимать не стоит.

Не было Аеши часа два. За это время Кэп успел дважды связаться с «Легасом» и узнать, что ничего нового не произошло. Топлива по-прежнему не было.

— Может, переберемся на корабль? — спросил Трофимыч. Его, как и всех, это ожидание начало настораживать.

— А толку? Топлива от этого не прибавится. Пока нам

ничего не угрожает. Да и Аеши мы обещали здесь дождаться.

Наконец раздался стук в дверь, и, переступив через овальный порог, в гостиную вошел луринанец. Был он смущен и явно озадачен.

— Какие новости, Аеши? Удалось что-нибудь узнать?

Все с ожиданием смотрели на капитана лурианского бакенщика. Он был подозрительно невесел.

— Ничего не понимаю. Я нашел одного своего старого знакомого — он работает в «Норде» младшим менеджером. Так вот, он мне рассказал, что топлива этого у них — все танки заполнены. На космодроме стоит топливозаправщик, так его сливать некуда. А еще он рассказал, что сегодня пришло распоряжение от старшего менеджера — топливо базе на Тапире не продавать.

— Да, приплыли. И как все это следует понимать? Аеши, вы же утверждали, что с заправкой не будет никаких проблем.

Лурианец тяжело вздохнул. Вся эта ситуация для него тоже была большим сюрпризом.

— Завтра же я отправлюсь к начальнику базы и потребую разобраться с тем, что происходит, — предложил он.

— А вот этого делать не стоит, — сказал вдруг механик.

— Почему? — удивился лурианец.

— В этом деле и так слишком много шума. Сдается мне, поднимать шум еще больший будет нам не с руки.

— Но надо же что-то делать! К сожалению, я не так богат, чтобы купить топливо самостоятельно, иначе заправил бы ваш корабль за свой счет, — расстроился Аеши Нурс.

— А что, это мысль. Мы сами купим топливо у «Норды», — предложил Кэп.

— Верно. Только надо это дело как следует залегендировать, — поддержал Трофимыч.

— Но это слишком большая сумма. И чек банка Земли «Норда», я опасаюсь, не примет, — засомневался Аеши.

— Не беда, заплатим наличными, — предложил Кэп.

— А чтобы не вызывать подозрений... Что вы там говорили про топливозаправщик? Давайте купим топливо вместе с ним, — предложил Трофимыч.

— Это именно то, что надо! — Кэп просто загорелся новой идеей.

Профессор Зелинская смотрела, ничего не понимая. Аеши был изумлен еще больше.

— Вы так богаты?! — удивленно спросил он. — И как вообще вы собираетесь заплатить?

— Вам говорит что-нибудь слово «липиний», уважаемый капитан?

Слово «липиний» было лурианцу хорошо знакомо. Его кристаллы ценились на Луриане не меньше, чем на Земле. То есть были баснословно дороги.

— Как считаете, «Норда» примет такое средство оплаты?

— Скорее всего, да. Вы не перестаете меня удивлять! Чем я вам могу помочь?

— Можете, очень даже можете. Надо будет представить менеджерам «Норда» покупателя. А будет им, — Кэп задумчиво обвел взглядом всех собравшихся, — Трофимыч, как наиболее разбирающийся в технических вопросах.

На следующее утро старший менеджер компании «Норда» был немало удивлен неожиданным визитом. Нет, все-таки как предусмотрительно он поступил, оговорив с Ащипом возможность появления сторонних покупателей. Как чувствовал. Быть может, это белая полоса? То не было заказов вообще, то они сыплются один за другим. Покупатель, конечно, странный. Все лицо красное, черные очки на глазах, на шее повязка. Над внешним видом Трофимыча работали все утро, чтобы хоть как-то выдать его за лурианца.

— Позвольте вам представить моего друга. Он работал добытчиком и пострадал в катастрофе. Все лицо обожжено и гортань тоже. Ему приходится пользоваться специальным прибором для того, чтобы говорить, — обратился к менеджеру «Норды» Аеши Нурс.

— Извините, что не снимаю очки, мистер. Не хочу шокировать вас своим видом.

Голос из переводчика, выданного за прибор для дикции, звучал показательно хрипло. Над этим тоже пришлось специально поработать.

— О, прошу вас, не стесняйтесь! — Менеджер был рад любому клиенту, покупатели «Норду» своими посещениями не баловали. — Итак, что вы хотели?

— Я, знаете ли, всю жизнь проработал старателем, пока не случилась эта катастрофа, будь она неладна. Компания расторгла со мной договор. Нет, они, конечно, выплатили компенсацию, все честь по чести. Вот только куда я теперь? Старому волку не сидится на суше. Вот я и надумал: куплю небольшой кораблик, топливозаправщик, например, и открою свой собственный бизнес.

Будь здесь сейчас Кэп с товарищами, они наверняка подивились бы тому, как натурально механик изображает старателя. Он так вошел в роль, что и сам поверил в то, что говорит.

— О, отличный выбор, сэр! У нас как раз есть то, что вам надо. А как у вас со средствами?

— Есть, есть одна старательская заначка. Так сказать, мой личный пенсионный фонд. — Трофимыч с таинственным видом запустил руку в карман и вытащил ее, зажав в пригоршне штук пять кристаллов липиния. — Вот посмотрите, сэр, — хрипло просвистел динамик. — Вы знаете, что это такое?

Менеджер смотрел на невзрачные с виду кристаллы как на непонятным образом материализовавшееся на его столе чудо.

— Это то, что я думаю, сэр?!

— Оно самое. Повезло, знаете ли, наткнуться на месторождение. Перед самой катастрофой, будь она неладна.

— Вы разрешите, я проверю?

— Извольте, сэр. Вы деловой человек, я сразу это понял.

Менеджер жестом подозвал младшего служащего и, вручив ему один из кристаллов, поручил быстро проверить подлинность.

— Вы понимаете, что наша компания не занимается скупкой липиния?

— Понимаю. Но кто говорит о скупке? Что вы скажете о честном обмене? Я вам кристаллы, вы мне — топливозаправщик. Или я пришел не туда?

Поняв, что клиент может передумать, менеджер отыграл обратно. К тому же кристаллы можно было взять по выгодному курсу.

— Мы могли бы пойти вам навстречу, сэр, и обсудить вопрос оплаты. Итак, вы хотите топливозаправщик? У нас как раз есть один, стоит сейчас в порту. Нам только надо будет решить, куда слить имеющееся в его трюмах топливо, и вы можете его забирать.

Хриплый смех Трофимыча огласил офис.

— Что вы, сэр. Зачем же мне топливозаправщик без топлива? Раз уж он заправлен, то пусть таким и остается. Я покупаю корабль вместе со всем содержимым.

Менеджер вспотел. Сделка обещала быть даже более выгодной, чем он предполагал вначале, если бы не одно «но».

— Должен предупредить вас, сэр, что в трюмах заправщика топливо литеры L. Оно не слишком популярно.

— Да, это несколько осложняет дело. — Трофимыч сделал вид, что задумался.

— Это отличное топливо! Я уверен, что за ним будущее! — воскликнул менеджер, почувствовав, что сделка может сорваться. — Просто не все еще смогли оценить его замечательные качества.

— Эх, была не была, — через несколько минут согласился «старатель». — Беру с тем топливом, которое есть. Если вы его продаете, значит, кому-то оно нужно. Не так ли, сэр? Сколько все это будет стоить в пересчете на кристаллы?

— Двадцать кристаллов липиния за все, — огласил вердикт менеджер.

— Да вы что?! Вы знаете, как они мне достались?! — И старатель разразился хриплым кашлем. — Пятнадцать, и ни кристаллом больше!

— Но, сэр!

— Нет и нет! Самое большее — шестнадцать.

Сошлись на семнадцати. Сделка для компании все равно была очень выгодной. Менеджер остался чрезвычайно доволен ее результатами. Определенно для «Норды» выдался удачный день.

— Вот ключ временного доступа, сэр, — сказал менеджер, получив и пересчитав кристаллы. — Надеюсь, вы сможете самостоятельно вступить в права владения? Если нет, то наши сотрудники вам помогут.

— Я старый космический волк. Как обращаться с кораблем, обучен с детства. Не беспокойтесь, сэр.

И Трофимыч в сопровождении Аеши покинул офис «Норды». Сделка состоялась.

Друзья не находили себе места, они с беспокойством ждали возвращения механика. Несколько раз они связывались с «Легасом» в надежде на то, что обещанное топливо все же доставят. Но там дела обстояли без изменений.

— Эх, надо было мне пойти, — порывался Иржи.

— Успокойся. Уж если переговоры зашли о кораблях и топливе, то Трофимычу и карты в руки.

— Идут! — Ника, в очередной раз выглянув за дверь, заметила спешащих к мини-гостинице Аеши и Трофимыча в образе пережившего катастрофу старателя. Через минуту они переступили порог гостиной.

— Ну как, получилось?! — Все замерли в ожидании.

— А то. Все прошло как по маслу. Пришлось отдать

семнадцать камней. Зато заправщик теперь наш, вместе с топливом.

— Камни, конечно, жаль, но ничего не поделаешь. Главное теперь — поскорее заправиться.

— Как легенда с пострадавшим старателем? Было убедительно?

— Вы знаете, в какой-то момент я сам поверил, что все так и есть. Трофимыч был неподражаем, — сказал Аеши.

— Поздравляю вас, капитан. — Кэп весело подмигнул.

— Ага, всегда мечтал стать владельцем заправщика для ботов, — смеясь, ответил Трофимыч.

Это верно, приобретение было невелико и предназначалось для заправки малого флота.

— Ничего, для одного корабля хватит. А больше и не требуется. Пойдемте посмотрим на нашу новую собственность.

Кораблик был очень даже неплох, если не обращать внимания на непривычную для людей конфигурацию помещений и оборудования. Ключ от корабля являлся также и пропуском на его стоянку, так что попали в недра заправщика люди беспрепятственно.

— Отличный малый корабль, — похвалил Аеши новое приобретение экипажа «Легаса».

— Вот только что мы будем с ним делать, когда перекачаем топливо? — печально спросил Трофимыч.

— Как что? — удивилась профессор. — Насколько я понимаю, этот корабль теперь наш. Так почему им не воспользоваться?

— Так-то оно так, но придется оставить его здесь. В трюм «Легаса» он не поместится — слишком велик. А перегонять его куда-то своим ходом хлопотно, он будет нас задерживать в пути, и экипаж не хотелось бы делить.

— Жаль, — вздохнул Трофимыч. — Недолго я побыл капитаном. А давайте его подарим Аеши. Будет у него свой корабль, собственный.

— Нет-нет! Я не согласен! — запротестовал лурианец. — Да и не до полетов мне будет в ближайшие годы. Вот провожу вас — и отправлюсь на добровольное покаяние за разрушение вашего робота, и не только.

Странные они все же, эти лурианцы. Понять их совсем непросто.

— Что ж, пусть остается здесь, — решил Кэп. — Вряд ли нам представится еще один случай заглянуть сюда и забрать свое приобретение. Давайте лучше думать, как нам перекачать топливо. Аеши, вы поможете нам разобраться с управлением?

— Конечно.

Аеши присел к пульту управления и привычными движениями запустил информационную программу.

— Так, все понятно, — сказал он, бегло просмотрев спецификацию. — Система очень удобная. Топливо закачано в не слишком крупные танки, тонны по две каждый. Танки легко демонтируются, с ними без труда справится любой погрузчик. Нам удобнее не сливать топливо здесь, а переместить на «Легас» танки.

— Отлично, осталось только найти погрузчик. Если мы начнем разъезжать на своем вездеходе или приведем сюда робот-кран с «Легаса», то привлечем к себе излишнее внимание. А это нам совсем ни к чему.

— Надо было купить заодно и погрузчик, — пробурчал Трофимыч.

— Тебе только дай волю, ты бы весь космопорт скупил. Будем обходиться тем, что есть.

— Вы кое о чем забыли. Погрузчик есть у нас, — вмешался в разговор лурианец. — Он был среди того немногого, что мы забрали с нашего разбитого корабля. Благодаря вам. Сейчас я свяжусь с Илсини, он уже почти оправился от ран. У вас будет уникальная возможность посмотреть на то, как высококлассный специалист обращается с полуавтоматическим погрузчиком.

— Это было бы просто здорово. А вы уверены, что ваш техник захочет нам помочь?

— Еще бы. Если вы его заподозрили в неблагодарности, то зря. Он не пришел со мной лишь потому, что не хотел быть слишком назойливым. И потом, его сразу направили в медпункт, отпустили лишь сегодня утром. Сейчас я с ним свяжусь.

Аеши достал коммуникатор и вызвал своего друга.

— Ну вот, а вы сомневались, — сказал он через минуту. — Он будет так быстро, как только сможет.

Транспортный робот с Илсини появился минут через десять. Заложив лихой вираж, техник затормозил и спрыгнул около трапа заправщика.

— Рад хоть чем-то быть вам полезным, — весело проговорил техник. — Что надо делать?

Был он гораздо веселее, чем тогда, когда люди увидели его в первый раз.

— Надо демонтировать танки с топливом с этого заправщика и перевезти их на «Легас». Вы справитесь?

— Легче легкого, посторонитесь. — И Илсини хлопнул в ладоши. Все бы ничего, но на его руках уже были надеты управляющие перчатки. Робот с грохотом повторил хлопок.

— Ничего себе! Он не разнесет по кусочкам весь заправщик? — удивился Иржи.

— Не волнуйтесь. Илсини любит немного покрасоваться, но с техникой он умеет обращаться, как никто другой. Сейчас сами увидите.

Два манипулятора-погрузчика замелькали в воздухе, как крылья бабочки. Через пятнадцать секунд отсоединенный от магистрали танк был погружен на платформу. Весело помахав рукой и манипулятором одновременно, Илсини резво стартовал в сторону «Легаса».

— Да, на это стоило посмотреть, — согласился Трофимыч, — мало какой автоматический робот сравнится в скорости с Илсини. Разве что под управлением центрального компьютера. В стандартных движениях робот быстр, а вот в нестандартных... Вы нас действительно удивили.

12

Заправка и старт прошли без происшествий, что было даже несколько удивительно, учитывая трудности, возникшие с топливом. Тем не менее никаких помех старту никто не чинил. Пожелав Илсини и Аеши хорошо устроиться на новом месте работы, люди передали привет их третьему товарищу и попрощались. Приятно знать при расставании, что оставляешь за спиной новых друзей. Да, именно друзей, несмотря на все препоны и непонимание. Это и радостно и печально одновременно.

Запрос на старт не требовался, достаточно было уведомления, что процедуру старта значительно упрощало. Запросы практиковались в мирах, перегруженных движением, где в пределах локации двигались сотни кораблей одновременно. Тапиру, при всей его относительной оживленности, до такого было еще далеко.

Диспетчер подтвердил уведомление и пожелал счастливого пути, он был совсем не в курсе тех страстей с заправкой, которые кипели вокруг «Легаса». Стартует корабль, значит, все в порядке, надо людям в путь, вот они и летят. Старт вполне обычный, никому сообщать о нем диспетчер не собирался.

«Легас», вздрогнув, оторвался от планеты. К Земле, теперь уже к Земле. Баки, благодаря новому приобретению, полны. Кристаллов липиния было жаль, но не так уж трудно они и достались, можно считать — подарок.

— Фух. Вот и хваленое гостеприимство, — облегченно вздохнул Иржи. — За свои деньги еле-еле заправились.

— Да, интересная вышла история, — согласился Кэп.

И все весело рассмеялись. Гостеприимная на словах, но не слишком гостеприимная на деле планета Тапир осталась позади.

— Слава, ставь курс — прямым ходом на Землю. Идем крейсерским ходом.

— Сделано, капитан. Корабль на курсе. Идем к Земле.

Все облегченно вздохнули, даже профессор Ника.

Приключения последнего времени развили в ней неожиданную тягу к такой родной и сейчас такой далекой планете Земля. Там спокойно и уютно, нет метеоритных полей и агрессивных инопланетян. Вполне вероятно, в будущем ветер странствий опять позовет ее в дорогу, а сейчас — домой и только домой. Согреться под солнцем, собраться с мыслями. Мыслей события последних недель навеяли очень много.

— Эх, закачу я пир, когда придем на Землю, — сказал Трофимыч, — и приготовлю все обязательно сам. Где-нибудь на природе. Выберу красивый уголок в средней полосе. Обязательно чтобы с соснами и простором. Чтобы озеро или поляна рядом. И домик надувной поставлю.

— А я засяду за написание монографии, — сказала Ника. — Материала собрала очень много, работать и работать.

Она мечтательно задумалась, мысленно уносясь к креслу и рабочему терминалу.

— А я первым делом семью навещу, — отозвался Иржи.

— Нет, так не пойдет, родные у всех на первом месте, — отозвался Кэп. — А вот что ты хочешь для себя?

— Для себя? Тогда, пожалуй, поеду в лунный парк развлечений. Что вы смеетесь? Сам знаю, что это несерьезно. Такая вот у меня была мечта в детстве, а осуществить ее так и не пришлось.

Все замолчали. Мечта — это серьезно. У кого не было в детстве мечты?

— Ну а ты, Слава, что будешь делать?

— А я, ребята, в прошлую стоянку чуть не остался на Земле навсегда, — невпопад вдруг ответил Вячеслав. — Такая вот приключилась история.

— И ты нам ничего не рассказывал?

— Не рассказывал потому, что история получилась грустная. Встретил я девушку. Не девушка, а мечта. Две недели мы с ней встречались. Рассветы, закаты, свидания на набережной. Я уже совсем было собрался обратиться к нашим медикам, чтобы раскодировать свою генокарту и сделать ей предложение. Думал — вот она, судьба, а обернулось все совсем по-другому. Встречаемся мы в очередной раз, и она вдруг говорит, что ей поступило выгодное предложение и улетает она на работу на спутник Сидры.

Вячеслав покосился на Нику: как она воспримет такой рассказ? Не выскажет ли в солидарность с неизвестной дамой какое-нибудь едкое замечание? Ника понимающе молчала или не хотела чужие чувства делать предметом обсуждения. Все-таки повезло «Легасу» с пассажиром.

— И что же ты не полетел вместе с ней? — поинтересовался Кэп.

— Куда? На Сидре одна маленькая станция, работы для навигатора почти никакой. Да и понял я: если она так сразу собралась, со мной не посоветовавшись, то никакая она мне не судьба, а так, мимолетное увлечение. Потосковал недельку, а потом и новый поход. Вот сейчас вспоминаю об этом, как о делах, давно прошедших.

— Так вот почему ты был такой печальный, когда мы отправлялись, а я думал, что из-за аттестации, — удивился Кэп.

— Да нет, с аттестацией все в порядке. А теперь и с сердечными делами тоже. За этот рейс столько всего произошло, что теперь это все в далеком прошлом.

— Да, события, безусловно, ускоряют ход времени. Надо будет поднять в Академии наук вопрос о том, как влияет насыщенность событиями на ход времени?

— А вот у меня, помню, тоже была одна история, — сказал Трофимыч, чем вызвал немалое удивление у всех присутствующих.

Нет, в том, что у механика могли быть любовные приключения, никто не сомневался, у кого их не было, вот только рассказывать раньше о них он не любил. А расспрашивать — не та это тема, про которую принято расспрашивать, пусть и среди друзей. Если уж сам вызвался рассказать, тогда другое дело.

— Учился я на втором курсе института... — начал Трофимыч.

— Нас вызывает корабль лурианцев, — огласил сообщение центральный компьютер «Легаса». Историю, которую собирался рассказать Трофимыч, так и не успели послушать.

— Ничего себе! И что за корабль? — поинтересовался Кэп.

— Линейный крейсер. Движется курсом, идентичным нашему, причем быстро догоняет.

Линейный крейсер был самым большим кораблем у лурианцев. При их любви ко всему большому можно сказать, он был просто гигантским. Экипаж — два десятка человек, форсированные двигатели, дополнительное вооружение, несколько бортов малой авиации в трюмах. Топлива он расходовал больше, чем тяжелый грузовоз. По дальности хода сравнительно небольшой «Легас» даст ему сто очков вперед, а вот что касается скорости, здесь с ним конкурировать мало кто мог.

— Вывести связь на экраны, — распорядился Кэп.

На экранах появилось суровое лицо лурианца. Одет он был в строгую форму и, судя по всему, состоял в немалых чинах. Это было ожидаемо. Он командовал линейным крейсером. А может, и не одним.

— Разрешите представиться, альфа-адмирал Блоапас. Мы настоятельно просим вас остановиться и принять на борт катер.

Удивленные люди не сразу поняли, что альфа-адмирал говорит по-русски и слышат они его без всякого перевода.

— Ну вот, как знал, не надо было раньше времени мечтать о том, что будем делать на Земле, — вполголоса проговорил Иржи.

— Слава, мы где сейчас находимся? — тихо поинтересовался Кэп.

— Пока еще на территории лурианцев, если ты об этом. И покинуть ее ранее, чем с нами поравняется линейный крейсер, не успеем.

— Да, дела. Значит, формально они имеют все права нас задержать?

— Формально-то, может, и имеют. Вот только если по-человечески рассуждать, претензий у них к нам никаких быть не должно.

— Так рассуждают они как раз не по-человечески, а по-луриански.

— Это как? — удивился Иржи.

— Кто ж их знает. От людей и то не всегда знаешь, чего ожидать. Может, они захотели нас наконец заправить?

— Ну ты, Трофимыч, и юморист. Станут они из-за этого целый крейсер гонять? А вот с чем они пожаловали, и в самом деле интересно.

— Может, генератор на всякий случай запустим?

— Что-то ты, друг мой, больно строг. Так заправщиков встречать...

— Ребята, вы что? Не хватало нам только с лурианцами начать войну. Это когда ворги вот-вот в двери постучатся. — Иржи был расстроен не на шутку.

Да, отношения с лурианцами последнее время напоминали что-то вроде нейтралитета. Мы вас не трогаем, вы нас не трогаете. Не дружба, конечно, но и не вражда. А вот куда качнется это неустойчивое равновесие? Не хотелось бы в сторону конфронтации.

— Это было бы совсем не к месту. Вот только почему-то они нас настойчиво догоняют. В общем, вот мое командирское решение: генератор на всякий случай запускаем и ложимся в дрейф, ждем катер с крейсера, — решил капитан.

— Чем он нам поможет, генератор, когда лурианцы будут уже на борту? — фыркнул Вячеслав.

— А ты что предлагаешь? Использовать против них гравитационную волну сейчас никак нельзя. Пусть в открытом космосе это и не смертельное, но все-таки оружие. Нет, будем принимать гостей.

— Хорошо бы действительно гостей...

— Не будем раньше времени записывать их в неприятели. А вот подготовиться к приему следует. Будем встречать делегацию в кают-компании, она ближе к шлюзу, чем рубка. В рубке останется Трофимыч. Надеюсь на тебя, старина. — Кэп грустно кивнул. — Если что-то пойдет не так, блокируй намертво все двери и действуй по обстановке.

— Эх, а все было так хорошо! — расстроился Иржи.

— Не переживай раньше времени. Слава, дай связь с лурианским крейсером, — распорядился капитан.

Лурианский альфа-адмирал вернулся на экран и улыбнулся уголками губ. Что значит эта улыбка? Понять ее можно было и как одобрение, и как скепсис. Чужие намерения — потемки.

— Мы согласны принять катер. Предлагаем оставить ваш крейсер не менее чем в мегаметре.

Тысяча километров — совсем небольшое расстояние для космоса. Катер преодолеет его легко. Кэп в последний момент решил подстраховаться, оставив расстояние между кораблями.

— Принято, — согласился альфа-адмирал.

— Ну что, ребята, пойдемте готовиться? Как-никак сам альфа-адмирал обещал в гости пожаловать. Парадную форму привести в порядок, все регалии надеть, всем выглядеть солидно и достойно, — скомандовал Кэп.

Нет ничего более тягучего, чем ожидание. Оно имеет свойство замедлять течение времени в совершенно неимоверных пропорциях. И откуда они только взялись, эти лурианцы?

Крейсер остановился в тысяче с небольшим километров. От него к «Легасу» направился катер.

— Поразительно, как функциональность видна внешне, — сказала вдруг профессор.

— О чем вы, Ника? — спросил Трофимыч.

— Сразу видно, что катер военный. Он выглядит... — Профессор слегка замешкалась, подыскивая подходящее слово. — Внушительным, где-то даже грозным.

— Это да. Катер легко бронированный и, скорее всего, имеет вооружение. А чего еще ожидать? Все-таки он на крейсере базируется, не на гражданском корабле. Я, право, удивлен, профессор, как это вы смогли определить особенности устройства катера.

— Что вы, я вовсе не знаю об этих подробностях. Просто выглядит он соответствующе. Суть, как говорится, отражается во внешнем виде.

— Это точно. А вы, Ника, собираетесь гостей встречать? Если нет, можете остаться со мной в рубке. Имейте в виду, что при встрече могут возникнуть разные неожиданности.

— Это я хорошо понимаю и все же пойду. Долг ученого, знаете ли. Было бы непростительным пропустить такое событие.

Профессор исчезла за входной дверью, оставив механика размышлять о долге. У Ники вот — долг перед наукой. У Кэпа, Иржи и Вячеслава тоже есть долг. И у него, Трофимыча. У каждого свой плюс еще один общий — долг перед Землей. И он сейчас важен, как никогда. Слишком уж он сложен и непонятен порой, вот как сейчас. Ничего, еще несколько минут — и все встанет на свои места.

Альфа-адмирал Блоапас прибыл на Тапир через десять часов после того, как «Легас» его покинул. Так уж получилось, что именно он оказался в наибольшей близости от Тапира из тех, кто может представлять Луриан на официальном уровне, когда пришло сообщение о посадке корабля людей, о спасении ими лурианского экипажа и о том, что лурианский корабль был атакован неизвестным противником. У альфа-адмирала состоялся подробный разговор сначала с главой внешней разведки, а потом и с главой правительства Луриана. Сведения, полученные с Тапира, имели первостепенное значение. Вот ему, альфа-адмиралу Блоапасу и было поручено разобраться с этим вопросом на месте и доставить как можно быстрее на Луриан экипаж сбитого постановщика бакенов вместе со всеми имеющимися в их распоряжении материалами.

Прибывшего альфа-адмирала встречали все официальные лица Тапира, жали руку. Вот здесь-то и выяснилась одна странная подробность — никто не знал, куда и как подевался «Легас».

Альфа-адмирал грозно нахмурил брови. Здесь Ащип Шокл и совершил трагическую ошибку. Он выступил с обвинительной речью. Он сказал обо всем. О том, как приветливо приняли людей, как ему поручили заправить их корабль и о том, как он всячески старался этого не допустить. И не допустил бы, если бы не невероятное чудо, которому лично он не знает объяснения. По мере того как Ащип рассказывал, альфа-адмирал все больше и больше хмурил брови. Наконец он подытожил:

— Вы осел! И я позабочусь о том, чтобы в будущем вам не довелось занимать должность старше младшего грузчика! Знаете ли вы о том, что наш корабль был атакован воргами?!

Ащип Шокл пытался бормотать что-то невнятное в свое оправдание.

— А теперь скажите, — продолжил Блоапас, — что будут думать о нас люди?! И это в то время, когда они спасли наш экипаж, доставили его на Тапир, рискуя своими жизнями! А здесь речь шла всего лишь о топливе!

— Может, еще не все потеряно, — пробормотал Ащип Шокл, — как-то ведь они смогли стартовать.

— Сейчас мы обо всем узнаем. — Голос Блоапаса был строг и внушителен.

Через час он действительно обо всем узнал. О «Норде», о покупке у этой компании топливозаправщика вместе с топливом, о расчете за него кристаллами липиния, а также о том, что заправщик до сих пор стоит в порту, а вот топливные танки с него сняты.

— Но почему они не пришли ко мне?! — огорчился Молми.

— Потому что кое-кто сделал все возможное, чтобы дискредитировать официальные власти Тапира и Луриана.

Грозный взгляд буквально припечатал Шокла к месту.

— Оставить это дело так, как есть, было бы непростительной глупостью. Надеюсь, я успею исправить положение.

Через двадцать минут крейсер Блоапаса стартовал от Тапира и на полном ходу устремился следом за косморазведчиком людей.

Из катера вышли трое, сам альфа-адмирал и два его сопровождающих.

— Это радует, — прокомментировал Вячеслав, — по крайней мере, они без оружия и их немного. Пока. Неизвестно, кто остался в катере.

Альфа-адмирал шествовал строгой походкой, держась прямо. Приветливо и в то же время официально достойно. Четко и в такт двигались и его сопровождающие. Люди невольно подобрались и приняли по возможности официальный вид.

— Рад приветствовать доблестный экипаж прославленного корабля, — первым начал речь гость, чем, признаться, сразу несколько разрядил повисшее в кают-компании напряжение.

— И мы рады видеть у себя на борту такого прославленного альфа-адмирала, — ответил за всех Кэп.

Честно говоря, он понятия не имел, чем именно славен Блоапас, но рассудил, что адмиралов просто так не дают. И на Земле, и на Луриане.

Блоапас улыбнулся уголками губ, давая понять, что оценил ответ по достоинству.

— Я надеюсь, вы поведаете нам о том срочном деле, которое привело вас к нам на борт, — продолжил Кэп.

— Видите ли, дело не такое и срочное. Но раз уж мне посчастливилось оказаться в этой точке пространства, я решил не откладывать его в долгий ящик.

«А альфа-адмирал определенно лукавит, — подумал Кэп. — Ведь не просто так они нас догоняли».

— Рад выслушать вас, раз так получилось, — сказал он.

— Прежде всего, хотел бы вернуть вам вашу собственность, которую вы забыли на Тапире, должно быть, по рассеянности.

Блоапас протянул руку и высыпал на стол кристаллы липиния. Все семнадцать штук. Вот так сюрприз! Честно говоря, все с ними уже давно попрощались.

— Вы, должно быть, что-то путаете, альфа-адмирал. Да, у нас были эти кристаллы, но мы совершили равноценный обмен и отдали их.

— Знаю. Но неужели вы могли подумать, что я допущу, чтобы вы платили за топливо, потраченное на спасение лурианского экипажа? Что касается приобретенного вами заправщика, можете забрать его в любое удобное для вас время. Это теперь ваша собственность.

Вот как. Они решили и кристаллы вернуть, и заправщик за покупателями оставить. Это, пожалуй, слишком. Да и куда он экипажу «Легаса»? Уходить из дальней космической разведки Кэп и другие пока не собирались. Тем более не собирались они заниматься заправкой малогабаритных кораблей. Можно, конечно, заправщик продать. Но как-то это слишком мелко. Лурианцы сделали широкий жест, что ж, люди могут ответить тем же.

— Если вы не против, мы хотели бы подарить этот заправщик тому лурианскому экипажу, что прибыл с нами на Тапир. Они, правда, говорили, что должны несколько лет посвятить покаянию. Что ж, пусть он их подождет.

— Это ваше официальное пожелание? — спросил альфа-адмирал.

— Вполне официальное, — подтвердил Кэп.

Блоапас довольно кивнул одному из помощников, стоящему за его спиной.

— Подтвердить должен тот, кто заключал сделку, — продолжил альфа-адмирал.

В рубке загорелся экран внутрикорабельной связи.

— Подтверждаю, — сказал Трофимыч, после чего отключился, дабы не мешать беседе.

— Извините, наш товарищ сейчас на вахте. Я надеюсь, полученного подтверждения достаточно? — спросил Кэп.

— Вполне, — согласился лурианец. Было заметно, что подобное решение вопроса ему понравилось, и широкий жест землян он оценил сполна. — А теперь о причине моего визита.

Люди удивленно переглянулись. Если не возвращение кристаллов было официальной причиной встречи, то что тогда?

Альфа-адмирал продолжил:

— От имени Луриана позвольте вручить вам знаки отличия за спасение нашего экипажа.

Экипаж «Легаса» был в растерянности. Они ожидали многого, но только не подобного поворота событий.

— Вот так раз, — вполголоса проговорил Иржи, — у меня ни одного земного ордена еще нет, а здесь лурианский.

Примерно то же самое могли сказать и остальные, если бы могли сейчас подобрать нужные слова. Приятно, конечно. Это некоторым образом дисциплинирует и настраивает на торжественный лад.

Альфа-адмирал сделал знак стоящему за его спиной лурианцу, и тот открыл небольшой овальный футляр. Как оказалось, в футляре хранились ордена. Знаки отличия вешались на шею и напоминали медальон на цепочке.

— Нагрудный знак «За заслуги перед Лурианом», — прокомментировал Блоапас значение вручаемых наград.

Насчет нагрудного можно было бы поспорить, так как нагрудным принято у людей считать тот знак, что крепится непосредственно на грудь. С другой стороны, вися на цепочке, знак находился как раз на груди, а не где-нибудь еще.

Что говорить, приятно. Тем более что заслуженно. Ждать подобных благодарностей за спасение людей цинично и неблагородно. Другое дело, если эти награды пришли нежданно, здесь грех не порадоваться. Кэп постарался принять торжественный вид — его впервые награждают, пусть и в таких необычных обстоятельствах. Жизнь любит преподносить такие удивительные сюрпризы.

Иржи и Вячеслав тоже подобрались. Даже профессор стала более собранной, осознав торжественность момента, хотя она на награду и не рассчитывала. Момент спасения лурианского экипажа она благополучно проспала. Какая жалость.

Как и предполагалось, сначала Блоапас подошел к капитану:

— Прошу принять это выражение благодарности Луриана, — и адмирал надел медальон Кэпу на шею, сопровождая это действие легким поклоном.

Что сказать в ответ? «Служу Земле» — как-то не совсем уместно, награда-то лурианская. «Служу Луриану» — тем более неуместно, служат они именно Земле. Кэп не смутился, ответил скромно и просто: «Спасибо», — и слегка поклонился.

Затем настала очередь Иржи, а за ним и Вячеслава. Следуя примеру командира, они поблагодарили Блоапаса вежливо и кратко.

— А как быть с тем, кто находится на вахте? Конечно, я могу передать его наградной знак кому-то из вас. — Блоапас обвел взглядом кают-компанию. — Для последующего вручения...

— Трофимыч, выйди на связь, — попросил Кэп.

Через секунду экран внутрикорабельной связи в кают-компании засветился.

— Я здесь, — отозвался механик.

— Ты не против, если я получу у альфа-адмирала твой орден?

— Буду рад. Считайте, что я получил его лично.

— Вот все и разрешилось, — с этими словами Кэп обратился к лурианцу.

Можно было заменить Трофимыча и позвать его в рубку лично. Вот только делать это Кэпу совершенно не хотелось. Не время для замен. И если уж говорить честно, когда Трофимыч находился на вахте, Кэп мог чувствовать себя абсолютно спокойным, было в механике что-то такое надежное и основательное. Не то чтобы капитан не доверял кому-то из членов экипажа. И Иржи и Вячеславу Кэп доверил бы свою жизнь не задумываясь, но сейчас речь шла о большем. Обстановка вроде как разрядилась, но все равно расслабляться было рано.

Блоапас кивнул и передал наградной знак Трофимыча из рук в руки Кэпу. И потянулся за следующим.

Профессор Зелинская оглянулась, выискивая кого-то у себя за спиной. Быть там, естественно, никого не могло. Неужели этот орден предназначался ей? Ника покраснела.

Так и есть. Блоапас сделал три шага вперед и надел наградной медальон на шею профессора, заставив ее еще больше смутиться.

— Поверьте, я очень рада. Вот только мой вклад в спасение лурианского экипажа более чем скромен. Можно сказать, вообще никакой, — смущаясь, сказала она.

— Тем не менее позвольте вас наградить. Пусть это будет награда за ваши научные исследования.

На этой торжественной ноте Блоапас решил закончить свой визит, не откладывая прощание в долгий ящик.

— Счастливого пути. А что это за странный мелодичный звук сопровождал нашу беседу? — спросил он на прощание.

— Не обращайте внимания, альфа-адмирал. Это так, помехи при работе оборудования. И вам доброй дороги.

Не говорить же, в самом деле, что во время беседы генератор гравитационных волн продолжал свою работу. Пусть не смертельное в открытом космосе, но оружие.

Альфа-адмирал вернулся в свой катер и не спеша отправился в путь к своему кораблю. Лишь тогда люди вздохнули с облегчением.

— Трофимыч, а ты оказался почти прав, когда говорил насчет заправки, — сказал Кэп, входя в рубку. — Похоже, лурианцы нас догоняли именно для того, чтобы заправить.

Все улыбнулись. Напряжение последних часов понемногу отпускало. Лурианский линейный крейсер медленно уходил в обратном направлении.

— А я все-таки не понимаю, зачем они нас догоняли? — недоумевал Иржи. — Только для того, чтобы вернуть нашу оплату за топливо и вручить ордена?

— Ты действительно ничего не понимаешь, друг Иржи, — отозвался Кэп. — Это политика. Ворги маячат на пороге не только у нас. Для лурианцев они не менее опасны. Я не знаю, чем был вызван тот факт, что с нашей заправкой на Тапире возникли проблемы. Какие здесь были задействованы подводные течения? В такой непростой ситуации, которая сейчас складывается, окончательно портить отношения с Землей? Это было бы для лурианцев непростительной глупостью.

— Но отношений-то фактически нет, — изумился Иржи.

— Никакие отношения — это еще не значит плохие. Переводить отношения из разряда нейтральных в разряд плохих — это совсем не то, что сейчас надо Луриану.

— И не то, что сейчас надо Земле, — высказал замечание Трофимыч.

— Ты прав, старина. Земле конфронтация с лурианцами сейчас очень некстати. Как минимум надо сохранить нейтральные отношения. Лучше бы, конечно, добрососедские. Но это уже не к нам. Это работа дипломатов.

Сам того не подозревая, Кэп здорово ошибался. Спасение лурианского экипажа, плюс те сведения о воргах, что они посчитали возможным сообщить, сыграли немаловажную роль в развитии отношений между Лурианом и Землей. Это заставило лурианцев попытаться переосмыслить свою позицию и задуматься о верности сделанных выводов. А осмысление, как известно, первый шаг к поиску компромисса там, где этот компромисс возможен.

— Кэп, я думаю, теперь уже можно отключить генератор гравитационных волн? — спросил механик.

— Теперь уже можно. Пусть это маленькое недоверие останется на нашей совести. Кто знал, чего нам ожидать от крейсера? Я рад, что разум возобладал.

— И я.

— И я.

— И я.

— Разрешите мне присоединиться, я тоже рада, — сказала Ника, любуясь новеньким орденом.

— Конечно, профессор, — согласился капитан. — Мы все рады. А теперь не пора ли нам в дорогу? Надеюсь, это была последняя остановка по пути к Земле.

Дни шли один за другим. После всех перенесенных приключений экипаж наслаждался тишиной и покоем. Оказывается, такая привычная и временами рутинная работа может быть чрезвычайно привлекательной. Именно тем, что она не дает поводов для чрезмерных волнений. Приключения тоже хороши в меру, и совсем неплохо иногда от них отдохнуть.

К счастью, путь к Земле прошел спокойно. Через три недели после встречи с лурианским альфа-адмиралом «Легас» приблизился к ареалу постоянного обитания людей — местам обжитым, с развитым движением и крупными поселениями. Здесь без труда можно было заправиться, получить любую помощь или встать на ремонт. Топлива на «Легасе» было достаточно, все основные системы функционировали, потому решили, не останавливаясь, двигаться напрямую к Земле, лишь передав через станции дальней связи сообщение о своем прибытии.

Ответ пришел быстро. «Легас» ждали с нетерпением.

ЧАСТЬ ТРЕТЬЯ

1

— Вот это я понимаю, движение!

— Да, что есть, то есть. Это тебе не пустынные просторы дальнего космоса. Здесь смотри и не зевай, чтобы разминуться со встречными кораблями.

— Вот рудовозы идут на Венеру. Караван — пять бортов.

— А вот пассажирский внутрисистемный лайнер. А тот, похоже, в дальние края направляется.

В Солнечной системе движение было стремительным. Десятки кораблей шли своим курсом в различных направлениях, как попутных и встречных, так и прочих, с курсом «Легаса» не пересекающихся. Это заставляло экипаж вновь удивляться почти забытому явлению — многолюдности и оживленности космического пространства, по крайней мере отдельных его участков. Да, долгое получилось у космических разведчиков путешествие, все больше по окраинам и малоисследованным районам Вселенной, где не только оживленное, а вообще любое движение кораблей — большая редкость.

Бороздить просторы космоса — любимая работа. Вот только после месяцев, проведенных в дальних далях, вернуться на Землю очень и очень приятно. И не просто вернуться, а с чувством выполненного долга и хорошо сделанной работы. Для того все они и уходят в странствие — чтобы вернуться.

— Где нам определили стоянку? — поинтересовался Иржи.

Он только что появился в рубке и спешил узнать новости.

— На нашей лунной базе. Слава недавно связывался с управлением и получил последние инструкции, — объяснил Кэп. — Садимся на Луне, сдаем все собранные материалы и на Землю.

— Эх, хорошо. Славный поход получился. И Ника молодец, свою работу сделала и в походе была не в тягость. Капитан, может быть, мы ее навсегда в экипаж зачислим?

Профессор Зелинская немного покраснела от неожиданной похвалы.

— А что, можно и зачислить, вот только, боюсь, она сама не согласится. У нее теперь будет столько работы — все ее коллеги смогут позавидовать, — ответил Кэп. — Тут уж не до полетов.

— Спасибо вам, ребята. Я была очень рада путешествовать с вами, привыкла к вам за это время, расставаться будет грустно. А материала я действительно собрала много, с ним еще работать и работать. Так что в ближайшее время космосу придется обойтись без меня, — улыбнулась Ника.

— Если еще соберетесь путешествовать, можете обращаться, всегда по пути подкинем, — предложил Трофимыч.

В шутку, конечно. Но в каждой шутке есть доля правды. В походе Ника не была в тягость, как они поначалу опасались. Нет, конечно, ее присутствие на борту дало экипажу немало поводов для волнения. Но виной тому было вовсе не ее поведение, а вполне логичное беспокойство экипажа о своем единственном пассажире и красивой женщине. Хлопотно, порой волнующе, но в то же время путешествие в ее обществе прошло более оживленно и, к чему скрывать, весело.

Многие из встречных кораблей выходили на связь, чтобы поприветствовать «Легас». Были среди них и знакомые экипажи, и те, кто просто хотел сказать несколько добрых слов тем, кто был надолго оторван от обитаемых мест. И это они еще не дошли до базы. Возвращение любого из дальних космических разведчиков — это всегда что-то вроде небольшого парада. А здесь возвращался «Легас» — сам маленькая легенда.

— Диспетчер лунной базы на связи, — объявил о поступившем вызове центральный компьютер.

— Подключай. Послушаем, чем нас опять хотят удивить, — скомандовал Кэп.

Удивлять, как ни странно, не собирались. Диспетчер оказался знакомым и прислал вызов просто для того, чтобы поприветствовать направляющийся к базе корабль.

— Привет, ребята. Что новенького нашли на дальних окраинах? Злобных инопланетян? Золотые россыпи?

— Дмитрий! Привет, старый! Ты какими судьбами на лунной базе? — удивился Кэп.

— Это я-то старый? Вообще-то мы с тобой ровесники и учились в академии на параллельных курсах. Вот, решил податься в косморазведку. Правда, пока в диспетчеры.

Дмитрий всегда был склонен к оседлости, к тому же рано женился. Дальние полеты были не для него. Что оставалось? Разве что тот вариант, который он выбрал, — работа в наземных службах косморазведки.

— Мечты юности манят в косморазведку, а реальность жизни приковывает к Земле, — улыбнулся Дмитрий. Не слишком-то он был огорчен этой реальностью. — Как сходили?

— Отменно. Все, как ты и заказывал. Везем в трюме злобного инопланетянина и несметные сокровища. — И Кэп подмигнул.

Почему люди не верят правде? Кэп нисколько не соврал, разве что чуть-чуть преувеличил. Поход действительно выдался очень насыщенным, и с собой «Легас» прихватил много чего интересного. Кэп, впрочем, не обиделся на веселый смех. Это была именно та реакция, на которую он и рассчитывал. Забавно — сказать правду, зная, что ее примут за шутку. А вот нагоняя за это не миновать. Шеф непременно упомянет о попытке разглашения секретной информации. Будто не знает, что самый надежный метод оставить информацию секретной — преподнести ее в виде шутки.

— Ребята уже собрались вас приветствовать. Все, кто сейчас на месте. Велели передать, что будут ждать вечером в баре «У Розы». Так что вы не задерживайтесь с официальными мероприятиями.

У бара тоже была собственная история. Роза, вопреки логичному предположению, была не именем. На барной стойке в большой вазе располагалась посеребренная роза изящной работы, она-то и дала название этому заведению. Разумеется, здесь не обошлось без романтичной легенды. Печальная история повествовала о несчастной любви, отвергнутом поклоннике и розе, оставленной на стойке для той, что его отвергла. Персонал бара охотно рассказывал эту историю всем желающим, особенно тем, кто бывал здесь в первый раз. Заведение было неплохим, косморазведчики собирались там довольно часто.

— Была бы наша воля, мы бы вообще их отменили, эти официальные мероприятия. Только вот, боюсь, шеф не согласится, так что — как получится. По собственному желанию мы уж точно время затягивать не станем. Ты тоже приходи, когда сменишься, — предложил Кэп.

— Непременно, можешь не сомневаться! — Дмитрий весело засмеялся. Побалагурить он был всегда горазд.

— Что с курсом следования? Все по-прежнему? — решил Кэп перейти к делу, чтобы не получилось, что диспетчер вышел на связь совсем уж без необходимости.

— Почти. Рудовозы немного отстают от графика, так что можете ускориться. Сейчас я скину новые данные по графику следования и небольшим изменениям курса. Придете на три четверти часа раньше.

— Это дело. Принимаем данные.

— Не забудь, с тебя пиво.

График графиком, а случайные накладки в движении тоже иногда случаются, как оно ни отлажено. Здесь у диспетчеров и появляется возможность тот или другой корабль ускорить. А вот какой — это на их усмотрение. Само собой, не в ущерб всему остальному движению.

Лунная база за то время, пока «Легас» был в походе, еще более разрослась. И это база косморазведки. Не площадка для общего пользования, не коммерческая и не пассажирская база, увеличение которых выглядит вполне логично.

Заходя на посадку, Кэп заметил чуть в стороне еще одно масштабное строительство. Кто-то серьезно принялся за увеличение площадей, занимаемых косморазведкой. Должно быть, и кораблей подкинут, а иначе какой смысл огород городить? Интересные дела творятся. Что бы все это могло значить? В новостях об этом ничего не говорилось. Новости — это первое, что запросил «Легас», оказавшись в зоне действия передатчика ближней связи. Новости были спокойными, ничего сверхординарного. А здесь наблюдался такой диссонанс, налицо несоответствие. Обстановка спокойная, а наращивание мощности косморазведки идет полным ходом. За недолгие годы работы Кэпа в этой организации ничего подобного не наблюдалось. А раньше? Это вопрос скорее к историкам.

— Слава, активируй программу посадки, — отдал команду Кэп.

Садиться решили в автоматическом режиме. Это, конечно, чуть медленнее, чем посадка на ручном управлении, когда кораблем управляет высококвалифицированный пилот. Вот только посадки в ручном режиме на космодромы с интенсивным движением руководство не одобряло. Не все этого правила придерживались, скорее напротив, но экипажу «Легаса» волнений и всяческих событий в этом походе хватило с избытком. На несколько походов хватит. Поэтому садиться решили тихо и спокойно, немало удивив этим начальника лунной базы космоподразведки.

Сан Саныч вызвал диспетчерскую. Прибытие корабля из дальнего похода — событие незаурядное. Тем более этого корабля из этого похода. Информацию о сроках прибытия «Легаса» запрашивали почти каждый день. Запрашивали из внешней разведки, из правительства Земли, из Комитета по внеземным контактам. Всем подавай «Легас». Будто от него, Сан Саныча, зависело, ускорить прибытие «Легаса» или нет. Вот и сейчас на лунной базе в ожидании разведчиков томились сразу несколько представителей различных организаций. И из их родной организации, кстати, тоже, будто Сан Саныч сам не справится. Именно в этом и состоит его работа. Так нет, заместитель директора пожаловал, а с ним еще целый штат ученых.

За пультом диспетчерской сидел Дмитрий, из новеньких. На секунду оторвавшись от экранов, он коротко кивнул начальнику базы и вернулся к наблюдениям. Дежурство не предполагало тратить время на расшаркивания. Вызови Сан Саныч Дмитрия к себе в кабинет, другое дело. А так, дежурство — это серьезно, и диспетчер здесь — фигура немаловажная.

— Как там «Легас», по графику идет? — поинтересовался Сан Саныч.

— Нет, коридор непредвиденный образовался. Они уже садятся.

— Как — садятся? Так какого же... — Сан Саныч раздраженно стукнул по столу. — На посадку лихо заходят?

— Нет, садятся спокойно, в автоматическом режиме.

— Как в автоматическом режиме?! Ты ничего не путаешь? Срочно подготовить спасательную группу!

Новость о том, что «Легас» садится в автоматическом режиме, чуть не добила Сан Саныча. Представить, что эти шутники с «Легаса» садятся в автоматическом режиме, лишив его законного повода устроить им разнос, руководитель лунной базы мог с трудом. Уж не случилось ли с ними чего?

— Зачем спасательную группу? У них на борту все в порядке, я недавно с ними связывался. Все здоровы, только устали, похоже, сильно.

— Чудеса. Ладно, тогда спасателям пока отбой. Пойду встречать наших героев.

Иногда для порядка поругивая ребят с «Легаса», в глубине души Сан Саныч гордился ими. Хороший экипаж, дружный. И работают они здорово. Недаром о них ходит столько баек. Попасть в герои космофлотских историй совсем не просто, если не считать различных курьезных случаев. Вот только это не про «Легас». Байки про него ходили порой удивительные, но в большинстве своем пристойные, тем они и ценны.

Делегация встречающих собралась немаленькая.

— Кэп, неужели все это к нам? — Вячеслав смотрел на обзорные экраны.

Не менее трех десятков людей внимательно наблюдали за посадкой «Легаса». Удивительно. Просто любопытных на посадочную площадку не допускали. Все это несколько позже. Вечером им принимать не один десяток поздравлений в обстановке дружеской и неформальной. Сейчас же предстояла встреча официальная, и количество встречающих впечатляло.

— Привыкай, Слава. Мне кажется, мы попали в такую историю, что еще очень долго будем давать пояснения, — прокомментировал капитан.

— А как же отдых? Не один месяц уже в походе.

— Думаю, отдых придется отложить. Неспроста здесь собралось столько народа. Слишком уж важные у нас сведения. Важные для дальнейшей судьбы всей Земли. Так что с отдыхом придется подождать.

— Понятно. А ордена надевать будем?

— Непременно. Такая торжественная встреча. Будем и мы при параде.

Первым прибывших встречал Сан Саныч на правах начальника базы и непосредственного руководителя. За ним подошли остальные. Жали руки, приветствовали.

— Рад, очень рад вашему возвращению! Как прошел поход? — Сан Саныч тряс руки всем по очереди, а руку Ники даже галантно поцеловал. — А что это у вас за странные медальоны? Я таких не припомню.

— Это, Сан Саныч, не медальоны, а вполне официальные ордена. Лурианские.

Все переглянулись и на несколько секунд застыли как громом пораженные. Экипаж космразведчика награжден лурианскими орденами?! Это само по себе на грани реальности. Где, как, когда успели?! И это в тот момент, когда Луриан затаился и молчит. Не жди встречающие от прибытия «Легаса» других новостей, эта была бы достойна того, чтобы быть новостью номер один. Вот только новость эта не была единственной. И остальные были совсем не так хороши.

— Пройдемте в помещение, — наконец сориентировался представитель внешней разведки. — Я думаю, нам о многом надо поговорить.

Кэп тяжело вздохнул. На то, чтобы рассказать обо всем, что случилось с ними в этом походе, не хватит и дня.

Вопросы сыпались градом. Про брошенный лагерь, про неизвестных агрессоров, про нечаянно спасенных лурианцев. Казалось, этому не будет конца. Разумеется, позже придется все не один раз повторить подробно, а сейчас встречающие старались получить как можно больше информации. Старания их были почти напрасны. Систематизировать информацию удавалось с трудом, увязая, как в патоке, в объеме полученных сведений. Слишком большой была лавина сведений, обрушившихся на комиссию, вернее, эту лавину комиссия попыталась на себя обрушить сама, самонадеянно не рассчитав силы. Ответы порождали еще больше вопросов. Часа через три этой импровизированной конференции стало понятно, что со всем этим ворохом с наскока справиться невозможно. Объем информации, усваиваемый человеком за определенный период времени, — вещь ограниченная, пусть и индивидуальная. И превысить его не получится при всем желании.

— Я думаю, всем нам надо прерваться и подойти к дальнейшей работе более системно, — первым эту витающую в воздухе мысль высказал заместитель директора службы дальней космической разведки.

— Да, и предварительно изучить документы и ознакомиться с данными бортового журнала. С вашего разрешения. — Представитель внешней разведки выжидающе посмотрел на замдиректора.

— Скорее с разрешения капитана корабля. — Замдиректора повернулся к Кэпу.

Вопрос скорее формальный, поскольку корабль принадлежал к дальней космической разведке и доступ к его бортовым журналам замдиректора этой службы получал без труда. Это лишь дань вежливости, что для человека приличного нелишне, плюс небольшая экономия времени. Такой подход добавил замдиректора несколько плюсов в глазах экипажа «Легаса».

— Разумеется, — кивнул Кэп. — Резервный кристалл с записью последнего похода мы передадим Сан Санычу прямо сейчас. А с вопросами допуска к данным, я думаю, вы разберетесь без нашего участия.

— Тогда давайте отпустим наконец экипаж. У них был нелегкий полет, и им необходим отдых.

Это предложение было встречено единодушным одобрением, особенно со стороны экипажа. За всеми этими разговорами время убегало стремительно, и назначенная встреча в баре «У Розы» могла не состояться, что было бы печально. Традиция — это такая вещь, которая требует поддержания, а иначе она может зачахнуть и погибнуть, и быть тому виною экипаж «Легаса» не хотел. А потому, избавившись от пристального внимания встречающих официально, вновь прибывшие косморазведчики поспешили на встречу более горячую и приятную.

Бар бурлил, шумел и гремел. Сегодня здесь собралась большая часть персонала базы и все незадействованные в работе экипажи. Собрались, чтобы приветствовать вернувшихся из дальнего похода.

Иржи, шедший первым, открыл двери, и дружное «гип-гип-ура» встретило экипаж прямо у порога. Желающие лично поздравить разведчиков с возвращением хлынули к входу, сжимая друзей в объятиях, хлопая по плечам и усердно тряся за руки. Что греха таить, приятно, когда тебя так встречают. Хорошая традиция.

Первые восторги схлынули, как волна, оставляющая берег, и друзей усадили за стол, а работники бара тут же принесли пиво и лучшие закуски. Здесь же и обнаружилась смущенная Ника.

— Что за молчаливую пассажирку вы катали в такую даль? — присевший за их стол капитан Семен Дежнев лукаво подмигнул. — Мы уже час пытаемся ее разговорить, и ни в какую.

Ника немного виновато улыбнулась. С экипажем на совещание она не попала, но беседу имела не менее содержательную. А что касается остального, то совсем не скромно было что-то говорить, не дождавшись остальных.

— Зря ты так, Семен. Девушка, между прочим, орденоносец, а ордена, как известно, вручают только самым стойким.

Из истории со спасением лурианцев тайны решили не делать. Как не рассказать ничего о походе, когда неизбежных вопросов не миновать? Эта же часть приключений в секретности вовсе не нуждалась, скорее наоборот. Огласка могла пойти только на пользу... Всем.

— Капитан скромничает, — наконец соизволила заговорить Ника. — Если говорить честно, то орден мне дали скорее за компанию. Вместе со всем экипажем.

— Так-так, вот это новости! Когда это вас успели наградить?! Неужели за то время, что прошло с момента вашей последней стоянки? Что-то я не припоминаю, чтобы до похода у вас были ордена.

И Семен приготовился слушать вместе со всеми присутствующими. Что может быть интереснее рассказа о таком событии?

— Это потому, что самые достойные экипажи награждают прямо в походе, — и Кэп подмигнул.

— Опять байки травить начнешь? Не томи, рассказывай.

— Так случилось, — начал рассказ Кэп, — что до похода нас наградить не успели и после похода тоже, но я пока не оставляю надежды.

Кэп лукаво подмигнул уже всем присутствующим, давая понять, что шутит, и продолжил рассказ.

— Поэтому награды нашли нас прямо в походе.

— И кто же вас награждал? — немного скептически спросил Семен.

— Да, кто? Кто? — послышались шумные возгласы из зала.

— Альфа-адмирал Блоапас собственной персоной, — загадочно произнес Кэп.

Рассказчик обвел взглядом озадаченный бар, оценивая произведенное впечатление.

— Что-то я такого звания не припомню, — улыбнулся Семен. — Да и имени тоже.

— Признайтесь, вы решили нас разыграть, — подоспевший после окончания смены Дмитрий присоединился к разговору.

— Вовсе нет. Неужели вы не слышали об этом альфа-адмирале? Как же можно не знать прославленного флотоводца лурианцев?

— Лурианцев?! — Шумный до этого бар онемел как по команде.

— Ну да, лурианцев. Любуйтесь. — И Кэп, распахнув на груди комбинезон, представил на всеобщее обозрение полученный орден.

Гул восторга, крики «ура!». Кэпа было бросились качать. Он еле-еле смог избежать такого проявления эмоций.

— А экипаж? — удивленно спросил Дмитрий.

— И экипаж тоже. — Кэп утвердительно кивнул. — И даже пассажир, вернее, очаровательная пассажирка.

— Как хотите, а просто так мы вас не отпустим. Ордена, да еще и лурианские — виданное ли дело! — сказал Семен Дежнев удивленно, с малой толикой белой зависти.

Его экипажу тоже приходилось ходить в дальние походы, вот только лурианских орденов никто им присваивать пока не торопился. Опять эти везунчики с «Легаса» отличились.

Умение удивлять было отличительной чертой этого экипажа. Но не настолько же?

— Хорошо-хорошо, — согласился Кэп, — но сначала в честь нашего награждения всем пива за наш счет.

— Не накладно ли вам будет столько народа угощать? Это скорее вам причитается бесплатное пиво за предстоящий интересный рассказ.

— Ничего, не разоримся.

О том, что в сейфе «Легаса» лежат найденные в метеоритном поле кристаллы липиния, Кэп решил пока не говорить. Не все сразу. А то ненароком вместе с удивлением можно пробудить и зависть. Эта скорбная дама частенько сопутствует удаче, оставляя за бортом все трудности и перенесенные опасности, она любит выносить на всеобщее обозрение лишь плюсы. Не все отвечают на ее призывы, но зачем же искушать людей?

Традиционные посиделки прошли замечательно. Разошлись далеко за условную полночь. Условную, потому что разницы в освещении не наблюдалась. Но делить время на условные сутки было для людей привычным занятием. Тем более так близко от Земли, где сутки, вот они, самые настоящие. А вот с отбытием на Землю пришлось повременить. Как ни стремились путешественники пройтись по поверхности родной планеты, на лунной базе пришлось задержаться и провести там более двух недель. Сдавая собранные материалы, пересказывая снова и снова произошедшие в походе события, вспоминая все новые подробности. Дай волю собравшимся на базе ученым, они продержали бы экипаж на Луне еще не одну неделю. Но в начале третьей недели с момента прибытия на базу Сан Саныч взбунтовался и потребовал для экипажа хотя бы краткий отпуск с отбытием на Землю. Хороший он все-таки человек и как никто понимает чаяния косморазведчиков. Быть может, потому, что сам лет десять тому был таким же разведчиком и не понаслышке представляет, что такое дальний автономный поход.

— Ну что, друзья, завтра на Землю, — проговорил Кэп. — Командировки оформлены, проездные выписаны — можем ехать отдыхать.

— Может, на прощание посидим где-нибудь? — предложил Иржи.

— Посидим, но лучше у себя. За эти две недели споров я наслушался вдоволь, — возразил Трофимыч.

Это правда. Тема спасения лурианского экипажа за две недели не утратила своей актуальности, разделив лунную базу на сторонников разнообразных мнений. Надо ли было рисковать кораблем ради спасения лурианцев? Умеет ли Трофимыч теперь писать по-луриански или этот случай надо отнести к изобразительному искусству? Повлияет ли факт награждения экипажа «Легаса» лурианскими орденами на международные отношения или все останется по-прежнему? Темы для обсуждения не имели конца. Обсудить новости, принесенные экипажем «Легаса» из похода, было интересно всем. А вот сам экипаж это стало изрядно утомлять. После того как весь рабочий условный день проходил в расспросах официальных, тратить вечер на то же самое, только в обстановке неофициальной, совсем не хотелось. Тем более после второй недели нахождения на лунной базе.

— Да, давайте и правда лучше посидим у себя, — согласился Вячеслав. — Спланируем будущий отдых.

— Тем более что премию нам выплатили очень немалую за сам поход, а еще большую за найденные кристаллы липиния, — поддержал его Иржи.

Кристаллы пришлось сдать. А как иначе? Заниматься контрабандой они не собирались. Лучше уж честно получить положенную премию.

— Сан Саныч рассказывал, что по переданным нами координатам вчера ушли три тральщика. Будут астероидное поле прочесывать. Правда, что будут искать в первую очередь, он и сам не знает. То ли липиний, то ли остатки взорвавшихся кораблей воргов, те, что разлетелись слишком далеко и не были собраны нашим катером. Говорят, по этому поводу состоялась целая баталия между промышленниками и КВК. Каждый настаивал на приоритетности своего направления.

— Слава, откуда ты берешь все эти сведения? — удивился Кэп.

— Так слухами земля полнится, в том числе и тогда, когда это лунная поверхность.

— И какая точка зрения одержала верх? — поинтересовался Иржи.

— Об этом ничего достоверно неизвестно. Думаю, КВК победит.

— Не скажи. — Кэп с сомнением покачал головой. — Видел, какое здесь новое строительство затевается? А новую базу потребуется оснащать, в том числе и вычислительной техникой. Липиний сейчас будет востребован, как никогда. Впрочем, никто не мешает тральщикам совместить обе эти задачи, что, пожалуй, и будет сделано.

С Кэпом согласились все.

— А что с отдыхом? Все определились? — наконец перешел Кэп к теме пусть не такой глобальной, но в данный момент занимающей всех в первую очередь.

С отдыхом получалось любопытно. Каждый наметил для себя собственную небольшую развлекательную программу. Кроме того, всем хотелось навестить родственников и друзей.

— У меня вот какое предложение, — высказался Иржи. — Давайте, после того как личные планы будут выполнены, соберемся и отдохнем где-нибудь вместе.

— Хорошее предложение. А где? — Вячеслав отозвался первым.

— Давайте будем оставаться на связи, — предложил капитан. — Как разберемся с делами, соберемся вместе и решим.

— Это дело, — согласился Трофимыч, — договорились.

Остальные согласно кивнули. Предложение давало свободу для маневра и ко многому не обязывало.

Стук в дверь прервал обсуждение планов, заставив всех обернуться навстречу вошедшему. Как оказалось, изволило пожаловать начальство в лице замдиректора косморазведки. Того самого, что был в числе встречающих «Легас» в день его приземления.

— Сидите-сидите, я отвлеку вас ненадолго. — Пришедший начал говорить с порога. Видимо действительно не хотел отвлекать экипаж сверх необходимого, когда об отпуске уже объявлено и мысли людей далеки от работы. — Я, собственно, хотел попросить вас об одном — во время отдыха оставайтесь, пожалуйста, на связи. Без крайней необходимости мы обещаем вас не беспокоить.

— Разумеется, — ответил за всех капитан. — Коммуникаторы мы будем держать включенными.

Замначальника поспешил удалиться, оставив экипаж «Легаса» в покое. Только покой этот, как оказалось, был недолгим. Решительно постучав, на пороге появился представитель внешней разведки Земли:

— Я на минутку. Не стану отвлекать вас от сборов. Нам еще о многом хотелось бы вас расспросить, но я понимаю, вы заслужили отдых. Хочу лишь попросить вас оставаться на связи и не выключать коммуникаторы.

— Разумеется, — привычно ответил Кэп, и посетитель не стал задерживаться сверх необходимого.

— Веселый намечается отпуск, — пошутил Иржи.

В этот момент в дверь раздался стук, и на пороге появился представитель КВК.

— Рад еще раз приветствовать героев, — начал он с ходу разговор, — я вас надолго не отвлеку. Нам еще о многом хотелось бы вас расспросить. Но вы заслужили отдых. Хочу попросить лишь об одном...

— Конечно-конечно.... — отозвался Кэп, — мы обязательно будем на связи, можете не беспокоиться.

— Да, именно это я и хотел сказать, — удивился посетитель. — Ага, видимо я не первый, кто пришел к вам с подобной просьбой. Что ж, приятного отдыха.

Друзья рассмеялись, лишь только новый визитер скрылся за дверью. Не расстраиваться же, в самом деле, раньше времени.

— Надеюсь, хотя бы какое-то время нас не будут дергать, — улыбаясь, сказал Кэп, — я вполне могу понять все заинтересованные службы, но отдохнуть хочется. Походить по земле, навестить знакомых. Работа особенно хороша, когда оставляет время для отдыха.

На Землю отправились на служебном лайнере. Втроем — Кэп, Трофимыч и Вячеслав. Иржи решил лететь позже, навестив сначала лунный город и парк развлечений, пообещав вскоре прибыть на Землю. Несерьезно, скажете вы? Пусть исполнение своей детской мечты для человека, давно уже взрослого, немного несерьезно, но это не повод, чтобы от нее отказаться. Тем более что возможность ее исполнить — вот она, стоит только руку протянуть. Не то чтобы этой возможности не было раньше. Но раньше это мероприятие постоянно откладывалось. Опасности последнего похода заставили Иржи взглянуть на вопрос немного по-другому.

Экипаж челнока был знакомым, как и многие из персонала лунной базы косморазведки. Поприветствовав пассажиров, пилот и штурман челнока предложили им располагаться со всеми возможными удобствами и поспешили заняться подготовкой к полету.

Хоть это и привычный рейс Луна — Земля, расхлябанности работа не терпит. Синдром привыкания — коварная вещь. Первый рейс проходит без происшествий, за ним второй, третий, сто третий. Вот здесь и немудрено появиться ощущению полной безопасности. Только следом за ним неизбежно появится небрежность и пониженное внимание, вызванное привыканием, можно сказать, замыливанием взгляда. А тогда недалеко до ошибки, которая в космических перелетах — вещь недопустимая, слишком велика может быть цена. Способ борьбы с этим явлением хорошо известен — скрупулезность. Дотошность в хорошем смысле этого слова и четкое выполнение всех обязательных формальностей. Скучно? Пожалуй, первое время, пока это не входит в привычку. А иначе не избежать опасностей даже на такой несложной и накатанной трассе. Профессионалы об этом отлично знают.

Вячеслав любовался видом Земли из космоса, Кэп прикидывал, чем заняться в первую очередь по прибытии, Трофимыч, отсев в дальнюю часть салона, терзал коммуникатор и что-то чуть слышно печально говорил.

Кэп прислушался.

— А что еще я мог ожидать, кто я и кто она. Нет, она, конечно, права. Не пара мы, совсем не пара.

Кэп удивленно присвистнул. Похоже, дела принимают серьезный оборот, и друг немало чем-то огорчен. Стараясь не привлекать лишнее внимание, Кэп перешел на другой край салона и сел рядом с Трофимычем.

— Чем опечален, старина?

— А-а-а! — Трофимыч махнул рукой. Разговаривать ему совсем не хотелось.

— А может, у нее были причины, чтобы так ответить.

— У кого? — Трофимыч покраснел. Речь таки шла о даме, этого ему было не скрыть.

— Это тебе виднее, у кого. Я вижу, ты расстроен чьим-то ответом.

— Как не расстроиться? — наконец, решившись, сказал Трофимыч. — Я предложил ей провести отпуск вместе. Махнуть куда-нибудь на недельку, на Селигер или на Байкал.

— А она?

— Отказалась. Не надо мне было этого и затевать. Что она теперь обо мне будет думать?

— Она будет думать, что ты был бы рад провести вместе с ней отпуск.

— Вот только она, как оказалось, совсем не рада.

— Ты знаешь, старина, на самом деле такой отдых на любителя. Быть может, она просто не любит отдыхать на природе. Или занята делами.

— Ты думаешь? — Трофимыч оживился. Мысль о том, что причиной отказа может быть вовсе не его компания, была для него в некоторой степени утешительна.

— Определенно. Может, откроешь секрет и скажешь, кому ты отправлял сообщение?

Механик удивленно оглянулся. Что здесь пояснять, когда это и так каждому должно быть ясно.

— Как кому? Конечно, ей.

— Это-то понятно. Но все же, кому именно?

— Нике, — сказал Трофимыч вполголоса. — Она такая необыкновенная. Я таких раньше не встречал.

С этим трудно было не согласиться. Профессор Ника Зелинская действительно была женщиной незаурядной.

— Не могу с тобой спорить, старина, — сказал Кэп. — Но, знаешь, я удивлен. Что-то я не заметил с твоей стороны в отношении ее знаков внимания. Нет, ты, конечно, был вежлив и предупредителен, но не более того.

— А как иначе? Мы же были в походе.

Вот оно что. Что ж, поступил Трофимыч правильно. А вот как ему быть теперь?

— А что она тебе ответила? Если это не секрет и не слишком личное.

— Какой секрет. Ответила, что у нее много работы. И рада бы составить компанию, да никак не получается.

— Может, так оно и есть? Ника собрала очень много материала. Она сейчас у своих коллег нарасхват.

— Вот именно что нарасхват.

— Не кисни, друг. Я имел в виду, что она сейчас востребована как специалист. Как профессор-ксенобиолог. Ей наверняка сейчас не до амурных дел.

— То-то и оно. А что потом? Мы опять уйдем в поход, а она останется.

— Останется, старина, останется. Сам понимаешь, ее место на Земле. Это поход для нее, скорее, исключение.

— Понимаю, — Трофимыч печально кивнул, — но от этого не становится легче.

— Так, может, поедешь со мной за компанию, не так грустно будет.

— Нет, я на природу. Как минимум на неделю, а там посмотрим.

— Да, мечта — это серьезно. Ну, как знаешь. Если что, я всегда на связи, звони. И не забудь, вторую половину отпуска проводим все вместе.

Кэп задумался. Трофимыч, конечно, опечален. С другой стороны, он не мальчик безусый и в глупости вряд ли ударится, не стоит отговаривать его от намеченной программы. А вот звонить ему надо почаще, а то и, разделавшись со своими делами, махнуть всей компанией к нему в гости. Все равно собирались где-то собраться всей командой.

Земля встречала путешественников весной, зеленью и бурным ростом. Начало жизни. По крайней мере, в том климатическом поясе, где находился космодром службы дальней космической разведки. Был он гораздо менее шумным и наполненным движением, чем космопорт общего пользования. Меньше толкотни, меньше проволочек. Попутный служебный транспорт — очень удобная штука.

Экипаж челнока отправился по своим делам, пожелав недавним пассажирам счастливого отдыха. При всем уважении к экипажу «Легаса» отправлять челнок на Землю специально для них не стали бы, не случись оказии, пришлось бы им добираться пассажирским транспортом. Разумеется, с оплатой проезда за счет компании. А так — попутный рейс, и все довольны. И амбиции здесь вовсе ни при чем. Гонять корабль с Луны на Землю только ради того, чтобы доставить трех пассажиров? Это только в самом крайнем случае, о таком лучше и не думать. Кэп, Вячеслав и Трофимыч отметились у дежурного, который был предупрежден об их прибытии и попросил появиться через две недели в управлении, именно такой отпуск удалось выбить для них Сан Санычу. Всего две недели или целых две недели. Две недели отдыха на Земле! Пожалуй, если учитывать все сложившиеся обстоятельства, — это шикарно. Разумеется, по прошествии этого времени их не отправят сразу же в рейс. Скорее всего, придется вернуться к рассказам и объяснениям. Свободного времени останется не так много.

До города добирались на дрезине, движущейся на магнитной подушке, — то же самое, что и поезд, лишь состоящий из одного вагона. Удобно и быстро, и главное, это позволяет почувствовать все преимущества общественного транспорта. Реактивный катер, без спора, доставил бы их чуть быстрее. Вот только пользоваться им в городе неудобно и накладно. О нем надо заботиться, заправлять, искать стоянку, запрашивать маршрут движения, в то время как развитый общественный транспорт доставит до места без всяких хлопот. Разумеется, только там, где он развит.

Не откладывая в долгий ящик прощание, друзья расстались на вокзале, договорившись держать связь и встретиться, как только позволят дела.

2

Звонок от Шарля Свенсона стал неожиданностью. Шарль пропал, пообещав появиться сразу, как только будут какие-нибудь новости. Три недели тишины. Видимо, новостей не было. Кроме одной, и ту Макс узнал из средств массовой информации. Экипаж одного из косморазведчиков награжден орденами Луриана. Внимательно следивший за всеми новостями Максим был немало удивлен. К сожалению, сообщения были слишком скупы. Рассказали лишь о том, что экипаж землян спас терпящих бедствие лурианцев. Как, почему, при каких обстоятельствах? Все это осталось за кадром. Вроде как это к делу и не относится. Спас и спас, о чем здесь еще говорить? В интересные подробности этого дела никого не посвятили, не посвятили в них и Макса. В общем, подробности не для всех.

Но вот только не для всех — это еще не значит, что они неизвестны совсем никому. «Уж кому и быть в курсе подробностей, так это Шарлю», — решил Максим и собрался было позвонить ему, порасспросить. Но по здравом размышлении отказался от этой затеи. Чем объяснить этот интерес, как не праздным любопытством? Напоминать об их договоренности решительно не хотелось. Если Свенсон помнит о ней, то появится сам, как только будет такая возможность. В то, что Шарль узнал все, что мог, и решил более не общаться с Максом, верить не хотелось. Впечатление он произвел вполне благоприятное, и, несмотря на немаленькую разницу в возрасте, Макс был бы рад видеть его в числе своих друзей. Нет, не мог он так ошибиться в человеке. Должно быть, никаких важных новостей по интересующему их обоих делу Шарль пока нашел. Время покажет.

Так и случилось. Через три недели молчания Свенсон позвонил и спросил, есть ли у Макса возможность побеседовать. Времени у Максима было достаточно. Это вовсе не говорит о том, что он ничем не был занят, но дело делу рознь. Планы вполне могли подождать. У каждого дела есть своя срочность. Если одни не терпят промедления, другие могут подождать без всякого для себя ущерба. Вот только возможность отличить одни дела от других — большое искусство. Приходит оно со временем и позволяет успеть там, где это необходимо, и там, где не слишком необходимо, тоже успеть, но уже не слишком торопясь. Такая вот нехитрая арифметика.

Катер Свенсона лихо зашел на посадку, и довольная физиономия Шарля показалась из кабины. Выглядел он отдохнувшим.

— Привет, Макс, как поживаете? Я не отрываю вас от работы? — помахал он рукой, идя навстречу по дорожке.

— Какие дела? Я все больше по отдыху специализируюсь.

Шарль рассмеялся звонко и заразительно:

— Лукавите, Макс. Отдыхая, вы успеваете сделать столько, что троим работающим не угнаться.

— Так это все между делом. — Максим развел руками и улыбнулся. — Проходите, Шарль. Чай будете?

— Спасибо, не откажусь. Давно хотел побеседовать с вами, Макс, вот только новостей по нашему делу не было. Но сейчас есть кое-что интересное. Как это нам может пригодиться, пока не знаю. Есть что обсудить.

— Если есть, обязательно обсудим.

— Благодарю вас. — Шарль кивнул, принимая чашку, и продолжил: — Вы, наверное, слышали о приключениях экипажа «Легаса». По крайней мере, о том, что относится к спасению лурианцев.

— В общих чертах, лишь в самых общих чертах. В прессе об этом говорилось очень кратко. А тревожить старые связи, чтобы разузнать подробности, я не стал.

— И правильно сделали, Макс. В этом деле столько тумана, что получить достоверную информацию очень непросто.

— Но вам-то, Шарль, это удалось?

— С трудом. Вы не поверите, Макс, с большим трудом. А ведь я веду дело, связанное с лурианцами. Пришлось обращаться непосредственно к шефу, чтобы получить доступ к этой информации.

Максим удивленно присвистнул. Факт спасения лурианского экипажа озвучили по всем каналам, а вот сопутствующие этому события, как оказалось, — тайна за семью печатями.

— Чтобы познакомить вас с нужной информацией, — продолжал Шарль, — мне пришлось временно зачислить вас в нашу группу. В качестве внештатного консультанта. Вы не против?

Максим удивленно кашлянул:

— Ну разве что внештатным консультантом.

Не думал и не гадал он быть зачисленным в КВК. Пусть даже временно и внештатно.

— Вы извините, Макс, что я не спросил вашего согласия. Поверьте, это вас ни к чему не обязывает, разве что к неразглашению информации и некоторым советам. Надеюсь, вы не откажетесь вовремя дать мне грамотный совет? Я благодарен вам за помощь и рассчитываю на нее в дальнейшем. К тому же мне показалось, что вы не против того, чтобы поучаствовать в этом интересном деле.

Вывалив на Макса весь этот ворох аргументов, Шарль выжидающе замолчал, запечатлев на лице немного виноватую улыбку.

— Ладно, чего уж там, — сказал Максим, немного подумав. — Это дело мне действительно интересно. Выкладывайте, что вам удалось узнать.

— В общем, так. — Шарль допил одним глотком чай и поставил чашку на стол. — Что касается «Легаса», они действительно спасли лурианский экипаж. При обстоятельствах, самых необычных. Более того, «Легас» — это именно тот дальний космический разведчик, который должен был обследовать брошенный лагерь чужих и возвращения которого мы ждали.

— Вот оно что. Тогда становится понятно, почему вокруг них столько секретов. И что, каков ответ? У нас есть время?

— А вот ответ непростой. Он и хуже и лучше того, который можно было ожидать.

— Поясните, Шарль. Ваша трактовка событий не слишком понятна.

— Поясняю. Во-первых, времени у нас нет. То есть нет совсем. Сейчас все службы обороны и безопасности стоят на ушах. Срочно составляются планы вооружения флота и строительства новых кораблей. Незнакомцы оказались очень агрессивными.

— Что, это все выяснилось при обследовании лагеря?

— Хуже, Макс, хуже. А, — Свенсон махнул рукой, — что там, все равно узнаете. Только, Макс, я прошу, пока никому.

— Обещаю. — Макс был заинтригован, что за сведения такие, если они настолько секретны? Нет, он не был чересчур любопытным, работа отучила от пустого интереса. Но здесь интерес вырисовывался совсем не пустой. Информация, по словам Шарля, напрямую относилась к делу, которым они занимались.

— В общем, так. Чужие корабли напали на наш космический разведчик. Отбиться тому удалось практически чудом.

Вот это уже действительно серьезно. Призрак надвигающейся войны открыто замаячил на пороге. Войны с противником практически неизвестным. Это угроза всей Солнечной системе. Да что там, всему ареалу обитания людей. А он-то думал, обижаться ли на то своевольство, которое проявил Шарль с зачислением его в консультанты КВК. Как это выглядит нелепо и мелко по сравнению с надвигающейся угрозой.

— Вы что-то говорили о втором факторе, Шарль.

— Да, второй фактор. Как это ни цинично прозвучит, для нас скорее благоприятный. Чужие успели сбить корабль лурианцев. Тот самый, экипаж которого подобрал «Легас».

Одна новость удивительнее другой. Подумав пару минут, пытаясь переварить услышанную информацию, Максим согласился.

— Вы, безусловно, правы, Шарль. Как это ни цинично звучит, Земле это на руку. Общий враг — достаточно значимый повод для поиска компромисса.

— Даже если он не будет найден, чужие обозначили свои намерения абсолютно ясно. Для них это война на два фронта.

— Вы уверены, что все-таки война?

— Хотелось бы сказать, что нет, но, думаю, дело лишь в сроках ее начала. Как ни хотелось бы ее избежать, это маловероятно.

— Вам удалось побеседовать лично с кем-то из экипажа косморазведчика?

— Нет. Вы просто не представляете, Макс, как трудно было к ним прорваться. Две недели их тормошили все службы. А сейчас они на отдыхе.

— Так-так. На отдыхе — это хорошо. А где именно они на отдыхе, вы сможете узнать?

— Макс, ребята устали, имейте совесть, — Свенсон посмотрел укоризненно. — Они несколько месяцев не были дома. А уж разговорами их замучили — не передать словами. Оторвать их от заслуженного отпуска — просто бесчеловечно.

— Все это так, Шарль, все это так. Но кто нам помешает отдохнуть там же, где отдыхают и они? Что-то вы выглядите устало, Шарль. Один день отдыха вам совсем не повредит.

— Ну вы и хитрюга, Макс. — Свенсон улыбался во все тридцать два зуба. — Ладно, я попробую узнать через службу связи, где они отдыхают. Попрошу, чтобы отлоцировали их коммуникаторы. Как бы мне за эту самодеятельность не получить по шапке.

— Я всегда догадывался, Шарль, что в вас есть малая толика здорового авантюризма, — улыбнулся Максим.

— Вы уверены, Макс, что именно здорового?

— Естественно. Мы же ничего не нарушаем, всего лишь собрались отдохнуть. Вот знать бы еще где. Что нам готовить для этого отдыха, смокинг или походную палатку?

— Узнаем, непременно узнаем.

— Я надеюсь на вас, Шарль. Да, и соберитесь с силами перед предстоящим отдыхом.

3

— Ребята, привет. — Улыбающийся Иржи подошел к столику, за которым уже сидели Кэп и Вячеслав.

— Рассказывай. Всех успел навестить? Все намеченные планы выполнил?

— Отдохнул просто отлично, вы себе не представляете.

Кэп и Слава улыбнулись. Что-что, а это они представляли очень хорошо. Неделя на Земле не прошла даром. Началась она, конечно, со встреч с родными. А потом уж каждый развлекался как мог. В меру своего желания и потребностей. Славная выдалась неделя.

— А что, Трофимыч еще не подошел? Насколько я помню, мы хотели все вместе собраться.

— Трофимыч и не подойдет, — ответил Кэп. — А насчет «вместе» ты прав. Вот только в каком именно месте? Я предлагаю всем вместе махнуть к Трофимычу.

— Почему к Трофимычу?

— Поверь мне, это хороший план. К тому же места, где он обосновался, действительно замечательные. Остановился он на таежном озере в Южной Сибири. Тишина, покой, а природа — просто залюбуешься. И никого вокруг километров на пятьдесят. Лишь он, надувной домик и природа.

— И не скучно им вдвоем? С природой?

— Вот посмотрите, что там за места, вам тоже скучать не придется. Компанию нашему механику составим, да и сами отдохнем.

— А что, я «за», — отозвался Вячеслав.

— Я тоже согласен. За всю мою уже не слишком маленькую жизнь вот так побывать на таежном озере не доводилось, — согласился Иржи.

— Вот и славно. Тогда перекусим — и в путь.

— А как добираться будем? Озеро же таежное. Общественный транспорт до него вряд ли предусмотрен. Сколько от него до ближайшего селения? Пятьдесят километров? До поселка, допустим, доедем, а дальше?

— Ты прав, Иржи, транспортом придется обзаводиться. Вот только об этом я уже подумал. На то и командир, чтобы решать проблемы раньше, чем вопросы, связанные с ними, возникнут у подчиненных. — Кэп весело подмигнул. — Доедайте обед и пойдемте. Покажу вам одну замечательную штуковину.

Ну что за обед после такого? Вячеслав и Иржи быстро доели легкий салат, слишком уж загадочный вид был у Кэпа.

Не менее загадочными были и его дальнейшие действия. Войдя в лифт, Кэп не стал отправлять его вниз. Напротив, он нажал кнопку, крайнюю в ряду, с лаконичной надписью: «крыша».

— Что мы забыли на крыше? Капитан, ты решил полюбоваться видом? А как же наше намерение отправиться в гости к Трофимычу?

— Терпение, Иржи, терпение. Как ты думаешь, почему я назначил место сбора именно здесь?

— Судя по тому, что мы едем вверх, вам, капитан, понравилась крыша этого здания.

— Совершенно верно, язвительный доктор. Я надеюсь, она вам тоже понравится. Прошу. — Кэп жестом предложил друзьям пройти вперед.

Посадочная площадка общественного пользования на крыше не такая уж и редкость. Вот там-то они и оказались.

— Вот она. Красавица. — Кэп подвел друзей к среднему реактивному катеру последней модели «Стрела ТМ».

Бронированный колпак, плавные обводы корпуса.

Машина была элегантна. В ней поразительно сочетались мощь и эстетика. Вид у катера был, как у мускулистого атлета, одетого во фрак. И грузоподъемность приличная — около тонны. Для такой легкой и компактной машины — просто здорово. Семь пассажирских мест плюс багажное отделение.

— Ничего себе! Вот это вещь! Откуда?! — удивился Иржи.

Вячеслав молчал, но был не менее удивлен.

— Решил потратить немного премиальных денег. Купил вот эту малышку.

— И сколько немного?

Кэп притворно вздохнул:

— Почти половину моей премии за липиний, но, право, оно того стоит.

Друзья удивленно присвистнули. Цена и правда была немалой. Сбросься они все вместе, вполне могли купить космический корабль. Конечно, не такой большой, как «Легас», но на подержанный малый транспортник денег вполне могло хватить.

— Немало, — высказал свое мнение Вячеслав.

— Зато какой аппарат! Ускорение дает до десяти g, при желании может выходить в космос. Просто птичка. Кабина герметичная, на двое суток автономный запас кислорода. И это без дополнительных приспособлений.

— Да, катер хорош. Трофимычу бы точно понравился.

— Так мы на нем к Трофимычу и полетим. Забирайтесь. — Кэп распахнул дверь пассажирского салона. Сам же он устроился на месте пилота.

Быстро пробежав пальцами по клавиатуре бортового компьютера, Кэп отправил запрос диспетчеру с указанием необходимого направления движения. Ответ пришел секунд через пять. Движение в городе было плотным, и диспетчерскому компьютеру понадобилось время, чтобы подобрать свободную трассу.

— Почти то, что надо, — прокомментировал Кэп данные, пришедшие на навигационный компьютер катера. — Высота — тысяча четыреста метров, направление — на три градуса левее запрашиваемого. За городом скорректируем курс. В путь.

Включив программу автопилота, Кэп откинулся на сиденье. На малопривычной машине на ручное управление лучше будет перейти за городом.

Трофимыч устроился, как и мечтал, на лесной поляне у глухого таежного озера. Совершенно один. Как это ни удивительно, а есть до сих пор такие почти не освоенные места, где можно почувствовать полное уединение. За последнее время люди изрядно расселились по галактике, тем самым уменьшив население Земли, хотя она по-прежнему оставалась самым населенным из освоенных людьми миров. И, несомненно, она оставалась центром человеческой цивилизации. Но сейчас когда-то перенаселенная планета, казалось, вздохнула свободнее. Свободнее себя почувствовали и ее жители.

Поставив надувной домик на берегу таежного озера, Трофимыч с удовольствием встречал рассветы и закаты, наслаждался природой и тишиной, прогулками на небольшой моторной лодке, ловлей рыбы и уединением. Порой, с тоскою вспоминая о Нике, он печально вздыхал, но удивительная природа, раскинувшаяся вокруг, смягчала его печаль и помогала развеять тоску.

Друзьям он обрадовался. Не так уж он и стремился к уединению, по крайней мере, не от них. Отдохнуть в этом райском уголке, почти не тронутом вниманием, — это было заманчиво. Вместе с друзьями? Еще лучше.

Трофимыч деловито осмотрел новый катер Кэпа, который пришлось оставить метрах в трехстах от лагеря. Там же, где механик высаживался с нанятого для этой цели вертолета. Трофимыч вывел на экран монитора катера технические данные, познакомился с управлением и вынес свой вердикт:

— Добротная машина. На такой летать — одно удовольствие. Вот только что ты, командир, будешь с ней делать, когда придет время отправляться в поход?

— Что-нибудь придумаю. — Кэп улыбнулся, машина ему нравилась даже несмотря на то, что с ней рано или поздно, возможно, придется расстаться. — Сдам в аренду или оставлю попользоваться кому-нибудь. Или возьму с собой, на «Легасе» места хватит.

— Места-то хватит, вот только штатный катер все равно серьезнее будет. Как-никак спецмашина. «Стрела ТМ», конечно, замечательная, но гражданская. Впрочем, не буду тебя отговаривать, решать тебе. Ладно, пойдемте. Посмотрите, как я устроился.

Устроился Трофимыч хорошо. В надувном домике места могло хватить для всех, хоть и пришлось бы потесниться. Расположенная на крыше легкая солнечная батарея позволяла получать энергию для освещения и пользования бытовыми приборами. Буквально в пяти шагах от входа начиналось озеро. Из пришвартованной к берегу легкой моторной лодки, как усы антенны, торчали удочки. И, о диво, в нескольких шагах на костре запекалась крупная рыба. Вернее, рыба запекалась наподобие шашлыка, подвешенная над углями.

— Трофимыч, признавайся, рыбу ты привез с собой? — В голосе Иржи явно звучала небольшая толика белой зависти.

— Еще чего. Собственноручно поймал в этом самом озере. Можете мне поверить.

— Не знал, что здесь такие водятся, а то махнул бы с тобой.

— Так ты и так вроде как приехал. А удочку? Так и быть, я дам тебе напрокат одну из своих.

— Договорились.

— Да вы проходите, ребята! — Механик гостеприимно распахнул дверь надувного домика и пропустил гостей внутрь. — Рассказывайте, как отдохнули, что нового. Я здесь практически оторван от мира, причем принципиально.

Друзья расселись на надувных сиденьях, и в домике стало необыкновенно тесно. Кстати, это замечательное изобретение успешно заменило палатку для любителей отдыха на природе. При наличии небольшого компрессора домик ставился в пять минут. В собранном же виде он был легким и компактным.

— Ну что рассказать? — На правах капитана Кэп первый начал рассказ. — Из новостей, которые касаются всех, наиболее значима одна — решено существенно увеличить численность разведывательного космофлота и провести модернизацию кораблей. Эту новость последние дни активно обсуждают во всех средствах массовой информации.

— Модернизировать? — Трофимыч лукаво хмыкнул. — Думаю, правильнее было бы сказать, военизировать. Правительство решило строить боевой космический флот, но до поры будет стараться выдавать его за исследовательский. Ну чего-то в этом роде и следовало ожидать. Раньше времени вносить смятение в умы не стоит. Это будет не на пользу никому. А, да ладно, что мы все о делах да о делах. Рассказывайте, как отдохнули.

— Замечательно!

Друзья по очереди рассказывали о своих новостях, поедали запеченную Трофимычем рыбу, не забывая хвалить хозяина, и пили чай из трав. Иржи настаивал на том, что он необыкновенно полезен, правда, не преминул лично проверить все собранные механиком травы.

Спать собрались поздно. Расположившись вповалку на полу, они ностальгически вспоминали детство и долго переговаривались, пока всех не сморил сон.

Разбудил всех Иржи. До рассвета было еще далеко. Толкнув локтем Кэпа, доктор подождал, пока тот проснется.

— Тихо, не шуми. — Иржи приложил палец к губам.

— Что случилось? — Кэп удивленно оглянулся,

вспомнил, где они находятся, и в ожидании ответа посмотрел на биолога.

— Слышишь?

Снаружи раздавалось шебуршание, как будто по стенке домика водили чем-то острым.

— Что это? — спросил удивленно Кэп.

— Какой-то зверь. Когти точит. Забыл, где мы находимся? Вокруг дикая тайга.

Кэп невольно поежился. Испытав в космосе множество опасных приключений, он совершенно был не готов к встрече с ними на Земле.

— И что это за зверь?

— А я откуда знаю?

— Но ты же все-таки биолог.

— Фр! — Иржи недовольно фыркнул. — Меня не учили распознавать зверей по звуку когтей. Разный может быть зверь, — сказал он, чуть подумав, — может быть, даже тигр.

— Буди Трофимыча и Вячеслава. Надо посоветоваться.

Через минуту механик и программист присоединились к компании бодрствующих.

— Трофимыч, здесь тигры водятся? — Вячеслав был первым, кто догадался поинтересоваться этим вопросом у относительного старожила местной территории.

— Не могу этого отрицать, — сказал Трофимыч, чуть подумав. — Мне пока не попадались, но, судя по географическому расположению озера, такое вполне возможно.

— А оружие у тебя имеется? — следующий закономерный вопрос задал биолог.

— Вот еще. Я отдыхать собирался, а не охотиться.

Несколько минут все задумчиво молчали. За исключением зверя, который время от времени царапал стену домика.

— Надо попробовать его напугать, — предложил Иржи, — звери бояться громкого звука.

Друзья исполнили хором гимн косморазведчиков и

прислушались. Несколько минут все было тихо, затем снова раздался скрежет.

— Не ушел.

— Сначала затаился, а теперь опять стенку на прочность проверяет.

— Какие еще будут предложения? — спросил Кэп.

Трофимыч вздохнул:

— Все-таки вы прилетели ко мне в гости, мне и разбираться с непрошеным зверем.

— Скажешь тоже, старина. Я с тобой.

— Да чего там, все пойдем. На четверых даже тигр нападать не решится.

— Нет, я так не могу. Вы у меня в гостях.

Трофимыч прихватил стоящее у входа ведро и быстро, пока другие не успели к нему присоединиться, вышел за дверь. Через пару секунд раздался громкий металлический лязг, а за ним голос Трофимыча:

— Выходите, я его поймал.

Друзья по одному вышли наружу. Механик стоял с обратной стороны домика.

— Ну и где? Где зверь? — взволнованно поинтересовался Иржи.

— Сидит под ведром.

Иржи недоуменно почесал затылок. Тигр под ведром поместиться точно не мог. Даже самый маленький тигр размером больше ведра.

— А он не набросится? Небольшие звери тоже могут быть опасны. Пусть и не для жизни. Покусать и поцарапать может лиса или даже заяц, если его поймать.

— Нет, я его приручил, — откликнулся любитель природы.

Иржи осторожно подошел к ведру и перевернул его. Под ним сидел ежик. Вот он — нарушитель, который царапал стену домика своими иглами.

Вячеслав и Кэп упали от смеха.

— Ти-игр! Иржи, ты не находишь, что этот тигр какой-то чересчур карликовой породы?

— Я вовсе не утверждал, что это тигр. — Доктор насупился, но долго не выдержал и присоединился к смеющимся друзьям.

— А Трофимыч-то, Трофимыч! С одним ведром вышел зверя укрощать.

Через минуту дружного смеха Трофимыч наконец решил раскрыть небольшой секрет:

— Честно говоря, зверь не мог быть крупным. Сразу после приезда я установил вокруг лагеря сигнальную систему. Она реагирует на живые существа весом более полутора килограммов.

— Ха-ха-ха!

— И вовсе не смешно.

Тем не менее новый приступ веселья не оставлял присутствующих несколько минут.

— Старина, почему ты сразу об этом не сказал? — отсмеявшись, спросил Кэп.

— Почему-почему. Не хотел портить вам приключение.

— А почему более полутора килограммов? — поинтересовался Иржи.

— Не поднимать же тревогу всякий раз, когда на ветку рядом со мной сядет синица.

— Резонно.

Переговариваясь, друзья отправились досыпать. Отдых на природе начался весело.

Следующий день прошел спокойно. Друзья наслаждались тишиной и природой. Вдоволь накупались, благо погода стояла отличная, прокатились на моторной лодке и половили рыбу. Иржи прогулялся по ближайшим окрестностям, любуясь буйством дикой природы. В общем, хороший день, спокойный отдых. А вот следующее утро принесло сюрприз.

Дым первым заметил Вячеслав. Утром, как обычно, если можно говорить об обычности на третий день отдыха, друзья вышли к озеру, чтобы умыться. Трофимыч прихватил ведро. Да, то самое, с помощью которого был пойман еж-нарушитель. Оно же использовалось в качестве водопроводного крана. Проще говоря, воду зачерпывали и лили по очереди на умывающихся. Без затей.

— Смотрите, что это там? — спросил Вячеслав. На противоположной стороне залива, метрах в семистах от лагеря в воздух поднимался дым от костра. — Местные жители или такие же отдыхающие, как и мы?

— За всю неделю, пока я был здесь, не появился ни один местный житель, — с сомнением сказал Трофимыч. — Что касается любителей отдыха... Интересно, когда они успели появиться?

— Да, любопытно. Забраться в такую глушь не так-то просто. Как они добрались? — рассуждал вслух Кэп.

Подумать только, в городе или на курортном пляже нас окружают тысячи людей. И никому не приходит в голову поинтересоваться, для чего они туда пожаловали. Здесь же появление соседей вызвало у друзей вполне понятное любопытство.

— А не заглянуть ли нам в гости? — предложил Кэп.

Друзья были полностью согласны с капитаном.

— Ну от утреннего кофе отказываться ради этого не стоит.

Вот и пойми Трофимыча. С одной стороны, он не против, с другой — предлагает не торопиться. Хотя прав, конечно. Суета — для дела помеха.

— Точно, — согласился Кэп, — тем более что в лагере кому-то придется остаться. Негоже оставлять его без присмотра, пусть он и временный.

— Наш капитан во всем видит происки неприятеля. — Вячеслав подмигнул. Но под взглядом Кэпа смутился и умолк.

— Вовсе нет. Ожидать неприятностей от каждого встречного — это слишком. Я не ожидаю никаких неприятностей от этой поездки. Напротив, я думаю, всем нам будет интересно познакомиться с неожиданными соседями. А насчет лагеря — это, скорее, многолетняя привычка.

— Следует заметить, не такая уж и плохая привычка, — поддержал Кэпа Трофимыч.

— Все-все, сдаюсь! — Вячеслав поднял руки, изображая всю степень своего раскаяния. — Если подумать, то где-то в глубине души я сам с вами согласен. А кто останется в лагере?

— Следовало бы оставить одного сомневающегося программиста. — Кэп обвел взглядом друзей. — Но, пожалуй, поручим это человеку более основательному.

Вячеслав поморщился. Но ведь сам напросился.

— Трофимыч, ты за своим лагерем присмотришь, пока мы сходим на разведку?

Трофимыч кивнул, соглашаясь.

Вячеслав всю дорогу молчал. Обиделся? Нет? Он и сам не сказал бы определенно. Если и обижаться, то только на свой скепсис. Но признать это... Когда катер уже приставал к берегу, Вячеслав решил, что сам был неправ. На душе у него сразу стало светлее и легче, набежавшая небольшая туча рассеялась, и он сошел на берег в самом замечательном расположении духа.

Иржи выскочил из лодки первым, потащил ее, помогая забраться носом на песок. За ним вышли Вячеслав и Кэп.

Двое мужчин сидели у костра и непринужденно беседовали. Один лет двадцати пяти, другой постарше. Пожалуй, их можно было бы принять за отца и сына, если бы они не были так разительно непохожи. Тот, что постарше, был коренаст, среднего роста, темноволос и имел типично славянское выражение лица. Его младший товарищ, напротив, был высок. Его широкие выдающиеся скулы и светлые, слегка вьющиеся волосы однозначно указывали на скандинавских предков.

Старший временами помешивал большой деревянной ложкой то, что варилось в котелке. От котла шел неповторимый аромат настоящей ухи. Между делом старший давал пояснения, касающиеся процесса приготовления того, что булькало в котле и так ароматно пахло:

— Уха, любезный Шарль, имеет более двадцати разновидностей. Это если не вдаваться в подробности. Поскольку рыба довольно распространена по всему земному шару, а в последние столетия и не только, ее приготовление никак нельзя отнести к чему-то редкому. Уха готовилась испокон века. К ухе можно отнести и совершенно простую похлебку из вареной рыбы, и шедевры кулинарного искусства, имеющие в себе не менее трех сортов рыбы и множество дополнительных приправ.

— Макс, я удивляюсь широте и объему ваших знаний. Понятно материаловедение, физика, химия. Но откуда вы столько знаете об ухе?

— Вот это точно лишь из любопытства. Смотрите, Шарль, похоже, у нас гости.

Тот, что помоложе, обернулся навстречу приставшей к берегу лодке и приветливо помахал рукой.

— Проходите, меня зовут Шарль, а моего старшего товарища — Макс. Если вы не торопитесь, можете присоединиться к нам и отведать ухи.

Предложение было заманчиво. Уха пахла изумительно.

— Жаль, Трофимыч не поехал. — Иржи был искренен в своем устремлении и на самом деле сожалел, что Трофимыч, как инициатор и особый любитель отдыха на природе, не попробует этой замечательной ухи.

Думал так не он один.

— Да, без Трофимыча как-то неудобно соглашаться на это предложение, — вполголоса сказал Кэп, — но и отказываться тоже не следует. Решено, зовем его сюда.

Пока ждали механика, Кэп прогулялся по ближайшим окрестностям, пытаясь разгадать тайну появления в этом глухом месте еще двоих отдыхающих. Тайна разрешилась довольно быстро. По крайней мере, в той ее части, которая касалась методов появления, а не причин. Метрах в трехстах на небольшой лесной прогалине стоял реактивный катер с эмблемой КВК на борту.

«А ребята не так просты», — подумал Кэп и, восхитившись умением пилота, который посадил катер на такой небольшой площадке, отправился к костру. Прогулке его никто не пытался воспрепятствовать, из чего он сделал вывод, что тайны из своей причастности к Комитету по внеземным контактам приезжие не делают. Или слишком уверены в себе, или не считают нужным скрывать этот факт. Второй вариант Кэпу нравился больше. Впрочем, в КВК тоже работают люди, почему бы им просто не отдохнуть. На официальный визит их появление уж точно непохоже. К тому же если быть честными до конца, именно экипаж «Легаса» приплыл к ним в гости, а не наоборот.

Так и не придя к определенным выводам, Кэп вернулся в лагерь. В ответ на пытливый взгляд появившегося к его приходу Трофимыча он шепнул:

— Ребята из КВК, похоже, просто отдыхают, — и, дождавшись его кивка, поспешил к столу, где уже разливали по мискам ароматную уху.

— Эх, хороша! — похвалил еду Трофимыч. — Если бы вы все съели без меня, это было бы совершеннейшим кощунством. Вы должны записать для меня рецепт!

— Охотно, — отозвался готовивший уху Максим. — Надеюсь, он вам пригодится. Настоящий бич нашего времени — отсутствие свободного времени, извините за невольный каламбур. Вот вроде бы последние два года уже не принадлежу службе, а времени выбраться на природу и отведать настоящей ухи до сих пор не находилось.

— И к какой службе вы принадлежали, если это, конечно, не секрет? — поинтересовался Иржи.

— Не секрет. К Службе безопасности Земли.

Кэп удивленно поднял брови. Увиденный им катер говорил несколько о другом.

— Два года назад я подал в отставку и поселился в провинции, — продолжил свой рассказ Макс, — с тех пор большую часть времени уделяю домашнему хозяйству.

Заметив скептическую улыбку Шарля, появившуюся

при последних словах, Кэп удивленно переглянулся с Трофимычем.

— Не обращайте внимания. Если бы вы только знали, насколько активную деятельность ведет этот отставник у себя в провинции. А в последнее время он еще и работает у нас в КВК внештатным консультантом.

Кое-что начало проясняться. По крайней мере, стали понятны взаимоотношения старшего и младшего из хозяев стоянки. Консультант — это не начальник, но и не подчиненный. То-то их отношения показались Кэпу скорее приятельскими. Очень интересные попались собеседники и совсем неожиданно в такой глуши.

— Консультант какого рода?

— Консультант по вопросам лурианцев, — ответил Шарль, своими словами немало всех удивив. Оказывается, бывают и такого рода консультанты.

— Вы специалист по лурианцам? — переспросил Вячеслав.

— Специалист — это слишком сильно сказано. Мне посчастливилось общаться с ними несколько больше, чем многим из моих товарищей.

Еще бы. Особенно если учитывать, что большинство людей вообще не имели такой возможности.

— И как ваше впечатление? Вы находите их заносчивыми?

— Никоим образом. Некоторых я даже рад был бы видеть в числе своих друзей.

— Точно-точно, мы тоже, — начал Иржи, но, поймав тревожный взгляд капитана, продолжил совсем не так, как собирался, — с вами согласны.

Попытавшись перевести разговор с этой скользкой темы, Кэп сказал первое, что пришло ему в голову:

— Я смотрю, вы, как и мы, в данный момент лишены женского общества.

Кэп чуть не прикусил язык, вспомнив, что тема эта была для Трофимыча довольно животрепещущей. Фраза выскочила случайно. Выбрал ее Кэп лишь потому, что она никак не связана с вопросами технического плана, и, выбрав, успел пожалеть. К счастью, Трофимыч отреагировал лишь хмурой ироничной улыбкой, видимо, отдых на природе пошел ему на пользу и скрасил невольную горечь разочарования. Тема же, всем интересная, не могла не получить своего продолжения.

— Издержки профессии, знаете ли. Служба моя не располагала к спокойному времяпровождению, — начал рассказ Максим. — Я, правда, был женат. К сожалению, мы прожили вместе недолго. Три года.

— Развелись?

— Скорее, жизнь развела или судьба. Ее не стало. Трагическая случайность. Я долго тосковал. Впрочем, это было давно, и боль утраты успела стихнуть. Осталась лишь память, — добавил Макс, увидев сочувствующие взгляды окружающих. — А вот жениться во второй раз я так и не решился. Можно сказать, холостяк по привычке.

Шарль удивился. Данных о гибели жены не было в досье Макса. Видимо, не все так просто было с этим делом. Впрочем, настаивать он не будет. Если Макс захочет, сам расскажет.

— А что касается Шарля, — продолжил между тем Максим, — думаю, не ошибусь, если скажу, что у него есть невеста.

Вот это действительно было неожиданно. О своей намечающейся свадьбе Свенсон Максу ничего не говорил. Намечающейся вполне определенно, пусть и не в самое ближайшее время. Короче говоря, невеста у Шарля действительно была. Свенсон сделал для себя заметку порасспросить Макса подробно об источниках его осведомленности по этому вопросу.

— Да, я пока не женат. Но надеюсь, что это временно. Макс совершенно прав, невеста у меня есть.

— Поздравляю вас. — Иржи был первым, кто это сказал. — Все-таки жизнь на твердой поверхности имеет свои преимущества. А вот у нас с этим сложнее. Поэтому в дальние походы отправляются лишь очень большие энтузиасты. Поверьте, это неповторимо, но при этом многого приходится себя лишать. Таков осознанный выбор любителей дальних странствий.

— Расскажите, прошу вас, каково это, быть оторванным на долгие месяцы от всего человечества, — попросил Макс.

Иржи взглянул на капитана и, дождавшись его утвердительного кивка, начал рассказ:

— Совершенно особые впечатления. Новые, никогда до сих пор не виданные миры, нестандартные ситуации, когда решение принимать приходится быстро. Это совсем не то, что работа на накатанных трассах. Вот только ничего не бывает однозначным. Семейная жизнь не для нас. Не навсегда, но выбор делать приходится. Или семья и работа в околопланетном пространстве, или дальние странствия.

— И каково оно?

— С чисто физиологической точки зрения все просто. Блокада генокарты избавляет путешественников от всем изначально присущих потребностей. Но остается еще и духовная составляющая. Вы не слышали о том, что количество разводов среди бывших косморазведчиков гораздо меньше, чем средние показатели?

— Признаться, не приходилось. И как это связано с тем, о чем вы говорили?

— Самым непосредственным образом. Рано или поздно почти все из нас делают свой выбор в пользу оседлости и семьи. Вопрос в том, что является критерием этого выбора.

— И что же? — Шарля Свенсона, как будущего мужа, весьма интересовал этот вопрос.

— Любовь. Чистая платоническая любовь. В отсутствии физиологического гнета только она позволяет принять решение о переходе от странствий к оседлости. Семья и продолжение рода — это уже позже, после выхода в отставку и разблокирования генокарты. А до того лишь платонические чувства.

— Вы считаете, что это правильно?

— Это оправданно. Дальний космический поход — слишком серьезная вещь. Как бы то ни было, таково решение правительства. И во всех государственных организациях оно выполняется неукоснительно.

— В государственных?

— Да. Что касается частников, то здесь все на их усмотрение. Насколько я знаю, многие вольные охотники тоже придерживаются подобных правил. Холодная голова — порой последний шанс в трудной ситуации. А таких ситуаций в дальних космических походах случается немало.

— Вы меня убедили, — согласился Шарль. — Кто вы будете по специальности?

— Доктор.

— Чувствуется. Такой серьезный и взвешенный подход очень подходит докторам.

Иржи довольно улыбнулся. Нечасто люди обращали внимание на его специализацию врача. Звание косморазведчика было, как правило, более привлекательным.

— А что вы думаете о предстоящей войне? — Вопрос Макса прозвучал как гром среди ясного неба. Слишком неожиданным был переход от только что затронутой темы.

— Войне?

— Войне?

— По-моему, это очевидно. Для этого достаточно внимательно смотреть новости. Строительство космофлота предлагают ускорить, как только возможно. При этом урезают социальные программы. Сейчас это не слишком заметно, но лет через пять, когда результаты дадут о себе знать, такой ход вызовет немалое недовольство в обществе. А это грозит возможностью проиграть очередные выборы. С чего, спрашивается, правительству идти на такой риск?

— И с чего же? — заинтересовавшись, Кэп решил включиться в разговор.

— Имеется угроза более значимая, чем возможность

провалиться на выборах. В комплексе со строительством нового космофлота напрашивается логичный вывод. Существует угроза внешнего вторжения.

— Браво, вы действительно можете быть экспертом в самых различных вопросах.

Кэп был потрясен. Информация лежала на поверхности, но сделать из нее такие далеко идущие выводы... Шарль же таинственно молчал. Уж он-то знал, что у Макса имелось гораздо больше фактов для выводов, чем он озвучил.

— Да, не исключено, — согласился Вячеслав.

— Союз с лурианцами был бы в такой ситуации очень кстати.

Шарль мысленно аплодировал. К интересующей их теме Макс подошел очень ненавязчиво.

— Вы считаете, такой союз возможен? — поинтересовался Кэп.

— Я считаю, что наши разногласия есть следствие большого недоразумения.

— У Макса даже есть своя теория, позволяющая объяснить возможную причину разногласий. Она, правда, довольно сложна, но при этом имеет одно неоспоримое преимущество. Она многое объясняет, — добавил Свенсон.

— Вот как, весьма интересно. И в чем же она заключается?

— Если рассматривать ее подробно, то понадобится не один день. А если говорить кратко, то все дело в разном восприятии действительности. Менталитете, если хотите.

— Возможно, очень даже возможно.

— Вы считаете это возможным? — поинтересовался Макс.

Кэп переглянулся со своими друзьями, махнул рукой:

— Раз уж вы все равно в курсе проблемы. Нам тоже посчастливилось пообщаться с лурианцами. Причем совсем недавно.

— Вот как, было бы весьма интересно послушать. Шарль занимается этим вопросом профессионально. А я помогаю ему по мере сил.

— О случае или о наших впечатлениях?

— Интересно и то и другое. Ваши впечатления особенно.

— Только это будет сугубо частное мнение. Профессионального ксенобиолога, к сожалению, сейчас нет с нами.

Трофимыч при этих словах печально вздохнул. Уж он-то, как никто другой, сожалел о том, что с ними сейчас нет профессионального ксенобиолога.

— Это именно то, что нам надо, — подтвердил Макс. — Частное мнение иногда бывает более беспристрастным и более свободным.

— Впечатление неоднозначное. Общение с лурианцами оставило нам много эмоций, самых разносторонних. Больше положительных. Вместе с тем чувствуется с их стороны некоторая натянутость и настороженность. Это странно, поскольку агрессии с их стороны я не почувствовал. По крайней мере, со стороны большинства из них. Одно могу сказать определенно: я удивлен их желанием избегать контактов с нами. Я не вижу больших препятствий для совместных действий.

— О, поверьте, все не так просто. Чем-то мы выпадаем из принятых у них стандартов поведения. Причем в области настолько основополагающей, что им трудно это принять. Отсюда и настороженность, и желание сократить контакты.

— Трудно или невозможно? — Кэпу было интересно слышать мнение человека, серьезно занимающегося этим вопросом.

— Надеюсь, что трудно. Будь их представления о нас соответствующими действительности, наше общество давно погрузилось бы в хаос и неурядицы. Наши и их поступки часто бывают схожи. А вот мотивация... Готов признать, что у них она выражена более четко и конкретно, но и у нас она есть. Таится где-то в глубине души, порой давая о себе знать. Мы воспринимаем ее как совесть, долг, рамки приличия. Согласитесь, порой эти понятия не имеют четких границ. Они не обязательны, но они есть. Они часто определяют наши поступки. Они — такая же неотъемлемая часть нашей жизни, как обязательное условие лурианцев.

— Они, что же, совесть признали обязательным условием? — удивился Иржи.

— Если говорить кратко, то да, хотя все несколько сложнее.

— А тот, кто не соблюдает это условие?

— Для них это изгой, противопоставляющий себя обществу, мешающий его развитию.

— А мы?

— Отсутствие четких рамок в некоторых областях, касающихся совести, ввело их в замешательство.

— Вы считаете, что совесть можно измерить и поставить в рамки? — заинтересовался Кэп.

— Не всегда и не во всем. Это слишком сложно. Вот только лурианцы попытались это сделать. Если и не всеобъемлюще, то в некоторых областях своей жизни.

— Но отсутствие четких границ этого понятия вовсе не говорит об отсутствии совести.

— Разумеется. Вы общались с лурианцами. Они показались вам настроенными недружелюбно?

— Пожалуй, нет. Порой немного растерянными. Будто они не знают, как правильно поступить по отношению к нам.

— Вот в том-то и дело. Они не могут определиться в отношении к людям. Многие чувствуют, что здесь что-то не так. Но сформулировать этого не могут.

— Да... — Иржи задумчиво вздохнул. — Непростую они поставили себе задачу.

— В какой-то степени это замкнутый круг, — продолжил Макс. — Я думаю, взаимное общение помогло бы нам прийти к взаимопониманию. Только они его пока что избегают.

— Они разберутся, — проговорил Иржи. — Я верю, что они обязательно разберутся.

— Я тоже на это надеюсь, — ответил Макс, — вот только внешняя угроза. Она заставляет нас торопиться. Союз с лурианцами был бы для нас гораздо полезнее, чем разрозненные действия.

— Да, союз был бы полезен, — сказал Трофимыч.

Он внимательно следил за беседой, порой задумчиво глядя вдаль на просторы таежного озера.

4

Странные собеседники улетели тем же вечером. Они тогда просидели у костра допоздна, обсуждая последние новости, особенно те, которые касались возможной войны и лурианцев. Напоследок они пожелали экипажу «Легаса» счастливого отдыха. Кэп предложил обменяться номерами коммуникаторов. Предложение было принято с удовольствием. После чего, помахав рукой отправляющимся на свою стоянку косморазведчикам, Макс и Шарль принялись сворачивать лагерь. Через полчаса они улетели, сделав на прощание круг над стоянкой новых друзей.

Следующий день прошел напряженно, хотя ничего значимого не случилось. Отдых больше не вызывал энтузиазма. Промаявшись целый день, разведчики постоянно мысленно возвращались к разговору, произошедшему накануне. Если бы не Трофимыч, Кэп предложил бы лететь обратно еще днем. Механик продержался до вечера.

— А не пора ли нам приниматься за дело? — вынес он наконец на общее обсуждение мысль, которая всех беспокоила еще с утра.

— А что, вернемся из отпуска раньше дня на три, —

сразу подхватил предложение Вячеслав. — Отдохнуть мы уже успели.

— Мне надо бы заняться комплектацией медпункта, — неожиданно вспомнил Иржи. — И неплохо было бы еще изучить, что нового появилось в этой области за время нашего отсутствия на Земле.

— Что ж, тогда с утра и двинемся в город, а потом и на службу.

— Да что там с утра. Можно было бы лететь и сегодня. — Друзья наперебой загудели, как будто ждали этой фразы, как своеобразной отмашки к сборам в обратную дорогу.

— Что ж, если Трофимыч не против, собираем лагерь — и в путь.

Трофимыч был не против. Уже через час, загрузив в грузовой отсек «Стрелы» Кэпа моторную лодку, надувной домик и все остальное оборудование лагеря, друзья отправились в дорогу.

Катер повел Трофимыч. Зная его неравнодушие ко всем техническим новинкам, Кэп великодушно уступил ему место за штурвалом. Механик был почти счастлив.

Этот дивный уголок дикой природы опять остался без внимания человека. На этот раз совсем ненадолго, всего лишь до середины следующего дня. На следующий день, ближе к обеду, недалеко от стоянки, покинутой друзьями, сел вертолет, судя по логотипу, арендованный в ближайшем к этому месту порту, который предназначен для посадки реактивных лайнеров. Из кабины выпрыгнула одинокая женщина. Минут сорок она гуляла по берегу, но, так и не найдя никого, лишь заметив следы недавней стоянки, она вернулась к вертолету, разочарованно вздохнула и отправилась в обратный путь.

Ника Зелинская, а это была она, впервые со времени прибытия на Землю смогла выкроить для себя выходной. Что ж, видимо, не судьба. Или еще не время. Время впереди тревожное, непростое для них обоих. Надо ли отвлекать его от работы? Или все же надо? Так и не решив для себя этот вопрос, Ника дунула на упрямый локон, упавший на глаза. Первый раз с ней такое. Потратила свой такой редкий сейчас выходной, чтобы добраться в эту глушь, и нашла лишь недавно покинутый лагерь. И не девчонка какая-нибудь — профессор. Стоило срываться и лететь такую даль? Может, надо было позвонить? Неудобно, она сама отказалась от этой поездки. Как будто это зависело только от нсс. Такое незримое, но неумолимое понятие — долг. Он поймет. Должен понять. Он сам в этом отношении такой. Будь иначе, не стоило срываться и нестись в этот глухой, всеми забытый уголок. Что ж, сейчас не судьба. Лучше бы сказать по-другому — судьба, пусть и не сейчас.

Знай обо всем этом Трофимыч, несомненно, он был бы рад. А так разогнать тоску он пытался с помощью давно известного и веками проверенного способа — с помощью работы. В частности, сейчас речь шла о генераторе гравитационных волн, установленном на «Легасе» в качестве эксперимента. Его конструктор наконец смог пробиться через многочисленные ряды желающих получить информацию из первых рук. Честно говоря, Трофимыч был даже рад. Он с удовольствием пожал руку немолодому подвижному человеку с умными и немного печальными глазами. Именно его изобретению были в немалой степени обязаны жизнью все путешествующие на «Легасе». Изобретатель представился просто — Иван Сергеевич.

— Так вы говорите, что генератор был вам очень полезен?

Конструктор оглянулся на сопровождающего его человека несмотря на то, что вопрос задавал механику «Легаса». У Трофимыча создалось впечатление, что слова эти были сказаны специально для сопровождающего.

— Но ваше изобретение очень дорого, уважаемый конструктор, — отозвался сопровождающий. — На те деньги, которые затрачиваются на его производство, можно полностью переоснастить три крейсера. Мы пошли на этот эксперимент полгода назад, но тогда обстановка была более спокойной.

«Интересно, — подумал Трофимыч, — они пришли ко мне, чтобы поговорить друг с другом?»

— Да, но эффективность, эффективность! — продолжал конструктор, видимо, не сейчас начатый спор. — Она просто потрясающая. Как оборонительная система генератор не имеет себе равных. Надо оснастить им как можно больше кораблей.

— Сравнительный анализ не проводился, так что об эффективности речь вести преждевременно. — Сопровождающий тоже не спешил менять свою точку зрения.

Судя по всему, речь шла ни много ни мало о дальнейшей судьбе генератора гравитационных волн. И сказать решающее слово в этом споре предстояло именно Трофимычу. Оба спорящих выжидающе посмотрели на него.

Механик «Легаса» попытался быть максимально беспристрастным.

— Для начала хочу поблагодарить вас, Иван Сергеевич. Если бы не ваше замечательное изобретение, мы бы с вами сейчас не разговаривали. Очень полезная вещь. Но при всей моей признательности к вам, уважаемый конструктор, должен заметить, что панацеей она все же не является. Нам просто повезло, что ворги не вели непрерывный огонь. Иначе генератор не успевал бы набирать требуемую мощность. И потом, использовать генератор может только единичный корабль. Если их будет несколько, то гравитационная волна вместе с ракетами противника ударит по своим же кораблям. Если же встретятся две гравитационные волны, пущенные соседними кораблями, то я даже не представляю, что произойдет.

Конструктор слушал внимательно, постепенно заметно грустнея.

— Так, значит, вы против? — удовлетворенно спросил сопровождающий.

— Ни в коем случае. Для флота генератор не вполне полезен, а вот для одиночных кораблей он просто незаменим. Я бы предложил оснащать генераторами те корабли, которым приходится действовать без поддержки. Например, курьерские и разведывательные.

Было заметно, что оба спорящих остались недовольны, но вместе с тем это был тот компромисс, который устраивал всех. Да и с мнением специалиста-испытателя, которым невольно оказался Трофимыч, трудно было не согласиться.

— Что ж, я, пожалуй, попробую убедить министерство в необходимости финансирования производства пробной партии гравитационных генераторов.

И сопровождающий удалился. Интересующий его вопрос был исчерпан. Конструктор же остался. Его интересовали подробности. Отчеты отчетами, а послушать человека, проводившего испытание его изобретения, — это совсем другое.

— И все же жаль, — произнес Иван Сергеевич, — я надеялся, что мое изобретение будет установлено на каждом корабле.

— Поверьте, уважаемый конструктор, на сегодняшний день это лучшее решение, — поспешил успокоить его Трофимыч. — К тому же генератор требует доработки. В частности, неплохо бы сделать волну направленной. И мощность это здорово сэкономило бы.

— Вы просто не понимаете, о чем говорите! Направленная гравитационная волна — нонсенс!

— Поверьте, я понимаю. Всего несколько лет назад искусственная гравитационная волна вообще была невозможна. Почему не подумать о будущем? А сейчас мы имеем то, что имеем сейчас. И это совсем не мало.

— Возможно, возможно. Расскажите мне подробнее о работе генератора. Отчеты я прочитал, но меня интересует ваше впечатление.

Говорили долго. Конструктор уточнял детали. Трофимыч был рад найти в его лице благодарного слушателя.

Такой же напряженный день выдался и у остального экипажа «Легаса». Кэп целый день отбивал нападки специалистов по стратегии. Маневрирование корабля при ведении боевых действий, предпосылки при принятии тех или иных решений — все подвергалось тщательному анализу. Вспоминая кипевшие при обсуждении страсти, Кэп вздыхал. Как бы ни были успешны твои действия, всегда найдется тот, кто считает, что справился бы с ситуацией лучше, а твою удачу постарается списать всего лишь на везение. К счастью, таких среди присутствующих оказалось меньшинство. Остальные были весьма довольны представленными аргументами. Присутствующий на разборе полетов ректор Академии космофлота даже предложил Кэпу выступить с серией лекций перед студентами, если представится такая возможность. Кэп обещал подумать.

Вячеслав делился подробностями управления катера на расстоянии центральным компьютером корабля. Иржи? Он тоже не остался без дела. Самое интересное, что новость, касающуюся их всех, принес именно он.

Вечером друзья собрались обсудить подробности трудового дня.

— Судя по всему, грядут большие перемены, — поделился Иржи своим мнением.

— Естественно. Земля готовится к возможной встрече с агрессорами.

— Нет, я не о том. О нашей работе. Вы знаете, что большую часть ресурсов косморазведки передают Службе внешней разведки Земли?

— Сведения точные?

— Вполне. Сегодня речь шла о переподготовке всех биологов. Стандарты военной разведки более требовательны.

— Вот так новость. — Кэп был удивлен, как и его друзья.

— Большая часть — это еще не все, — поделился Трофимыч своими размышлениями. — Интересно, что будет с нами.

— А как бы ты хотел, старина?

— Даже не знаю. Знаю одно: мы не останемся в стороне. И если Земле грозит опасность, засиживаться на твердой поверхности нам не пристало.

— Да, наше место там, среди звезд, в каком бы то ни было качестве, — согласился Вячеслав.

— За новый поход.

— За поход.

5

— Как вы считаете, Макс, у нас есть шансы?

Свенсон взволнованно расхаживал по гостиной. Максим же спокойно сидел в кресле. Вместе с приобретенным жизненным опытом годы вносят определенную эргономику в наше поведение. Или это и есть жизненный опыт? Со временем простая истина становится более понятной. Находясь в движущемся поезде, ты не попадешь быстрее в конечный пункт, если будешь расхаживать по коридору, и не приедешь позже, если спокойно просидишь всю дорогу в кресле. Ты приедешь туда вместе со всеми.

— О чем вы, Шарль? Что именно вы определили бы в качестве удачи? В конце концов, понять причины происходящего — это тоже результат. И мне кажется, мы к нему близки.

— Полноте, Макс. Уж вам ли не понимать, о чем я? Одно дело — определить причины настороженности лурианцев, совсем другое — переговоры и возможный союз против общего врага.

Максим вздохнул:

— Понимаю, конечно. Не хотелось бы раньше времени обнадеживать себя и вас. Шансы, пожалуй, есть. Было бы полезно еще подождать, прежде чем предпринимать какие-либо решительные шаги. Но не та сейчас ситуация. С другой стороны, ситуация торопит и лурианцев с принятием решения. Или союз, или каждый бьется за себя, случись такая необходимость.

— И?

— Что вы от меня хотите, Шарль? Есть у меня одна идея, есть. Она из тех, к которым можно обратиться только раз. Вот только настало ли для этого время?

— А вы как считаете?

— Ладно, попробуем. Шарль, посмотрите, пожалуйста, в Сети, что интересного намечается в масштабах всей Земли месяца так через полтора-два.

— Какого рода интересного?

— Интересного для людей любознательных. Желательно с участием животных.

Шарль удивленно взглянул на Максима:

— Как это связано с тем, что мы только что обсуждали?

— Поверьте, самым непосредственным образом. Итак, что там?

— Сейчас посмотрю. Это не то. Это интересно, но без животных. Вот, есть. Всепланетная выставка коневодов. Как, это подойдет?

— То, что надо, Шарль. Фотографии есть?

— Пока только информация о том, что выставка состоится.

— Нужны фотографии. Вам не трудно будет получить несколько проспектов этой выставки уже сейчас?

Свенсон что-то прикинул.

— Но зачем, Макс? Объясните мне, зачем это надо?

— Поверьте, это необходимо. Или у вас есть лучший план?

— Вы же знаете, что нет. Но при чем здесь коневоды?

— Тогда давайте следовать этому. А коневоды? Вы же предложили именно их.

— Но...

— Позже, Шарль, позже. Для начала достаньте проспекты.

Свенсон был заинтригован. Можно было подумать, что все это шутка, но до сих пор Макс не допускал шуток в таких серьезных вопросах. Более того, именно его участие позволило делу сдвинуться с мертвой точки.

— Хорошо, у вас будут проспекты.

— У нас, Шарль. Я надеюсь, вы не откажетесь и дальше претворять в жизнь этот план. Тем более без вашего участия он не состоится.

Шарль посмотрел с подозрением:

— Хорошо, пусть будет «у нас».

В конце концов, это был вполне определенный план. К тому же он не требует чего-то неосуществимого. Получить парочку пока несуществующих проспектов? Для агента КВК это несложно, достаточно обратиться к устроителям выставки. А потом он посмотрит, что же за план у Макса. И все же, почему коневоды?

Шарль собрался уезжать. Уже на пороге он обернулся. Он вспомнил о том, о чем хотел спросить.

— Да, кстати, Макс, а как вы узнали, что я собираюсь жениться?

К делу это не относится, но любопытно.

— Не скажу. Я думал, что мы достаточно подружились, чтобы вы сообщили мне о своей свадьбе.

— Поверьте, Макс, я об этом совсем не забыл. Вы узнаете о моей свадьбе одним из первых. Дело в том, что мы еще не определились с датой, пока это лишь намерения. Лишь потому я не стал вам ничего сообщать, — попытался оправдаться Свенсон.

— Ладно-ладно, так и быть, скажу. Ничего необыкновенного, просто немного наблюдательности. Я обратил внимание на то, как вы смотрите на женщин.

— На женщин? Да я на них не смотрю, — удивился Свенсон.

— Вот именно, Шарль, вот именно. Здесь только два возможных варианта. Или вы нездоровы, чего по вашему цветущему виду не скажешь, или все ваше внимание предназначено лишь одной даме.

— Действительно. Вы поймали меня, Макс. Ладно, я

за проспектами. Надеюсь, ваш план стоит того, чтобы тратить на него время.

Как и следовало ожидать, с фотографиями трудностей не возникло. По запросу КВК устроители быстро выслали несколько трехмерных снимков, которые должны были войти в проспекты будущей выставки. Удивились ли они неожиданному интересу, Шарлю осталось неизвестно. От объяснений он постарался уклониться. Еще бы, что ответить по этому поводу, он просто не представлял. Сослаться на Макса? Или на секретность? Нет, лучше отмолчаться. И потому удивленным устроителям выставки пришлось оставить свое любопытство при себе. Разведение коней давно уже стало прерогативой энтузиастов — любителей и ценителей этих замечательных животных, которые на заре человечества были верными помощниками людей и использовались в качестве надежного транспортного средства в тчение многих и многих веков. Только за это они достойны самой лучшей участи. А еще красота и грациозность. В нынешний век играло роль именно это да желание отдельных энтузиастов сохранить этих замечательных животных как вид. На будущей выставке должны были быть собраны лучшие из этих удивительных созданий природы.

— Вот, Макс, можете любоваться. Фотографии из будущих проспектов выставки. — Шарль подвинул свой коммуникатор Максу.

Посмотреть действительно было на что, хотя представлены были далеко не все участники. Изящные рысаки орловской породы, грациозные арабские скакуны, невысокие лошадки монгольских степей, тяжеловозы и скакуны на любой вкус. Чувствовался серьезный подход будущих устроителей выставки.

— Они даже прислали нам приглашения. Почему-то три, — удивился Свенсон.

— И как, Шарль, вы намерены побывать на выставке? Насчет приглашений не удивляйтесь, это моя инициатива.

— Это было бы интересно. Но дела... Вы обещали рассказать, Макс, зачем вам нужны эти проспекты.

— Расскажу, разумеется. А насчет выставки подумайте. Приглашения будут кстати. Не хотелось бы пойти туда без вас.

— Может быть. В любом случае надо определиться, что делать с третьим приглашением.

— А вот с этим мы спешить не будем. Оно может оказаться нам полезно. Ну а если нет, что ж, тогда позовем с собой кого-нибудь из друзей. Ладно-ладно, — Максим перехватил нетерпеливый взгляд Шарля, — перехожу к делу. Мне нужен доступ в центр дальней космической связи.

— Зачем? — Шарль поперхнулся от такого неожиданного заявления.

— Хочу отправить личное послание на частный коммуникатор, находящийся на другом конце галактики.

— Макс, вы представляете, насколько это дорого? Почему вы не воспользуетесь обычной почтой?

— Почта на Луриан не ходит.

— Бросьте, Макс, это несерьезно. Таких посланий было отправлено не один десяток. Не станете же вы утверждать, что именно на ваше послание может быть получен ответ?

— У меня есть некоторые основания так считать. Ну же, Шарль, что мы теряем?

— В принципе я могу попробовать... — Свенсон сомневался. — Но скажите, на чем основывается ваша уверенность в ответе?

— Полной уверенности нет. Шансы пятьдесят на пятьдесят. Но они есть. Все дело в том, кому, о чем и, самое главное, когда писать.

— И вы это знаете?

— Смею предположить, что да. В любом случае, у меня нет другого плана.

Шарль минут десять расхаживал взад и вперед, раздумывая над предложением Макса.

— Но почему вы не предложили этого раньше?

— Раньше это было совсем неуместно. Я же говорил вам, Шарль, время обращения — одно из важнейших условий.

— Ладно, была не была. Но вы мне должны пообещать одну вещь.

— Какую?

— Если у нас ничего не получится и меня выгонят с работы, вы возьмете меня к себе в качестве садовника. Или дворника. Кто вам больше нужен?

— Обещаю, — улыбнулся Макс.

Шарль действительно рисковал. Нет, выгнать его, конечно, не выгонят, но нагоняй он мог получить изрядный за несанкционированное обращение к лурианцам и использование дальней космической связи. Получить же на это обращение санкцию было практически невозможно. Он верил Максу. Но этого аргумента для его руководства вряд ли будет достаточно.

Центр дальней космической связи располагался в пустыне Сахара. А что бы там еще могло располагаться? Очень много песка и, мягко говоря, несколько жарковато. А вот для центра дальней связи именно то, что надо. Таких центров на Земле было три. В Южной Америке, в Австралии и тот, который посетили Шарль с Максом. Как уже было сказано, он располагался в Сахаре. Это позволяло избавиться от любопытных глаз — не каждый отправится в такое горячее место, не имея насущной необходимости. К тому же пустыня предоставляла центру гигантское количество совершенно бесплатной энергии благодаря значительному колебанию температуры днем и ночью. Подземные термопары, сеть которых раскинулась на десятки километров, позволяли получать невероятное количество энергии, требующейся центру дальней связи.

Для того чтобы решить вопрос, Шарлю потребовалось четыре дня. Можно было бы организовать все и за день, но для этого требовалось перевести запрос в категорию «срочный», и тогда понадобилась бы санкция непосредственного руководства Шарля. Прибегать к этому решительно не хотелось. Не хотелось и отправлять официальный запрос на связь по служебному каналу.

Именно этим и было обусловлено личное появление Шарля и Макса здесь в заранее согласованное с операторами время.

Охранник на входе взглянул на документы Шарля и молча кивнул, разрешая пройти. Документы Макса, в которых он значился внештатным консультантом КВК, вызвали у охраны несколько скептическую улыбку. Тем не менее было решено предъявить именно их, дабы не смущать проверяющих принадлежностью к разным организациям, пусть и в прошлом. Лишние вопросы Шарлю и Максу были ни к чему.

Они быстро прошли зал операторов ближней связи и оказались в одном из крошечных кабинетов оператора дальней связи. Кабинет, несмотря на свои скромные габариты, имел неоспоримое преимущество — он был отдельным. Это позволяло оператору полностью сосредоточиться на работе.

— Так, что у вас? — Оператор был немного удивлен. Гораздо чаще заявки поступают по Сети.

— Вот, возьмите. — Макс протянул оператору одноразовый планшет с адресом и текстом послания.

— Луриан, частный коммуникатор?! — Глаза оператора округлились, таких посланий ему передавать еще не приходилось.

Оператор быстро просмотрел файл, который требовалось отправить. Краткий текст и фотографии. Текст был довольно лаконичен: «Здравствуй, старина Мошл. Приглашаю тебя на выставку, устраиваемую лучшими коневодами планеты Земля, которая состоится через два месяца. Полюбуйся на этих красавцев. Твой друг Макс». Далее прилагались фотографии.

— Обычное послание. Чему вы так удивляетесь? —

проговорил Макс в ответ на удивление оператора. — Решил пригласить друга на выставку.

Оператор принялся устанавливать связь, то и дело оглядываясь. Должно быть, он желал убедиться, что эти странные визитеры все еще здесь и при этом не спешат заявить о том, что все произошедшее — розыгрыш. Визитеры заявлять об этом не спешили, и послание успешно было отправлено адресату.

— Будете ждать ответ? — натянуто улыбнувшись, спросил оператор.

— Пожалуй, нет. Вот номер коммуникатора, перешлите ответ на него, — сказал Максим.

— Эх, попаду я с вами в историю, Макс.

Шарль и Макс шли по коридору к выходу из здания, вежливо кивая незнакомым встречным людям.

— Бросьте, старина. Да и спохватились вы несколько поздновато.

— Вы видели, как на нас посмотрел оператор? Бьюсь об заклад, и суток не пройдет, как о нашем послании будет знать весь центр дальней связи.

— Вот оно — бремя славы. Оно еще не наступило, а вы уже волнуетесь, — попытался пошутить Макс.

— Когда эта слава дойдет до моего руководства, тут и начнется самое интересное.

Свенсон печально вздохнул, предчувствуя будущие объяснения с шефом.

Информация обо всем этом поступила к директору КВК на следующий день к обеду, что позволило тому лишний раз продемонстрировать подчиненным дальнозоркость своего начальственного всевидящего ока. А было все просто. Слухи о странном послании дошли до начальника центра дальней связи, и тот, движимый любопытством, постарался навести справки у директора КВК.

Коммуникатор Шарля пропиликал срочный вызов, и на экране появился шеф собственной персоной.

— Что это еще за послания, Свенсон? — с ходу обрушил директор КВК вопрос на подчиненного. — И почему от частного лица? Кто он такой, этот Макс? Известная личность? Быть может, президент? А если нет, почему вы тратите деньги управления на бессмысленные послания?

— Но ваше поручение, шеф...

— В общем, так, завтра утром жду вас у себя в кабинете с полным докладом по этому вопросу. — И связь прекратилась.

— Ну вот. Завтра меня разжалуют и одним безработным станет больше. Вы не забыли о своем обещании взять меня садовником?

— Бросьте, Шарль, все не так страшно. И потом, у нас все еще остается шанс получить ответ. А это существенно меняет положение дел, не так ли?

— С чего вы взяли, Макс, что он вообще будет, этот ответ? Нет, я готов предположить, что ваш лурианский друг неравнодушен к лошадям. Но прилететь на выставку с другого конца галактики...

— Шарль, Шарль, вы меня разочаровываете. Неужели вы думаете, что я рассчитывал только на это? В своих соображениях я исходил из того предположения, что лурианцы встревожены не меньше нашего нападением воргов на их корабль. И разговор с экипажем «Легаса» это подтвердил. Вы помните?

— Разумеется. Я обратил внимание на ваш вопрос по поводу их впечатлений.

— Вы помните, я говорил вам, что время отправления этого сообщения имеет решающее значение? — продолжил Макс.

— Да, что-то такое припоминаю. Вы еще сомневались, наступило ли это самое время.

— Да, я не был уверен, в достаточной ли мере они оценили внешнюю угрозу, чтобы прийти к мысли о возможном союзе с людьми. Они и раньше сомневались в своем решении прервать все контакты с Землей. Теперь же к их сомнениям добавился важный фактор. Фактор внешней угрозы. Достаточно было...

— Повод? Макс, вы дали им повод?

— Наконец-то! Вы правильно сообразили, Шарль, я предложил им повод для встречи. Причем совершенно неофициальный и ни к чему не обязывающий. Просто друг пригласил в гости друга.

— Макс, вы гений! Я беру назад все свои сомнения. Если и будет ответ, то именно на ваше предложение. Это гораздо меньший удар по их самолюбию, чем принятие или отправка официальной делегации. Но почему именно выставка конезаводчиков?

— Если я отправляю приглашение своему другу, то могу я позвать его посмотреть именно то, что ему интересно? Это еще один маленький шаг к решению приехать. — И Макс подмигнул.

— Браво, браво! А статус вашего лурианского друга позволит ему принять участие в переговорах?

— Его статус не слишком велик, но и не мал. По крайней мере, он позволит довести до лурианской стороны наши аргументы.

Свенсон задумался, привычно меряя шагами комнату.

— Вы чем-то озадачены, Шарль? — поинтересовался Максим, увидев явную обеспокоенность друга.

— Аргументами. Я озадачен аргументами, которые мы должны будем привести в пользу союза. Общий враг — это важный аргумент, но его может оказаться мало, если мы не сможем убедить лурианцев в том, что не несем хаос и разрушение. Чем мы можем ответить на их обязательное условие? Лишь общими фразами и ощущениями? Не пора ли и нам меняться и ответить на этот вопрос более определенно? Мне кажется, Макс, вы поняли это раньше многих других. Осознанно или нет. Как иначе объяснить ваше пристрастие к изучению практического материаловедения и сопутствующих наук?

Коммуникатор Макса выдал трель, давая знать о поступившем сообщении.

— Одну минуточку, Шарль. Я лишь взгляну на поступившую почту.

Макс прочел сообщение.

— Ну вот, не знаю, огорчит вас это или обрадует, но завтра утром вам будет о чем сказать руководству. Сообщение из центра дальней связи.

— Читайте же, Макс, не томите! — взволновался Свенсон.

— Итак, получено сообщение следующего содержания: «Спасибо за приглашение, старина. Непременно буду вместе с одним из своих друзей. До встречи. Мошл».

— Они приняли приглашение. — Шарль облегченно вздохнул.

— Их будет двое. Впрочем, этого следовало ожидать. Шарль, вы не раздумали посетить выставку? Если нет, вам придется озаботиться получением еще одного билета.

— Ну уж нет! Я такое событие не пропущу ни за что! Завтра же этим займусь. Меня волнует другое: как мы будем отбиваться от всех желающих побеседовать с нашими гостями? А таких, я думаю, найдется немало.

— Да, немало. Причем среди тех, кто совершенно не в курсе всех подробностей. Постарайтесь убедить руководство в том, что это совершенно неприемлемо. По крайней мере, на первоначальном этапе. Здесь надо действовать тонко и продуманно. Максимум плюс еще один человек, не более.

— Да, задали вы мне задачу. Это будет потруднее прочего. Чувствую, два ближайших месяца мне предстоят жаркие словесные баталии.

— Кому сейчас легко, Шарль. Это ваша работа.

— А чем займетесь вы, Макс? Не будете же вы просто ждать прибытия лурианцев?

— Разумеется, нет. Я займусь тем, что вас, Шарль, так беспокоит. Аргументами. Надеюсь, что к приезду лурианцев я найду подходящие. Те, которые убедят их, что люди все же большей частью конструктивны. Я надеюсь, что смогу их убедить. Или себя, — добавил Макс вполголоса. Так, чтобы Шарль не расслышал.

СОДЕРЖАНИЕ

ДОРОГОЙ ЧИТАТЕЛЬ!
Издательство просит отзывы об этой книге
и Ваши предложения по серии «Фантастический боевик»
присылать по адресу:
125565, Москва, а/я 4,
«Издательство АЛЬФА-КНИГА»
или по e-mail: mvn@armada.ru
Информацию об издательстве и книгах
можно получить на нашем сайте в Интернете:
http://www.armada.ru

Литературно-художественное издание

Фантастический боевик

Валерий Юрьевич Афанасьев
ОБЯЗАТЕЛЬНОЕ УСЛОВИЕ
Фантастический роман

Заведующий редакцией
В. Н. Маршавин

Ответственный редактор
Т. А. Стельмах

Художественный редактор
Н. Г. Безбородов

Технический редактор
А. А. Ершова

Корректор
Н. А. Карелина

Компьютерная верстка
Т. А. Рогожиной

Подписано в печать 12.11.12. Формат 84x108/32.
Гарнитура «Ньютон». Печать офсетная.
Бумага газетная. Усл. печ. л. 16,80. Тираж 11 000 экз.
Изд. № 6612. Заказ № 33600.

ООО «Издательство АЛЬФА-КНИГА»
125565, Москва, а/я 4; ул. Расковой, д. 20

Отпечатано в соответствии с качеством
предоставленных издательством электронных носителей
в ОАО «Саратовский полиграфкомбинат».
410004, г. Саратов, ул. Чернышевского, 59. www.sarpk.ru

ФАНТАСТИЧЕСКИЙ БОЕВИК

ПРЕДСТАВЛЯЕТ

Валерий АФАНАСЬЕВ

АРТ. ПУТЬ ГЕНЕРАЛА

Наш современник Саша Артамонов волею случая оказывается на войне. Да еще на такой войне, где бои идут на мечах, а в качестве транспорта выступают кони. Саша историк, он видит, что ни оружие, ни тактика, которые используют его новые товарищи, не приносят успеха. Стоять в стороне или помочь? С его опытом и знаниями многого можно добиться. И не беда, что противник — это огромные дикари, управляемые таинственными шаманами... Знания и талант помогут отстоять королевство! Но при этом Арту придется пройти путь от рядового до генерала.

Валерий АФАНАСЬЕВ

СТАЛЬНАЯ ОПОРА

Когда приходится выбирать между тем, чтобы идти или остаться, когда от твоего выбора зависят тысячи жизней, но надо рискнуть своей, рискнуть и помочь другим, ввязавшись в почти безнадежное предприятие (почти безнадежное предприятие с твоим участием, без тебя — обреченное),— выбор непрост. Война пришла, не спрашивая, в долину, населенную гномами. Они непревзойденные мастера — кузнецы, строители. Они будут биться за свой дом изо всех сил, но не знают, как это делать. Вик не любит войну, но он хорошо знаком с историей. Историей нашего мира, пережившего множество войн. С технологиями, позволяющими ускорить производство брони и построить метательные машины. У гномов только один выход — противопоставить орде кочевников свои умения и упорство. И воспользоваться советами человека.

Валерий АФАНАСЬЕВ

ХОД ЗОЛОТЫМ КОНЕМ

Идти напролом или попытаться сманеврировать? Второй путь не менее труден. Маневр маневру рознь. Случается так, что для предотвращения полномасштабной войны небольшому отряду приходится идти в самое пекло. Путь необычайно труден и опасен, но на чаше весов — жизни тысяч мирных жителей. Гномы готовы рискнуть, чтобы защитить свой народ... Да, но при чем здесь, спрашивается, человек? А может ли он стоять в стороне, когда друзьям-гномам требуется помощь?

ФАНТАСТИЧЕСКИЙ БОЕВИК

ПРЕДСТАВЛЯЕТ

Валерий АФАНАСЬЕВ

ИГРА ВСЛЕПУЮ

В прошлом наш соотечественник Виктор, а сейчас виконт Вик, и не помышлял о том, что придется пуститься в новый опасный поход. Он прочно обосновался на своей земле и занялся развитием ремесел. Но таинственный противник затеял коварные интриги: исчезает его друг герцог Фагуа, торговым караванам гномов чинят все большие препятствия, наконец, кто-то организовывает нападение гвардейцев на самого Вика. Дело осложняется тем, что неприятель остается в тени, предпочитая действовать чужими руками. Вику предстоит непростая игра с пока неясным противником.